中国政法大学“211 工程”三期经费资助出版
中国法学会部级法学研究重点课题 CLS（2014）B07 最终成果

转型期诉讼法学创新文库（6）

总主编　卞建林

完善人权司法保障制度研究

杨宇冠　等著

中国人民公安大学出版社
·北　京·

图书在版编目（CIP）数据

完善人权司法保障制度研究/杨宇冠等著．—北京：中国人民公安大学出版社，2016.9

（转型期诉讼法学创新文库/卞建林主编）

ISBN 978-7-5653-2748-3

Ⅰ.①完…　Ⅱ.①杨…　Ⅲ.①人权—法制—研究—中国

Ⅳ.①D920.4

中国版本图书馆 CIP 数据核字（2016）第 234687 号

转型期诉讼法学创新文库

完善人权司法保障制度研究

杨宇冠　等著

出版发行：中国人民公安大学出版社

地　　址：北京市西城区木樨地南里

邮政编码：100038

经　　销：新华书店

印　　刷：北京兴华昌盛印刷有限公司

版　　次：2016 年 9 月第 1 版

印　　次：2016 年 9 月第 1 次

印　　张：10.75

开　　本：880 毫米×1230 毫米　1/32

字　　数：289 千字

书　　号：ISBN 978-7-5653-2748-3

定　　价：40.00 元

网　　址：www.cppsup.com.cn　www.porclub.com.cn

电子邮箱：zbs@cppsup.com　zbs@cppsu.edu.cn

营销中心电话：010-83903254

读者服务部电话（门市）：010-83903257

警官读者俱乐部电话（网购、邮购）：010-83903253

法律图书分社电话：010-83905745

总 序

在全球化背景下展开的社会转型是当下中国面临的最为艰巨的课题。随着经济体制、社会结构、利益格局的深刻调整与变革，利益主体多样化和价值取向差异化日益显现，而以人民内部矛盾为主的社会矛盾朝多发性、多样性和复杂性不断发展，成为影响社会和谐稳定与经济社会发展的突出问题。

社会转型对法治建设提出了新的挑战，全面落实依法治国基本方略，为社会转型提供有力的法治保障，是我国当前法治建设的主要任务。法学研究是社会主义法治建设的重要组成部分，肩负着为法治建设提供理性解读与智识支撑的重要任务。诉讼法学作为与法治实践密切相关的应用性学科，面对社会转型万象，更需要深入自觉地回应实践发展需求。只有建立能够适应我国国情、符合社会发展趋势的诉讼法学理论学说与制度体系，才能满足司法实践的需要。社会转型时期的复杂形势，为诉讼法学研究提供了新的机遇，也使诉讼法学研究面临前所未有的挑战与压力。面对这种挑战与压力，有必要重点强调“创新”二字。创新是学术研究与理论发展之魂，是推动诉讼法学研究不断发展的最大动力。创新诉讼法学研究，可以从以下几个方面理解：

首先是学术研究领域的创新。研究领域的创新并不意味着否定、抛弃过去的研究成果，而是在此基础上往更广、更深、更符合实践需要的方向拓展。这不仅需要我们在今后的研究中进一步加强基础性研究，争取在原有研究范畴上获得层次更高、深度更深的学术成果，并不断挖掘、开发新的理论研究范畴，同时也需要我们进一步加强应用性研究，特别是法律实施问题的研究，从而使得诉讼法学理论研究的成果能够顺利转化到实践中去，能够真正引导国家司法制度的变革与发展。此外，社会的发展是一个系统工程，各个部分、环节与层面的发展都是相互影响与相互制约的，这种影响与制约的关系越来越紧密，因此，诉讼法学的发展要想跟上社会发展的步伐并充分发挥其作用，也必须加强对社会科学及自然科学中相关研究成果的吸收、借鉴，进一步开展跨学科、交叉学科、边缘学科的探索研究。

其次是学术研究思路的创新。过去，诉讼法学研究存在较明显的功利化倾向，同时也难以摆脱条文的限制，从而缺乏研究的深度和新意。从规范诉讼法学走向理论诉讼法学，是诉讼法学发展的必然趋势。加强对诉讼原理、诉讼规律的研究，有助于诉讼立法的科学化，也对正确开展司法活动具有重要的指导作用。在这个过程中，不仅需要我们积极借鉴法制发达国家丰富的研究成果和宝贵的实践经验，也需要我们深刻解读、准确把握中国法治实践与法治道路的客观规律，重点解决国际司法准则的本土化问题，努力打造具有中国特色的诉讼法治话语体系。

再次是学术研究方法的创新。长期以来，我国学者在诉讼法学研究方法的运用上偏重于采用概念推理、理论辨析等传统方法，缺乏实践调查与数据分析，以致产生理论设想与实践操作之间的偏离与脱节。面对转型时期司法实践中出现的诸多问题，有必要进一步加强探索实证研究方法，积极开展各种形式的实践调查和试点实验，加强数据采集与定量分析，不断总结、推广试点经验与实证成果，回答和检验理论研究中的特定问题。实证研究方法的运用，有利于实现理论法学与应用法学的衔接、法学理论与司法实践的衔接，也有助于将法学研究成果及时地投入到司法实践中加以检验和修正。

最后是学术研究队伍的创新。以往，诉讼法学研究大都局限于自身学科领域，在研究队伍的组建上存在成员单一、结构固定等普遍问题。在社会转型时期，面对不同性质、不同诉求的社会矛盾相互交织、共同作用的现实情况，突破学科壁垒与部门围墙，实现多学科、多部门之间的协同创新势在必行。协同创新理念的实施，要求诉讼法学科在自身优势与特色的基础上紧密联系其他学科，在学术研究队伍的搭建与研究项目的设计上努力实现高校、科研院所、司法实务部门以及企事业单位等不同学科、不同主体之间的资源集成与共享，以此消除诉讼法学科与其他学科、理论研究与司法实践之间的脱节现象。

中国政法大学诉讼法学研究院是从事诉讼法学研究的新型综合性研究机构。2000 年 10 月，诉讼法学研究院入选教育部普通高等学校人文社会科学百所重点研究基地，成为全国法学专业九个重点研究基地之一。诉讼法学研究院以中国政法大学雄厚的法学专业为基础，以国家级重点学科诉讼法学科为依托，集中开展诉讼法学、证据法学与司法制度研究，下设刑事诉讼法学研究所、民事诉讼法学研究所、行政诉讼法学研究所和证据法学研究所四个研究所。自成立以来，诉讼法学研究院坚持以科研为立院之本，积极承担多个国家级、省部级重大攻关项目，注重人才培养与团队建设，广泛开展多层次学术交流与合作，为国家立法完善作出重要贡献，很好地发挥了重点研究基地的引领与示范作用。在教育部 2004 年和 2010 年两次重点研究基地评估中，诉讼法学研究院均取得了“优秀”的成绩。

面对社会转型期涌现的诸多研究课题，在学术研究方面不断创新，积极进取，充分展现重点研究基地的学术影响力，是诉讼法学研究院长期建设、发展的主要目标。为了达此目标，诉讼法学研究院专门创办了“转型期诉讼法学创新文库”这一系列著作项目，用以汇集、总结和展示研究院各位研究人员近年来探讨社会转型期诉讼理论与实践中热点、重点、难点问题而形成的各项学术研究成果。这一文库的出版领域涵盖刑事诉讼法学、民事诉讼法学、行政诉讼法学、证据法学、司法制度等多个方面，以有新意、有深度、有分量的专著、译著为主要形式。我们希望能通过这个文库鼓励学术创新，积累学术成果，并为繁荣、深化和开拓诉讼法领域的学术研究积极贡献力量。

中国政法大学诉讼法学研究院院长
卞建林
2012 年 8 月　北京

目 录

导 言

党的十八届四中全会《决定》清晰明确提出："加强人权司法保障。强化诉讼过程中当事人和其他诉讼参与人的知情权、陈述权、辩护辩论权、申请权、申诉权的制度保障。健全落实罪刑法定、疑罪从无、非法证据排除等法律原则的法律制度。完善对限制人身自由司法措施和侦查手段的司法监督，加强对刑讯逼供和非法取证的源头预防，健全冤假错案有效防范、及时纠正机制。"

完善人权司法保障制度是一个涉及很多领域的课题。对于这个问题应当结合我国的国情，提出完善人权司法保障制度的构想。我国在《宪法》、《刑事诉讼法》等法律中也规定了保障人权的条款。法学界对人权司法保障的报道和文章比较多。

党的十八届四中全会《决定》提出的"加强人权司法保障"着重于刑事诉讼问题。因为刑事诉讼的各阶段都涉及人权司法保障的问题，是人权司法保障的重点，所以本书的研究重点在于在刑事司法中保障被追诉人的权利。保障被追诉人的权利不仅对被追诉人很重要，而且对社会上的每个人都有重要意义，如果没有刑事司法对被追诉人权利的保障以及对国家有关部门权力的限制，则任何人都有可能成为被追诉的对象，所有人的权利也都难以得到保障。

本书采用比较研究的方法，主要以我国有关人权司法保障的法律、法规和司法实践为研究重点，参照联合国人权和刑事司法准则进行比较研究。最终成果共分七章。各章的主要内容、创新点如下。

第一章为"完善人权司法保障制度总论"。本章研究了中外人权概念的起源和发展，提出了对人权的理解，分析了对人权司法保障的解析，论证了人权司法保障与司法规律的关系，探索了人权司法保障与法治的关系，最后阐述了人权司法保障在刑事诉讼、民事诉讼和行政诉讼中的体现。本章的主要观点和创新有：

1. 论证了司法规律的概念，阐述了保障人权与遵守“司法规律”的关系。

2. 提出了刑事司法人权保障在人权司法保障中的重要作用。

第二章为“羁押必要性审查”。本章分析了羁押必要性审查的内涵、相关国际准则及其保障人权的意义，研究了羁押必要性审查对人权司法保障的意义，考察了我国羁押必要性审查的现状，提出了我国羁押必要性审查的改革建议。本章的主要观点和创新有：

1. 建立速裁程序缩短羁押期限。

2. 羁押必要性审查的诉讼化改造。

第三章为“完善审判程序研究”。本章阐述了笔者对“以审判为中心”的理解，探讨了公正审判的原则，研究了法庭质证制度的完善，分析了刑事上诉和再审程序的完善，提出了我国刑事救济程序在人权保障机制中在刑事上诉程序里的“虚置化”和刑事再审程序纠错的“全面化”问题。本章的主要观点和创新有：

1. 提出了以审判为中心是司法规律的必然。

2. 提出了刑事司法收集证据应当符合审判的要求。

3. 阐述了质证是庭审实质化的体现，是被告人的合法权利。

第四章为“辩护与人权司法保障”。本章阐述了辩护对人权司法保障的作用及国际标准，考察了我国辩护制度人权保障功能的实践，分析了人权司法保障视野下刑事辩护制度的完善。本章的主要观点和创新有：

1. 保障律师审前权利应减少会见障碍，设立调查取证权救济机制，扩大阅卷范围和方式，建立讯问被指控人时律师在场制度。

2. 扩展程序性辩护内容，正确认识程序性辩护的特点与诉讼价值。

3. 在全国各级法院建立值班律师制度。

第五章为“不强迫自证其罪与无罪推定”。本章解析了不强迫自证其罪的国际规定和含义，分析了不强迫自证其罪行为的构成，研究了不强迫自证其罪与无罪推定的关系，考察了无罪推定与我国刑事诉讼的体现和差异。本章的主要观点和创新有：

1. 阐述了无罪推定是不强迫自证其罪的根据，是刑事诉讼中被告人的一项权利，也是社会上每一个人的权利。

2. 针对我国刑事诉讼有罪率很高、判无罪很少的问题，笔者认为宣判无罪是正常现象，不能简单归结为起诉人员的错误。

3. 针对无罪推定原则的实行问题，笔者认为在法院判决之前，侦查、起诉和审判部门不宜把案件的细节透露给媒体，以防媒体的渲染使得在法院定罪之前，公众甚至司法人员在心理上已经预先对被告人定罪，从而对司法和审判部门造成压力。

第六章为“刑事错案赔偿制度”。本章研究了我国刑事赔偿范围及其存在的问题，具体分析了刑事赔偿免责事由、刑事赔偿制度存在的其他问题，阐述了我国错案赔偿制度对犯罪嫌疑人、被告人的权利保障的影响，提出了完善我国刑事赔偿制度的建议。本章的主要观点和创新有：

1. 刑事司法中的“错案赔偿”范围不应以一审或上诉法院是否改判无罪为标准，而应在法院对被告人最终定罪以后，根据新的事实定罪被推翻，才对因定罪受到刑罚的人进行赔偿。

2. 刑事赔偿制度可能会使侦查、起诉和司法机关为了避免赔偿的发生而难以公正高效地工作。

3. 针对错案的认识问题，刑事诉讼各部门的刑事司法行为，包括立案、侦查、逮捕、扣押、起诉、审判等，只要符合该行为应当符合的证明标准，则不管此案最终判决是有罪还是无罪，都不能认为是错案。

第七章为“非法证据排除规则的发展与完善”。本章考察了非法证据的原理，阐述了国际刑事司法准则中有关非法证据排除的规定，研究了非法证据排除与法治的关系，提出了非法证据排除规则对法治队伍的要求，指出非法证据排除规则应当在司法改革中完善，并与有关措施相配套。本章的主要观点和创新有：

1. 论述了非法证据排除规则不仅保障了被追诉人的合法权利，还保障了社会上每一个人的合法权利。

2. 提出了高素质法治队伍是实施非法证据排除规则的保障。

3. 针对非法证据排除规则的运行和实施问题，笔者提出非法证据排除规则应在法治状态下运行，而该规则的实施又促进了法治建设。

4. 针对非法证据排除规则的配套措施问题，笔者认为新一轮的司法改革为非法证据排除规则的实施提供了契机。

5. 建议完善非法证据排除规则与刑事司法其他规则的衔接，包括建立证据展示规则、完善同步录音录像制度、采取听审制度、加强辩护制度。

本书涉及的范围很宽，由于笔者能力有限、时间有限、篇幅有限等，课题成果未能对人权司法保障涉及的所有问题都进行详细深入的研究，只能择其要者加以论证。值此书完成之际，谨向参与本课题的各位师生表示衷心的感谢，向一切为本课题提供帮助的各位法学界人士和朋友们表示感谢。本成果内容较多，完成时间较紧，一些章节为课题组不同的成员所撰写，水平和写作风格不尽一致，不足和错误难免，请专家和读者们批评指正。

本书写作分工如下：

导言：杨宇冠，2011 司法文明协同创新中心教授、中国政法大学诉讼法学研究院副院长、教授。

第一章，完善人权司法保障制度总论：杨宇冠。

第二章，羁押必要性审查：兰向东，北京市东城区人民检察院检察长。

第三章，完善审判程序研究：杨宇冠，第一、二、三节；王宇坤，中国政法大学硕士研究生，第四、五节。

第四章，辩护与人权司法保障：杨依，中国政法大学博士研究生。

第五章，不强迫自证其罪与无罪推定：杨宇冠。

第六章，刑事错案赔偿制度：杨宇冠。

第七章，非法证据排除规则的发展与完善：杨宇冠。

值本书付梓之际，向各位撰稿人表示衷心的感谢。

课题主持人　杨宇冠

2015 年 11 月 27 日

第一章　完善人权司法保障制度总论

党的十八届四中全会《决定》明确提出："加强人权司法保障。强化诉讼过程中当事人和其他诉讼参与人的知情权、陈述权、辩护辩论权、申请权、申诉权的制度保障。健全落实罪刑法定、疑罪从无、非法证据排除等法律原则的法律制度。完善对限制人身自由司法措施和侦查手段的司法监督，加强对刑讯逼供和非法取证的源头预防，健全冤假错案有效防范、及时纠正机制。"[①] 加强和完善人权司法保障制度是建立社会主义法治国家的重要内容，不仅对个人权利保障有重要意义，而且对社会稳定、国家发展也很重要。

完善人权司法保障制度涉及很多领域的课题，包括对人权的理解、对司法的理解、对人权司法保障的理解，以及各种保障人权的具体的措施和原则。人权司法保障最常见的是通过刑事诉讼、民事诉讼和行政诉讼实现的，其中刑事诉讼不仅保障了被追诉人的合法权利，还对社会上每一个人的合法权利保障都有特别重要的意义。我国在《宪法》、《刑事诉讼法》等法律中也规定了保障人权的条款。《世界人权宣言》[②] 共30条，其中约1/3的条款与刑事诉讼有

---

① 《中共中央关于全面推进依法治国若干重大问题的决定》，载《中国共产党第十八届中央委员会第四次全体会议文件汇编》，人民出版社2014年版。

② 《世界人权宣言》由联合国大会于1948年12月10日第217（Ⅲ）号决议通过，是第二次世界大战之后第一个关于人权的专门性国际文件，是其后许多国际人权条约的重要根据。本书引用的《世界人权宣言》出自联合国：《人权国际文件汇编》，联合国1988年纽约出版。

关；《公民权利和政治权利国际公约》[①]（以下简称《民权公约》）中有关权利的条款共27条，其中也有1/3与刑事诉讼有关，可见刑事诉讼对人权司法保障的重要性。所以，本课题将以刑事诉讼为重点论述人权司法保障的相关问题。

第一节 人权概念解析

在当代社会，“人权”一词出现的频率很高，在论述人权司法保障课题时首先应当厘清人权的概念、起源、范围、保障方式等问题。有学者指出：“人权是人作为人依其本性（包括自然属性和社会属性）所应当享有的权利，而不是任何外界的恩赐。”[②] 也有学者指出：“人权是一个十分复杂的社会现象。”[③] 还有学者指出：“人权一词依其本意是指每个人都享有或都应该享有的权利。”[④] 人权的概念是人权保障的前提，人们只有知道什么是人权，个人有哪些权利，才能知道自己的权利是否受到侵害，才可能提出保障的诉求。所以，研究人权司法保障首先需要明确人权的概念。

---

① 《公民权利和政治权利国际公约》由联合国大会于1966年12月16日第2200A（XXI）号决议通过并开放供各国签字、批准或加入，于1976年3月23日生效。截至2015年3月31日，该公约批准国已达168个。中国于1998年10月5日签署了该公约，还在等待全国人大常委会的批准。《公民权利和政治权利国际公约》有若干不同的中文版本，据笔者所知主要的中文版本有：1966年联合国通过的《公民及政治权利国际盟约》，语言带有文言文特点，可以在联合国网站大会1966年大会2200A（XXI）号决议中找到，也可见董云编著的《人权基本文件概览》（辽宁出版社1994年版，第272~290页）；另一个是在中国大陆广泛流传的中文版，见联合国：《人权国际文件汇编》，1988年纽约版C. 88. XIV. 1，也可以见新华网，http://news.xinhuanet.com/ziliao/2003-01/20/content_698226.htm。本书中的《公民权利和政治权利国际公约》中文版本均引自联合国的《人权国际文件汇编》。

② 李步云主编：《人权法学》，高等教育出版社2005年版，第1页。

③ 董云虎编著：《人权基本文件要览》，辽宁人民出版社1994年版，第1页。

④ 夏勇：《人权概念起源》，中国政法大学出版社2001年版，原版导言第IV页。

一、对人权的理解

人权（human rights）简言之就是人的权利，是基于人的自然属性和社会属性而具有的权利（“权利”的概念另见下文详述）。《世界人权宣言》序言的第一句话就指出：“对人类家庭所有成员的固有尊严及其平等的和不移的权利的承认，乃是世界自由、正义与和平的基础。”这句话揭示了三个基本原理：第一，人权来自人的尊严；第二，享有人权需要得到法律的承认和保障；第三，承认人权对世界自由、正义与和平有重大意义。

（一）人权是自然人应当享有的权利

根据《世界人权宣言》，人权来自人的尊严。从自然属性的角度讲，人权的主体是所有的自然人，只要是自然人就有属于作为人的那份权利。根据《民权公约》的相关规定，世界上一切个人的权利都应当是平等的，成员国的一切个人享有该公约所承认的权利，不分种族、肤色、性别、语言、宗教、政治或其他见解、国籍或社会出身、财产、出生或其他身份等。

《法国人权和公民权宣言》第1条指出：“在权利方面，人们生来是而且始终是自由平等的。只有在公共利用上面才显出社会上的差别。”① 人权通常开始于自然人出生，终止于自然人死亡。但是有些权利可以向生前延伸，如继承权对于出生之前的胎儿就有实际意义；有些权利可能延伸到自然人死亡之后，如名誉权、著作权等；还有些权利需要达到一定的年龄才可以享有，如结婚权、选举权、参加公职权等。从法律条件的角度讲，有些权利是专属于一个国家的公民的，如选举权和被选举权，外国人不得享有；有些权利是专属于老人、妇女、儿童的，非这些范围内的人不得享有。个人自身条件也会对某些权利的实现造成影响，如迁徙权、工作权等不

① 《法国人权和公民权宣言》中文版本见董云虎编著：《人权基本文献要览》，辽宁出版社1994年版，第40页。

仅取决于公共资源的条件，还受到个人条件和能力的影响。在承认人人平等的前提下，争取个人实际享有的权利平等是社会、国家和个人都应当共同努力的任务。

（二）人权是法律所确认的社会关系

从社会属性方面讲，人权是法律所确认的社会关系，包括个人与国家的关系、个人与他人的关系、一个群体的人与另一个群体的人之关系等。人类在原始社会时期并没有权利和义务的概念。在生产力提高到有剩余物品的时候，才产生了这些产品的归属问题，产生了所谓“权利”的问题；而为了分配产品，又产生了由谁来主持分配的问题，从而产生了“权力”的问题。

人们为了自身的生存，为了处理自己剩余物品的归属，产生了对生命、自由甚至婚姻关系加以确定、防止别人侵占的观念，于是人类发明了法律加以承认和维护权力和权利。所以说，人权是人类发展到一定阶段的产物，其随着社会的发展而发展，并不断丰富。人权有一定的范畴，各种人权必须经过法律（包括国际法和国内法）所确认。法律对人权的确认是人权得以保障的前提。

（三）人权具有一定的限制

人权并非绝对，而是受到各种限制，最主要的体现是自然人在享有权利的时候不得妨碍他人的权利。例如，任何适龄男女都有结婚权，但是任何人都不能强迫别人与自己结婚，因为这妨碍了他人的权利。再如，在社会紧急状态时，或在刑事诉讼中，国家可能对个人的权利有所限制，包括对个人的自由权、隐私权等权利进行干预。但这种干预必须依法进行，涉及剥夺个人生命、自由、财产、隐私等权利时，必须按照法律正当程序进行。

权利和义务是对等的。公民的权利不受侵犯，但也不能侵犯他人的权利。这种限制是合法的，是符合绝大多数人的利益的。人人都有义务遵守，不侵犯他人的权利。任何侵犯他人权利的行为，都应当受到相应的处罚。

（四）人权的保障

人权需要保障，根据国际法的相关规定，国家承担保障人权的责任。《民权公约》第 2 条规定："每一缔约国承担尊重和保证在其领土内和受其管辖的一切个人享有本公约所承认的权利。"国家保障人权责任之履行，首先应以立法的形式确认个人所享有的各项权利；其次应保证任何一个被侵犯了权利或自由的人，能得到有效的补救；再次应保证任何要求此种补救的人能由合格的司法、行政或立法当局或由国家法律制度规定的任何其他合格当局断定其在这方面的权利，并发展司法补救的可能性；最后应保证合格当局在准予此等补救时，确能付诸实施。

人权的司法保障最常见的方式是国家通过设置各种诉讼制度为人权提供保障。人权的司法保障应当是最权威的、最有效的，也是最后的手段。人权的司法保障应当公正、公开，具有正当法律程序。

二、西方人权概念的起源和发展

人类对于人权的意识和认识是一个逐步发展的过程。了解"人权"概念的起源和发展对权利内涵和来源的思考有积极意义。古希腊、古罗马虽然也有与权利有关的论述，但其中"权利"一词是后人翻译的。古希腊著名剧作家索福克勒斯较早提出了个人反抗国家压迫的权利。① 柏拉图②提出了一个普遍适用的道德标准，

① 索福克勒斯（公元前 496 年~公元前 406 年），雅典人，雅典三大悲剧作家之一。索福克勒斯生活的时期适值雅典民主制全盛时期，因此他的剧本反映的也是雅典民主制繁荣时期的思想意识。他拥护民主制度，主张公民平等、法律治邦。他赞扬人的自由意志，赞扬人在同厄运斗争中的坚韧精神。

② 柏拉图（公元前 427 年~公元前 347 年），古希腊伟大的哲学家，也是全部西方哲学史乃至整个西方文化史上最伟大的哲学家和思想家之一，他和老师苏格拉底、学生亚里士多德并称为"希腊三贤"。

指出所有人不论是否是公民都应当受到平等的对待。亚里士多德[①]讨论了政治社会中美德、公正、权利的重要性。

公民权利的概念可以追溯到古罗马。但在古罗马，公民权利只是公民才能享有，外国人和非罗马公民是无权享有的。在罗马帝国时代，权力为全体公民所有。但是在很多问题上不可能由许多人同时使用权力，否则便无法管理社会。为了使有人能够代表全体人民行使权力，罗马人民通过“王权法”（lex regia）将主权委托给皇帝。皇帝逐渐拥有了“治权”（imperium）和“保障权”（postestas）。在公民交出了自己的权力之后，皇帝就有了统治的权力，皇帝的决定就有了法律的效力，但是，在古罗马，皇帝的权力也还是有一定限制的，罗马公民还是有自己的一些基本权利的保障的，如生命权、自由权和财产权是不能随意剥夺的。罗马《十二表法》第九表第一条就规定：“不得为了任何个人的利益，制定特别的法律。”第二条规定：“对剥夺一人的生命、自由的判决，专属军伍会议的权力。”[②]《十二表法》中内容最多的还是诉讼权利和财产权利，这些权利只有公民才能享有，奴隶被当成物是没有任何权利的。到欧洲中世纪，[③] 国王成为世袭制，天下成为家天下，国王是至高无上的，对整个王国享有总体控制的权力，因而公民包括一些领主或贵族都失去了自己原来曾经拥有过的权力。

---

① 亚里士多德（公元前384年~公元前322年），古代先哲，古希腊人，世界古代史上伟大的哲学家、科学家和教育家之一，堪称希腊哲学的集大成者。他是柏拉图的学生，亚历山大的老师。

② 参见周枏：《罗马法原论》，商务印书馆2014年版，第1032页。

③ 中世纪（Middle Ages），历史学上通常指欧洲封建时代，476年西罗马帝国灭亡至1640年英国资产阶级革命为中世纪的时限。

这些状况在13世纪受到了挑战。1215年英国国王约翰在贵族和领主们的逼迫下颁布了《自由大宪章》，其中第39条规定："凡自由民非经其同等之人依法判决和遵照国家法律，不得加以扣留、监禁、没收财产、剥夺其法律保障权或加以放逐、伤害、搜索或逮捕。"第40条规定了对国王权力的限制："朕不得对任何人滥用、拒绝或延搁权利或赏罚。"① 这些规定表现了对君权的约束思想，在人类历史上成为一个闪光点。在《大宪章》之后，欧洲还处于中世纪的漫长和黑暗时期。直到17世纪，欧洲和美洲的民主先驱们才使得《大宪章》的思想得以继承和发扬光大。

在文艺复兴时期，② 人文主义精神得到大力提倡。文艺复兴并不是古代文艺的复兴，而是思想的解放和创新。其核心是提出以人为中心而不是以神为中心，肯定人的价值和尊严。主张人生的目的是追求现实生活中的幸福，倡导个性解放，反对愚昧迷信的神学思想，认为人是现实生活的创造者和主人。文艺复兴时期的一批思想

---

① 《自由大宪章》或称《大宪章》(拉丁文为 Magna Carter，英文为 Great Charter)，是1215年英格兰的一些贵族与国王订立的条约，其作为宪法性文件，用来限制英国国王的权力，规定王权接受法律的限制及尊重司法。《大宪章》原文为拉丁文，本书引用条款是笔者根据英文自行译出。《大宪章》中文翻译有各种版本，措词略有不同，参见董云虎、刘武萍主编：《世界各国人权约法》，四川人民出版社1994年版，第3页。

② 文艺复兴指13世纪末在意大利各城市兴起，之后扩展到西欧各国，于16世纪在欧洲盛行的一场思想文化运动，带来了一段科学与艺术革命时期，拉开了近代欧洲历史的序幕，被认为是中古时代和近代的分界。

家格劳秀斯[①]、霍布斯[②]、洛克[③]、卢梭[④]等继承与发展了自然法学说，倡导以人权反对神权、君权与特权。洛克在其《政府论》一书中首次提出了“天赋权利”（natural rights）的概念，他认为：“人们……生来就享有自然的一切同样的有利条件，能够运用相同的身心能力，就应该人人平等，不存在从属或受制的关系”；“人们既然都是平等和独立的，任何人就不得侵害他人的生命、健康、自由或财产。”[⑤] 18世纪伟大的启蒙思想家孟德斯鸠[⑥]在其著作《论法的精神》中进一步阐述了关于人权司法保障的思想：他说：“在政治宽和的国家里，一个人，即使最卑微的公民的生命也应当受到尊重。他的荣誉和财产，如果没有经过长期的审查，是不得剥夺的；他的生命，除了受国家的控诉之外，是不得剥夺的。——国

---

① 胡果·格劳秀斯（Hugo Grotius）（1583~1645），近代西方资产阶级思想先驱，国际法学创始人，被人们同时尊称为“国际法之父”与“自然法之父”。格劳秀斯提出了天赋的自然权利和社会契约等观点，认为国家是人们为了享受法律利益和谋求共同福利而组成的最完善的联盟。

② 托马斯·霍布斯（Thomas Hobbes）（1588~1679），英国政治家、哲学家。他提出“自然状态”和国家起源说，指出国家是人们为了遵守“自然法”而订立契约所形成的。

③ 约翰·洛克（John Locke）（1632~1704），英国的哲学家。他主张政府只有在取得被统治者的同意，并且保障人民拥有生命、自由和财产的自然权利时，其统治才有正当性。洛克相信只有在取得被统治者的同意时，社会契约才会成立，如果缺乏这种同意，那么人民便有推翻政府的权利。

④ 让-雅克·卢梭（Jean-Jacques Rousseau）（1712~1778），法国思想家。卢梭的社会契约理论，从分析社会不平等的起源和发展中，得出用暴力手段推翻封建君主专制政权的激进的革命结论，主张建立以社会契约为基础的民主共和国，提出人民主权这一富有彻底反封建革命精神的民主思想，要求实行体现人民主权、体现公意的法律，强调用法治代替君主专制。

⑤ 约翰·洛克（John Locke）（1632~1704）是英国唯物主义哲学家、思想家、古典自然法学派代表之一。“天赋人权”按照英文（natural right）直译为自然权利，即天生就有的权利。见［英］洛克：《政府论》（下），商务印书馆1997年版，第5~6页。

⑥ 查理·路易·孟德斯鸠，又译夏尔·德·塞孔达·孟德斯鸠（Charles de Secondat，Baron de Montesquieu，1689~1755），法国启蒙思想家、社会学家，是西方国家学说和法学理论的奠基人。

家控诉他的时候，也必定要给他一切可能的手段为自己辩护。”①

这些思想家们的学说为一些国家所承认并写进了法律。最早写入人权司法保障内容的法律是1776年制定的《美国独立宣言》（以下简称《独立宣言》）。该宣言写道：人人生而平等，他们都从他们的“造物主”那边被赋予了某些不可转让的权利，其中包括生命权、自由权和追求幸福的权利。为了保障这些权利，所以才在人们中间成立政府。而政府的正当权力，则系得自被统治者的同意。如果遇有任何一种形式的政府变成损害这些目的的（政府），那么，人民就有权利来改变它或废除它，以建立新政府。② 在《独立宣言》中，美国的建国者们声讨英国殖民政府“在许多案件中剥夺了我们在司法上享有的权利”，从而与英国脱离关系。美国建国之后又制定了《权利法案》③ 共10条，而其中第4、5、6条人民有权反对非法逮捕、搜查和扣押等规定成为美国刑事司法人权的宪法性根据。

1789年《法国人权和公民权宣言》中写道：“认为不知人权、忽视人权或轻蔑人权是公众不幸和政府腐败的唯一原因。所以决定把自然的、不可剥夺的和神圣的人权阐明于庄严的宣言之中，以便本宣言可以经常呈现在社会各个成员之前，使他们不断地想到他们的权利和义务；以便立法权的决议和行政权的决定因能随时和整个政治机构的目标两相比较……”该宣言规定：“除非在法律所规定的情况下并按照法律所指示的手续，不得控告、逮捕或拘留任何人。凡动议、发布、执行和令人执行专断命令者应受处罚；……”

第二次世界大战之后，联合国于1948年通过了《世界人权宣言》，并在第一条写道：“人人生而自由，在尊严和权利上一律平

---

① 孟德斯鸠：《论法的精神》，商务印书馆1963年版，第75~76页。

② 《美国独立宣言》的中译文引自《中国公民人权读本》，经济日报出版社1998年版。

③ *The Bill of Rights*，即美国宪法前十条修正案，1791年制定。

等……”《世界人权宣言》所包含的内容十分丰富，主要有：生命权、自由权和人身安全、财产权、隐私权、迁徙权、婚姻权、表达权、参与国家政治生活权利、工作权、受教育权，等等。这些权利可以分为政治权利和经济、社会和文化权利。1966 年 12 月，联合国大会通过了《公民权利和政治权利国际公约》和《经济、社会和文化权利国际公约》（以下简称《经社文公约》）①，将《世界人权宣言》的规定用法律形式确定，成为具有法律效力的国际公约。这些文件有一个显著的特点，即提出各国（政府）应当承担保障人权的责任，也就是说，政府不仅应当限制自己的行为干涉人权，而且要为人民享有权利提供保障。

三、中国人权概念的起源和发展

中国是世界文明发达最早的国家之一，远在公元前 2000 多年，就已经建立了国家。在这之前，人们经历了漫长的原始社会阶段，一直过着没有阶级压迫、没有剥削、共同劳动、共同消费的原始生活。原始社会晚期，在生产和战争之中，各个部落产生了自己的首领，但首领的权力是有限的。在原始社会行将结束、国家产生的初期对个人的控制还比较松散。中国最古老的一首歌谣——《击壤歌》描述了上古时代一个老农对帝王权力的蔑视和对自由权的赞美：“日出而作，日落而息，帝力与我何有哉?”但是在社会生产力发展后，人们的生产水平超过了消耗而有了财产的结余和积累，为了明确财产的归属，确保财产的积余不致散落到他人手中，保障自己和部落的安全，人们打破了自由自在的生活，权力逐渐向强者手中集中，出现了权力和权利的重新分配。

在公元前 21 世纪前后，夏禹和他的儿子启首先打破了古代社

① 《经济、社会和文化权利国际公约》由联合国大会于 1966 年 12 月 16 日第 2200A（XXI）号决议通过并开放供各国签字、批准或加入，于 1976 年 1 月 3 日生效。截至 2015 年 3 月 31 日，该公约批准国已达 164 个。中国于 2001 年 3 月 27 日批准了该公约。

会选举领导人及其后来演变成的“禅让”制度，实行了“传子”的世袭制，建立了夏王朝。我国的原始社会崩溃，出现了奴隶主贵族统治的国家。这种权力的集中和私有化是原始社会向奴隶社会转化过程中历史的必然。在奴隶社会，奴隶主或君主为了使自己的统治和权力合理化也要寻找一些理论根据，说明这样做的理由，以掩盖权力的本源，如夏朝的统治者诡称其权力受命于天，① 这之后在中国漫长的奴隶社会和封建社会，君主们宣称“君权神授”，王和臣民的关系则有所谓的“溥天之下，莫非王土；率土之滨，莫非王臣”②，臣民的生命、财产可能被国王和官吏随时剥夺。

中国古代的一些学者也曾对君主、个人和社会的关系作过思考。孟子③就曾说过：“民为贵。社稷次之。君为轻。”④ 在2000多年前，这确实是很闪光的思想。但孟子并不是从人权的角度得出这样的结论的，而是从“人心的角度”加以分析的。他接着说：“是故得乎丘民而为天子；得乎天子而为诸侯；利乎诸侯而为大夫。”⑤孟子虽然讲的是为君和为官之道，但从中也可以合乎逻辑地推导出“一切权力来自人民”这样的道理。按孟子的说法，即是“得乎丘民而为天子”。“丘民”是山野之民的意思，就是最基层的百姓，而不是某一个人。也就是说，得到最广大的百姓拥戴的人才能成为天子而掌握政权，显然政权的终极来源是广大百姓。

战国时期的荀子⑥在论述君主和百姓的关系时也说过：“君者

① “有夏服（受）天命”（见《尚书·召诰》）。

② 《诗经·小雅·谷风之什·北山》。

③ 孟子（约公元前372年~约公元前289年），名轲，字子舆，华夏族，邹（今山东邹县）人，是孔子之孙孔伋的再传弟子。孟子是战国时期伟大的思想家、政治家，儒家学派的代表人物。他主张仁政，提出“民贵君轻”的民本思想，游历于齐、宋、滕、魏、鲁等诸国，效法孔子推行自己的政治主张，前后历时二十多年。

④ 见《孟子集注卷十四·尽心章句下》。

⑤ 见《孟子集注卷十四·尽心章句下》。

⑥ 荀子（约公元前313年~公元前238年），名况，字卿，战国末期赵国人。著名思想家、文学家、政治家，时人尊称“荀卿”。

舟也，庶人者水也，水则载舟，水则覆舟。”① 他也没有从权力的本源以及人权的角度来论述，而是用形象化的比喻论述了统治者和被统治的关系。荀子已经认识到百姓对于君主有举足轻重的影响，这是很难能可贵的。

汉语中“权利”一词在先秦时期就已经出现。荀子在《君道》篇中论述对人品的考察时提出：“接之以声色、权利、忿怒、患险，而观其能无离守也。”荀子在《劝学》篇中指出：“心利之有天下，是故权利不能倾也、群众不能移也、天下不能荡也。”荀子所说的“权利”指的是“权力和利益”。“权利”一词在古代也用作动词，指权衡利益。②“权利”一词的以上两种意义在汉语中从先秦到19世纪上半叶意义没有变化，直到清代鸦片战争之后中国翻译西方著作时才赋予了其新意。

1863年，丁韪良③翻译《万国公法》时首次使用“权利”一词表述个人的“right”,④ 从此“权利”有了新的含义，不再是古汉语中“权力和利益”，而是指个人享有的可以得到的利益和可以

---

① 见《荀子·王制》。

② 《商君书·算地》：“朴则生劳而易力，穷则生知而权利；易力则轻死而乐用，权利则畏法而易苦。”

③ 丁韪良（William M. P. Matin，1827年出生于美国印第安纳州，1916年12月17日在北京去世），基督教新教教会长老派传教士。道光三十年（1850年），丁韪良在长老派神学校毕业后，被派来中国，在中国生活了60年，曾任同文馆总教习，清政府国际法方面的顾问，京师大学堂总教习。

④ 参见丁韪良《万国公法》第六节“准外人入籍”条：“外人徙来，或住家或入籍，均得享有住家、入籍这地所有通商之权利。”“人民生而服英国者往美住家，即以之为美民可也，则英所允准美民之权利，该人亦可享之，虽因事暂归故土，犹不失其权利也。”参见何勤华主编：《万国公法》，中国政法大学出版社2002年版，第86页。

进行某种行为的资格。[①]“权利”这个词的新意得到了清政府的承认。1908年，清政府颁布《钦定宪法大纲》，其中明确规定了臣民的权利，主要有：

1. 担任公职的权利（臣民中有合于法律命令所定资格者，得为文武官吏及议员）。

2. 言论、集会、结社权利（臣民于法律范围以内，所有言论、著作、出版及集会、结社等事，均准其自由）。

3. 人身自由的权利（臣民非按照法律所定，不加以逮捕、监禁、处罚）。

4. 进行诉讼的权利（臣民可以请法官审判其呈诉之案件）。

5. 得由审判机关处理的权利（臣民应专受法律所定审判衙门之审判）。

6. 财产和住宅不受侵犯的权利（臣民之财产及居住，无故不加侵扰）。

7. 纳税应根据法律规定不得增加的权利（臣民现完之赋税，非经新定法律更改，悉仍照旧输纳）。[②]

1911年辛亥革命推翻了清王朝，建立了中华民国。1912年颁

---

① 《万国公法》一书，译自美国著名国际法学家亨利·惠顿（Henry Wheaton，1785~1848）于1836年出版的《国际法原理》（*Elements of International Law*）一书，翻译者是美国传教士丁韪良，于1864年（同治三年）冬在总理各国事务衙门资助下由丁韪良所创办的教会学校崇实馆刊印发行。在翻译该书过程中，丁韪良使用了“权利”、“人民”、“政治”、“责任”、“选举”、“司法”、“自治”、“国会”、“管辖”、“利益”、“赔偿”、“争端”等汉语词汇，这些词汇不仅成为中国以后法律体系中的专门用语，也成为日本法学界的通用语。参见何勤华主编：《万国公法》，中国政法大学出版社2002年版，第6、34页。

② 见张晋藩著：《中国宪法史》，吉林人民出版社2004年版，第402页。

布的《中华民国临时约法》[①] 在《钦定宪法大纲》的基础上明确规定了中华民国人民一律平等，无种族、阶级、宗教之区别，并规定了人民的具体权利，主要有：

1. 人民之身体非依法律，不得逮捕、拘禁、审问、处罚。
2. 人民之家宅非依法律不得侵入或搜索。
3. 人民有保有财产及营业之自由。
4. 人民有言论、著作、刊行及集会结社之自由。
5. 人民有书信秘密之自由。
6. 人民有居住迁徙之自由。
7. 人民有信教之自由。
8. 人民有请愿于议会之权。
9. 人民有陈诉于行政官署之权。
10. 人民有诉讼于法院受其审判之权。
11. 人民对于官吏违法损害权利之行为，有陈诉于平政院之权。
12. 人民有应任官考试之权。
13. 人民有选举及被选举之权。[②]

以上这些权利基本上已经包含了后来联合国于1948年制定的《世界人权宣言》和1966年制定的《民权公约》中的大部分权利。所以，也可以说中国近代的人权法律在世界上是领先的。而且，联

① 《中华民国临时约法》是辛亥革命胜利后，以孙中山为首的中华民国临时政府（南京），制定的具有“宪法”性质的根本大法。1912年3月11日开始施行，1914年5月1日因《中华民国约法》（袁世凯的法律）的公布而被取代，1916年6月29日为大总统黎元洪所恢复。1917年9月10日以广东为基地建立的中华民国军政府展开护法运动，所护者即为《中华民国临时约法》。

② 参见张晋藩著：《中国宪法史》，吉林人民出版社2004年版，第404~405页。

合国制定《世界人权宣言》时，中国人张彭春[①]还作出了巨大贡献。[②]

但是，在1949年中华人民共和国成立以前，人民的权利难以实现。毛泽东同志指出“自由是人民争来的，不是什么人恩赐的。”他还指出：“人民的言论、出版、集会、结社、思想信仰和身体这几项自由，是最重要的自由。在中国境内，只有解放区是彻底地实现了。”[③] 自从改革开放以来，中国的人权状况得到了进一步的改善。党的十八届四中全会《决定》明确宣布：“坚持人民主体地位。人民是依法治国的主体和力量源泉，人民代表大会制度是保证人民当家做主的根本政治制度。必须坚持法治建设为了人民、依靠人民、造福人民、保护人民，以保障人民根本权益为出发点和落脚点，保证人民依法享有广泛的权利和自由、承担应尽的义务，维护社会公平正义，促进共同富裕。”[④] 以上坚持人民主体地位等表述进一步丰富了中国人民的人权内涵。中国人口占全世界总人口的1/4，中国人权状况的改善是世界人权改善的重要组成部分，也是中国对世界的贡献。

---

① 张彭春（1892~1957），中国教育家、法学家。1908年毕业于南开学校，1910年去美国哥伦比亚大学学习教育学、哲学，同时刻苦钻研戏剧理论和编导艺术。1916年回到天津，协助其兄著名教育家张伯苓主持南开中学并任南开大学教授，同时兼任南开新剧团副团长。抗日战争期间，从事外交工作，曾任联合国人权委员会副主席，参与制定《世界人权宣言》，1957年7月在美国逝世。

② 张彭春对《世界人权宣言》的贡献详见孙平华：《〈世界人权宣言〉研究》，北京大学出版社2012年版，第93~112页。

③ 《毛泽东选集》第3卷，人民出版社1966年版，第1070~1071页。

④ 《中共中央关于全面推进依法治国若干重大问题的决定》，载《中国共产党第十八届中央委员会第四次全体会议文件汇编》，人民出版社2014年版。

第二节　人权司法保障解析

人权司法保障指通过司法的手段保障个人的权利，包括保障个人权利不受他人侵犯或在被他人侵犯的情况下对侵犯人加以处分；还包括个人权利不受政府的侵犯，特别是在司法活动中应当保障诉讼参与人的权利。

一、人权司法保障的国际标准和国家义务

（一）司法的概念

“司法”通常有三种含义：第一种含义指国家和有关国际组织的有关部门的立法活动、侦查活动、起诉活动、审判活动等一系列的活动。比如说“联合国刑事司法准则”，就包括在联合国主持下建立或者是制定有关刑事司法的一系列规则，这就相当于立法行为。例如，在联合国《促进法治和加强刑事司法系统》文件中所论及的“司法”包括预防和打击犯罪的各种活动；[①] 再如，我国的司法改革，包含了法律的制定、修改等立法活动和侦查、起诉、审判等执法和审判活动。第二种含义指国家专门机关所进行的司法行为，包括刑事诉讼中的侦查、起诉、审判、执行等活动和民事、行政诉讼中的审判活动。第三种含义仅指法院的审判活动。这三种含义在不同的语境下经常交错使用。党的十八届四中全会提出“加强人权司法保障。强化诉讼过程中当事人和其他诉讼参与人的知情权、陈述权、辩护辩论权、申请权、申诉权的制度保障。健全落实罪刑法定、疑罪从无、非法证据排除等法律原则的法律制度。完善对限制人身自由司法措施和侦查手段的司法监督，加强对刑讯逼供和非法取证的源头预防，健全冤假错案有效

① 《促进法治和加强刑事司法系统》中文版本见杨宇冠、杨晓春编：《联合国刑事司法准则》，中国人民公安大学出版社 2003 年版，第 21~41 页。

防范、及时纠正机制”。以上内容中的“人权司法保障”主要指刑事诉讼人权保障。

司法活动的运行需要有制度保障。司法制度通常指司法机关的组织制度以及依法进行或参与诉讼活动制度的总称。司法组织制度，即有关司法机关或其他机关组织构成的制度，主要涉及这些主体在整个国家体制中的性质、地位、职权等方面。司法程序制度指司法机关及相关组织依法定程序适用实体法、程序法，处理诉讼案件或非诉案件所应遵循的准则、程序。

司法人权保障的范围很广泛，在现代文明社会，用诉讼的方式解决争端应当是最后的手段。非经法律的正当程序不得剥夺人的生命、自由和人身安全，这已经成为当今世界的共识。由此而产生了诉讼参与人的一系列权利，而这些权利保障对社会和个人都有极为重要的作用。

（二）国际层面人权司法保障

权利需要得到实现，违反权利需要得到补救，人权才有意义。当今世界保障人权的途径有多种，有人权国际保障和国内保障。

人权国际保障层面，主要体现在联合国以及一个区域间国际组织制定的人权保障文件，其中联合国制定的有《世界人权宣言》、《民权公约》、《经社文公约》等一系列国际公约，区域性的有《欧洲人权公约》、《美洲人权公约》等。这些国际文件为各成员国的人权保障提供了标准和监测机制。有些人权国际公约还有具体的机构执行国际人权保障的职能，如根据《民权公约》成立的人权事务委员会[①]，根据《欧洲人权公约》成立的欧洲人权法院[②]，都在国际层面担负着保障人权的重要职能。

人权的国际层面保障还包括国际人道主义干涉。所谓“人道主义干涉”是指如果一国政府对其本国国民实行残暴统治，剥夺他们的基本人权，其严重程度足以“震撼人类的良心”，其他国家就有权干预，包括使用武力。[③] 通常发生在为终止一个国家内大规模侵犯人权行为，未经该国许可而运用强制手段尤其是军事手段的一种干涉，人道主义干涉是指一个国家为制止在别国发生的非人道的事情而进行的干涉，也就是从人道主义的观点出发而对别国内政

---

① 人权事务委员会（Human Rights Committee）是根据《公民权利和政治权利国际公约》第 28 条建立的一个由人权专家组成的，为了监督和协助成员国执行公约的专门机构。人权事务委员会的职能详见杨宇冠：《人权法》，中国人民公安大学出版社 2003 年版，第 54~75 页。

② 欧洲人权法院是根据《欧洲人权公约》第 19 条设立的常设机构，于 1959 年设在法国的斯特拉斯堡。欧洲人权法院只受理案件的涉案国家必须是欧洲人权公约签署国，且已申明完全接受该公约的约束，或就某一案件表明接受法院的审理。根据《欧洲人权公约》第 34 条规定，“如果任何个人、非政府组织、个人组织宣称一个缔约国侵犯了其公约和公约议定书所规定的权利，是受害者，则法院可以受理该个人、非政府组织、个人组织的申请。缔约国不得以任何形式阻碍此权利的行使”。但法院受理的条件是该事项已经用尽国内救济方式。《欧洲人权公约》第 35 条规定，根据公认的国际法规则，法院仅可以处理系在国内的救济方法系已援用无遗之日起的 6 个月内提交的。根据《欧洲人权公约》第 38 条第 1 款规定，如果法院宣布受理一个申请，则法院应当在尊重公约及其议定书中规定的人权的基础上，在处理相关各方的事项时本着友好解决的精神。根据《欧洲人权公约》第 41 条规定，如果法院认为有侵犯公约及其议定书的事实，在必要的情况下，法院应当对于受害方授予公正的补偿。根据《欧洲人权公约》第 46 条第 1 款规定，“在任何案件中，缔约国有义务遵守法院对于其是一方的案件的最终判决”，第 46 条第 2 款规定：“法院的最终判决应当抄送至部长议会，部长议会应当监督最终判决的执行。”1998 年欧洲人权法院改革之前，案件审理程序比较复杂。任何个人、民间团体以及非政府组织提交欧洲人权法院的案件必须首先提交欧洲人权委员会，该委员会确定可以受理后，将写出报告提交欧洲委员会部长委员会讨论。欧洲人权委员会或涉案国如果在三个月内不向人权法院提出审理要求，则由部长委员会裁决。欧洲人权法院各法庭的审理结果为终审判决。

③ 李步云主编：《人权法学》，高等教育出版社 2005 年 2 月第 1 版，第 342 页。

进行的干涉。当代国家的内政和主权之设置最终目的是保障公民的权利，而不是某个当政者的个人利益。所以，如果某当政者利益与公民利益发生严重冲突，致使公民的生命、财产处于毁灭的危险状态，国际人道主义干涉并非侵犯一国主权和干涉内政，而是解救该国处于危险之中的人民，这种干涉不仅有利于人权保障，也有利于该国的主权和内政的正常行使。

人权的国际层面保障还包括国际刑事法院。联合国成立不久就意识到有必要成立国际刑事法庭，用于审判诸如种族屠杀的犯罪。1948 年 12 月 9 日大会通过了 260 号决议及《防止及惩治危害种族罪公约》上面写道："认为有史以来，危害种族行为殃祸人类至为惨烈，深信欲免人类再遭此狞恶之浩劫，国际合作实所必需。"该《公约》的第 1 条认定灭绝种族行为是"应受国际法审判的犯罪"，第 6 条规定灭绝种族行为罪"凡被诉犯危害种族罪或有第三条所列行为之一者，应交由行为发生地国家之主管法院，或缔约国接受其管辖权之国际刑事法庭审理之"。该决议中，大会还要求国际法委员会"研究宜否及可否设立国际司法机构，以审判被控犯危害种族罪者"。委员会最后认为，成立一个国际法庭用于审判被控种族屠杀罪的人或其他严重犯罪的人是十分必要也是可行的。大会成立了一个委员会，专门负责该法庭建立的各项提议。该委员会于 1951 年起草了一个议案，并于 1953 年修改。但是大会决定推迟草案的进程，以便仔细考虑对于侵略的定义。但是，因为侵略罪的定义非常难定，此事一直拖延。1993 年，南斯拉夫冲突的爆发，战争罪、反人类罪和种族屠杀罪等起诉和审判问题，又一次引起了国际社会的关注。为了结束大规模的人类灾难，联合国安理会成立了专门针对南斯拉夫的临时性国际刑事法庭，目的是让某些人为这些暴行负责，防止今后出现类似的犯罪。

1998 年 7 月，联合国 120 个会员国在罗马通过一项条约，称为《国际刑事法院罗马规约》（*Rome Statute of the International Criminal Court*），简称《罗马规约》，从而在世界历史上首次成立起一个常设国际刑事法院。时任联合国秘书长的科菲·安南说道："长久梦寐以求的常设国际刑事法院将快成为事实，我们的希望是，通过惩处有罪者，国际刑院将为幸存的受害人和被针对的社区带来一些安慰。更重要的是，我们希望它将阻遏今后的战犯，以便终有一天无论在何处都没有任何统治者、任何国家、任何执政集团和任何军队能滥肆侵犯人权而不受处罚。"①

根据《罗马规约》，特别是序言中所载的国际刑事法院的宗旨，可以看出，建立国际刑事法院是为了实现如下理想：

1. 为全人类实现正义

国际刑事法庭也被称为弥补了国际法律体系缺失的环节。在海牙的国际法院仅审判国家间的案件，不受理针对自然人犯罪的案件。如果没有国际刑事法庭负责追究自然人责任，并设立为强制机制，那么种族屠杀和严重违反人权的行为如果其国内不加追究或不能追究，这些人就可能逃脱惩罚。

2. 结束特权人物逃避惩罚的情况

一些国家因为战乱或多种原因没有办法处罚犯罪人员。或者犯战争罪、反人类罪的人是一个国家的元首或掌握重权的人，一些国家的国内法对国家元首等特权人物实行豁免，致使该国无法对其实施侦查、起诉和审判。建立国际刑事法院的理想是将这些一个国家没有办法处罚的人绳之以法。

历史上，多数战犯及反人类战犯均未得到惩罚而逍遥法外。除"二战"后的军事法庭和两个分别为南斯拉夫和卢旺达新近设立的特别国际审判庭外，战犯未被审判的情况在20世纪同样存在。也就是说，由此可合理推断出：许多犯下此类罪行的罪犯都相信他们的罪行不会得到惩罚。有效的威慑是设立国际刑事法庭工作的一项初级目标。国际社会将不再不负责地容忍此类暴行横行，也将不再

① 时任联合国秘书长安南的讲话，原文为英文，见国际刑事法院官方网站，网址为：www.un.org/law.icc/general/overview.htm。

对此类暴行熟视无睹。对于国家元首、指挥官及最底层的士兵或新兵，国际社会希望那些想要发动种族屠杀、从事种族灭绝活动；在武装冲突中谋杀、掠夺和残酷对待贫民；或利用儿童做残忍医学试验者将受到法律的惩罚。以前的国际刑事审判机构，如纽伦堡军事法庭、远东国际军事法庭都是在战争结束之后建立和开始运作的，不能起到事前防范侵略的作用，而一个常设的国际刑事审判机构可能会对预防犯罪起到一定的作用。

（三）人权司法保障的国家义务

在现实生活中，人们之间、个人和国家以及组织之间时常发生冲突。在这些冲突中，人的尊严、生命、自由以及财产可能会受到非法的侵犯或合法的介入，国家为了防止和打击犯罪，防止对他人的权利和社会的非法侵犯，保障人们的合法权利，设置了刑事诉讼、民事诉讼和行政诉讼等形式，规范冲突的解决方式，同时，国家在诉讼过程中又有必要介入个人的权利，但这种介入必须是适度的、合理的和有法律根据的。因此，国家自己也受诉讼法的限制，只能在诉讼法规定的权力范围内活动，以防止国家不合法地侵犯个人的权利，从而产生了一系列个人诉讼权利的规定。

国家承担保障人权的义务。《民权公约》第2条第1款规定："一、本公约每一缔约国承担尊重和保证在其领土内和受其管辖的一切个人享有本公约所承认的权利，不分种族、肤色、性别、语言、宗教、政治或其他见解、国籍或社会出身、财产、出生或其他身份等任何区别。"国家保障人权的方法或途径有许多种，首先应当以法律的形式确认个人的各种权利，其次应当保证任何一个被侵犯了法律所承认的权利或自由的人，能得到有效的补救。对侵犯人权的补救也有各种方法，可以采用行政手段，但司法救助是最终的手段。

各国政府承担国内人权保障的途径有很多种。在现代社会，政府的成立和存在的首要意义和终极目的都应当是促进和保障人权。首先要保障本国公民的人权免遭来自国内外组织和个人的侵犯，由此推及保障在一国领土上和受该国管辖的任何人的人权免受侵犯，其次为人权受到侵犯的被害人提供有效的补救，政府对侵犯人权的案件进行处理，其中人权的司法保障发挥了不可或缺的作用。

二、人权司法保障与司法规律解析

司法是国家解决社会矛盾活动，有其固有的性质和发展规律。我国的司法改革正在深化，需要根据司法规律进行。习近平总书记强调："要坚持司法体制改革的正确政治方向，坚持以提高司法公信力为根本尺度，坚持符合国情和遵循司法规律相结合，坚持问题导向、勇于攻坚克难，坚定信心，凝聚共识，锐意进取，破解难题，坚定不移深化司法体制改革，不断促进社会公平正义。"① 何为司法规律，如何才能遵循司法规律，这些问题是法学界乃至社会各界需要探索的重大课题。正如张文显指出，"在司法改革当中，遇到的最根本、最基础，也是最前沿的问题，就是司法规律问题"②。

规律亦称法则，它是自然界和社会诸现象间客观的本质的联系。世界上的事物都有各自的规律，包括自然规律、社会规律。社会规律存在于人类历史一切阶段并始终起作用，决定了社会发展的方向。人们顺应社会规律并利用它们来改造社会，就更容易获得成功。

司法规律是社会规律的范畴。人类的司法制度属于上层建筑范畴，根据社会规律，经济基础决定上层建筑，人类的经济发展了，上层建筑也应随之发展。马克思指出："法的关系正像国家的形式一样，既不能从它们本身来理解，也不能从所谓人类精神的一般发展来理解，相反，它们根源于物质的生活关系……生产关系的总和

---

① 习近平在中共中央政治局第二十一次集体学习时的讲话，载《人民日报》2015年3月26日第一版。

② 张文显：《关于司法规律的六个问题》，载《司法改革》2015年第2期。

构成社会的经济结构，即有法律的和政治的上层建筑竖立其上并有一定的社会意识形式与之相适应的现实基础。”① 司法规律表明了人类的司法制度遵循从无到有，从简单到完备，从野蛮到文明的发展趋势。在原始社会，人类生产力低下，社会制度不健全，也没有司法存在，社会矛盾的解决方式最主要的是弱肉强食。在人类脱离其他动物界走向文明之后，随着人类生产力的发展，生产关系相应发展，社会财产逐渐丰富。人们为了维护社会秩序、解决社会矛盾，发明了司法制度。在现代法治社会，司法的价值不仅是维护社会秩序，而且从更高的意义上说应当是维护社会的公平正义。

司法是人类解决矛盾、维护社会秩序的活动，它必定受到社会规律的制约，并有着特殊的规律。陈冀平指出：“司法规律是社会规律的重要范畴，它是司法现象和司法活动中内在的本质联系，体现着司法活动总体上的一般趋势，司法活动只有在司法规律的中轴上进行或者围绕司法规律这根主线实施具体的司法活动，才能保证司法活动的准确性。”② 笔者认为，司法规律包括：

第一，司法活动的发展遵循从野蛮到文明的规律；

第二，司法制度的发展遵循从简单到完备的规律；

第三，司法价值的发展遵循从维护社会秩序到维护社会正义的规律。

三、人权司法保障与刑事司法规律

司法规律表明人类的刑事司法活动遵循从任意到依法进行的发展历程。人类早期经过司法和行政不分的阶段，司法活动是君主和各级行政长官的任意行为。人权司法保障只有在法治的状态下才能得到比较好的实现，人权司法保障是法治的重要内容。如果没有法

---

① 马克思：《政治经济学批判序言》，《马克思恩格斯文集》第2卷，中共中央马克思、恩格斯、列宁、斯大林著作编译局编译，人民出版社2009年版，第591页。

② 陈冀平：《有关司法规律的三点意见》，载《司法改革研究》2015年第2期。

治，即使具有人权司法保障的若干规定，也是难以实现的。人权司法保障还与刑事司法的证据制度、刑事司法的目标等范畴有紧密关系。

（一）刑事司法规律与法治

在法治状态下刑事司法活动具有保障人权的功能，通过实行刑罚权和保障人权来实现。法治状态下的刑事司法实行国家刑罚权与公民权利的平衡：一方面，司法机关通过刑事司法活动发现并惩罚犯罪，从而保障社会整体的秩序与安全；另一方面，国家刑罚权的行使又必须以保障人权为基本价值取向，不得无限制地使用。

专制和法治的刑事司法这两者并非泾渭分明，在历史的长河中发生的许多刑事司法制度介于这两者之间。只要人类社会存在，人类的刑事司法制度就会存在；只要人类社会没有停止进步和发展，人类的刑事司法制度也将会向更文明、更合理的制度发展。

“法治”一词对应英文中的“rule of law”。法治是一种制度、一种状态，在这种制度下，国家、社会、个人都应当按照法律的规定办事，任何人都没有超越法律的特权，不能干涉司法。在法治的状态下，国家在诉讼中是诉讼的一方和进行公正审判的机关，而不是以法律“治理”当事人。这样才能保持双方的平等地位，才能保证审判机关的公正审理。法治要求国家作为刑事诉讼的公诉方，或作为民事诉讼的任何一方，或作为行政诉讼的被告方都处在与对方当事人平等的地位，法院独立行使审判权，才能保持公正的地位。

在人权司法保障方面，笔者认为实行法治应当包含以下要素：

（1）必须有法律。法律本身必须平等、清楚、公开。

（2）法律必须稳定和具有可操作性，不能朝令夕改，不能根据一时需要修改法律剥夺当事人合法的诉讼权利。

（3）法律必须合理并反映社会大众的利益。

（4）必须有法律规定的诉讼规则，以防止诉讼的任意性。

（5）政府必须与个体的诉讼参与人同时遵守同一的法律。

（6）必须有机制和程序保证诉讼在合理的时间内完成。

（7）审判权必须独立行使。司法活动不能受来自各方面的干扰。

（8）必须有合格、独立的律师队伍。

（9）在所有的听审之中必须坚持程序正义的原则。

以上法治的要素与司法规律的要素有些相同，这也说明法治是符合司法规律的。

（二）刑事司法规律与证据

司法规律表明，人类的刑事司法制度是逐渐完善的，是曲折发展的。在司法不健全的时代，许多国家和地区采用神明裁判制度。用现代的眼光看，神明裁判不合理、不公正，但是这个制度仍然是人类社会的伟大发明，它标志着人类解决矛盾走向了司法途径，从无规则到确立司法规则是一个进步。随着社会的发展，人们逐渐认识到神明裁判的非理性，发明了证据裁判制度。由于人类认识能力的限制，早期的证据裁判采用法定证据制度，缺乏人的推理和说理过程。用今天的眼光看，法定证据制度仍然是不合理的，但它比神明裁判制度有巨大的进步，标志着人类司法行为已经从完全依赖于神明转化为依靠人类自己的智慧和能力。现代司法制度是法治状态下的司法制度，有一系列程序和原则以保障其公正性。它相比法定证据制度而言又是巨大的进步。

2012年我国《刑事诉讼法》修改，在定罪标准中加上了“排除合理怀疑”的标准。这个标准是英美法系国家的定罪标准，大陆法系国家采用“内心确信”标准，其实二者本质上是一致的，即对一个人定罪的证明标准要使裁判者内心确信该人犯罪，没有合理的怀疑。这相对于历史上曾经出现过的“法定证据”标准又是一次重大进步。排除合理怀疑的定罪标准对被告人权利保障有巨大作用，它与无罪推定亦有关系。根据无罪推定原则，任何人在未经公正审判并依法实证有罪之前，都应当有权被推定无罪。尽管“排除合理怀疑”并没有直接表达出无罪推定，但它却暗含了这样的观念：只有所有的合理怀疑已经被排除，被告人才得被认定有罪。美国联邦最高法院明确提出，排除合理怀疑证明标准为无罪推定提供了实质性的内容。基于此，排除合理怀疑证明标准要求：控方承担证明被告人有罪的责任，以消除裁判者对指控事实的“合理怀疑”；而被告方则既不承担证明有罪的责任，更不承担证明无罪的责任，但有权为反驳指控、进行辩解或辩护，以增加裁判者对指控事实的“合理怀疑”，最终达到维护自己权益的目的。从这个意义上来说，排除合理怀疑标准的主要目的不仅在于查明案件事实，而且为控辩双方设定权利义务，防止追诉权的滥用，以证明标准的要求保证公民权利得到切实保障。

（三）刑事司法规律与目标

随着人类刑事司法的发展，刑事司法的目标也趋于合理。刑事司法规律表明，人类的刑事司法制度是从单一的实施刑罚权向保障人权发展的。专制状态下刑事司法制度的最主要功能是实现统治阶级的刑罚权，把维护王权的统治作为第一要务，一切解决社会矛盾和纠纷的活动都不能违背其第一要务。与之相应，刑事司法的目标主要是对破坏王权统治下的社会秩序活动进行惩罚。

在法治状态下，刑事司法活动具有保障人权的功能，通过实行刑罚权和保障人权来实现。法治状态下的刑事司法实行国家刑罚权与公民权利的平衡：一方面，司法机关通过刑事司法发现并惩罚犯罪，从而保障社会整体的秩序与安全；另一方面，国家刑罚权的行使又必须以保障人权为基本价值取向，不得无限制地使用。在当代法治社会，刑事诉讼程序之目的不仅是为了实施刑法，而且有其独立的价值和目的，特别是刑事诉讼程序法规制了国家机关及其工作人员不得对个人的人身权、自由权、财产权进行非法限制，保障了被追诉人的权利，而且保障了社会中每一个人的权利不得被任意侵犯，而只能根据国家的《刑事诉讼法》限制个人的自由、扣押个人的财产。

四、人权司法保障与刑事司法公正

人权司法保障要求司法公正，司法公正应当是现代司法追求的价值取向。在论及刑事司法规律时，人们首先想到的是司法公正。然而，司法公正并不是刑事司法规律。古今中外，包括在奴隶社会、封建社会和专制社会都有刑事司法活动，但是很难说在这些社会形态下刑事司法是公正的，所以，公正并不是刑事司法规律。它与司法规律的关系是：司法规律决定了人类的司法活动是从不公正到公正的发展过程。陈光中先生指出："在民主法治国家，司法规律首要的是以公正为灵魂。"① 司法公正是司法规律发展到法治状态时的要求和价值取向，只有遵循司法规律才能够达到司法公正的效果，实现司法活动解决社会纠纷、维护社会秩序、依法治国的目标。司法公正包括程序公正和实体公正。

司法公正并非突然产生，它的内涵符合司法规律的发展过程。人类古代的刑事司法也并非完全不讲公正，在符合维护统治者利益的前提下，某些从事司法的人员在个案中也可能追求公正。但是，古代刑事案件所能够达到的公正也只是在实体范畴的公正。在现代法治状态下，刑事司法程序公正的重要性越来越得到重视，保障程序公正的原则也在逐步丰富。

不同社会的刑事司法制度有不同的价值取向，有不同的指导原则和运行方式。司法规律表明，人类的刑事司法制度是不断进步的，刑事司法的一些基本价值取向和原则也在逐步发展、完善。在专制社会，刑事司法的最高目标和价值是维护专制统治，因而从根本上来说是不公正的，但是在具体个案的层面，人们也逐步认识到刑事司法应当追求公正，逐步确立了由专门的司法机关根据法律和证据断案的制度，这些都是保障司法公正的因素。如果连这些因素都没有，而是由各级行政官员随意出入人罪，那就不是司法应当有

---

① 陈光中：《关于司法规律的四点看法》，载《司法改革》2015 年第 2 期。

的形式。这也证明，司法有其最基本的要求和特征，如果这些要求不能得到遵行或受到破坏，司法也会受到破坏。

在刑事司法的发展过程中，人们逐步认识到司法公正的重要性。刑事司法公正最早体现为刑事司法实体公正，即案件的处理结果是公正的。准确地认定案件事实是实现实体公正的关键，如果事实认定不清，那么所得到的结果很难说是公正的。实体公正之实现依赖于证据的充分程度。刑事司法证据制度的发展也遵循着司法规律从简单到完备的发展过程。在现代法治状态下，刑事司法过程中，法官发现真实，必须建立在已经查证属实的证据的基础之上。尤其是判决有罪时，只有当承担证明责任一方的证明达到了法定的证明标准，法官才能根据证据所形成的内心确信认定案件事实，依法科以恰当的刑罚，并尽可能保证同类情况相同处理。

刑事程序公正是司法发展到现代法治状态下的必然要求。刑事程序公正有许多要求，包括：法律面前人人平等、独立行使审判权、审判公开、裁判有终结性、说理性等。这些问题将在第三章“完善审判程序研究”的有关章节详述。

第三节　人权司法保障在三大诉讼中的体现

人权司法保障主要通过国家设置诉讼方式来实现。国家将个人纳入诉讼之中必须有一定的程序保障。参与诉讼的人应当有相应的机制保证其诉讼权利得以实现；不愿意参与到诉讼中的人，如果国家要强制其参与诉讼，通常是刑事案件中的被告人，必须有严格的法律根据，不能以不符合法律的诉讼行为打扰人民的正常生活。

一、个人提起或参加诉讼的权利

在奴隶社会，奴隶不能作为人提起和参与诉讼。奴隶所受到的侵害，由奴隶主得到某些赔偿，与奴隶没有关系。在古罗马，不是所有的人都能成为社会的权利主体。作为古罗马权利主体有两个基本条件：是自由的（status libertatis），而且，就市民法关系而言，还应当是市民（status civitatis）。奴隶不是权利的主体，而只是权利的标的。奴隶没有实体法方面的权利，如进行交易，甚至缔结婚姻，从而也没有诉讼法方面的权利。在罗马法中，除奴隶之外，还有许多人的诉讼权利受到限制，如外国人，在《十二表法中》被称为“外人”（hostos），在以后的法中被称为“异邦人”（peregui-nus）。他们虽然是自由的，但不受罗马法律保障。随着贸易和文明的发展，人们才开始承认外国人具有一种有限的权利能力。在古罗马时代，妇女的权利在很多方面比男人低，她们不能提起公共诉讼，不能为他人提出诉求，不能为他人应诉。在古罗马，即使是自由的罗马市民，也可能因为“不名誉”而被剥夺某些诉讼权利，如丧失提出请求或出席审判（除非为本人或者某些亲近的人）以及担任诉讼代理人的权利。

在中国古代，提起诉讼的权利也因人而异，诉讼通常应由一家之主享有，家庭中的妻儿和奴仆的诉讼权受到很大限制，卑幼不能控告尊长、奴婢不得控告主人，如强行控告则会被处以重刑，如唐贞观二年皇帝诏书中宣布：“自今奴告主者，斩之。”《唐律·斗讼律》中规定：“诸部曲、奴婢告主，非谋反叛逆者，皆绞。”卑幼和妇女也不得控告尊长，否则即构成“干名犯义”的犯罪。

直到现代，人人享有以诉讼方式维护权利得到普遍认同。《民权公约》第16条规定：“人人在任何地方有权被承认在法律面前的人格。”[①] 这一条说明“任何人在任何地方都有权被法律承认为人”，其重要意义在于它表明人是法律的主体，而不是法律的客体。人与物的区分就在于人能够以诉讼主体的身份提起诉讼并享有一系列权利，而物只能成为法律处理的对象。

---

① 此条的中文版本含义不是很明确。该条英文版本为：Everyone shall have the right to recognition everywhere as a person before the law. 意思似为：任何人都有权在任何地方被依法承认为人。

我国《宪法》、《刑事诉讼法》、《民事诉讼法》、《行政诉讼法》等法律中都有关于个人提起诉讼和参与诉讼的规定。我国《宪法》第33条规定："中华人民共和国公民在法律面前一律平等。"这就从宪法的高度确保了公民在提起诉讼方面有同等的权利。有所欠缺的是，此条在字面上只提到了公民，如果严格理解，这就无法容纳非中华人民共和国公民，特别是在华的外国人、无国籍人的诉权问题。应当指出的是，实际上，以上权利虽然以中国公民为权利主体，但同样适用于在中国的外国人和无国籍人。不能因为某个在中国的非公民不是中国人就不能进行诉讼以维护其权利。所以，笔者建议在今后的法律修改中，只有适用于公民的权利，如选举权等政治权利，才能注明由公民享有。既适用于公民也适用于非公民的权利应当用"人人"或者"任何人"这样的词语作为权利的主体。

二、诉讼人权保障方式

人权司法保障在诉讼中体现为诉讼一方与其他方的关系。诉讼最重要的要求是有一套公正的诉讼程序。诉讼的各方应当在自己的权利或权力的范围内活动，否则就侵犯了另一方的权利。诉讼双方的关系应当是平等的，这在刑事诉讼、民事诉讼和行政诉讼中都应当是如此。

司法人权保障主要通过诉讼的方式实现，国家通过设置各种诉讼制度为个人的权利提供保障。它可以分为三个方式：

第一，国家制定诉讼制度的方式保障人权，而不是通过诉诸强力或其他方式保障人权；

第二，国家设立法院等司法机构为当事人提起诉讼保障权利提供平台；

第三，国家在诉讼活动中保障当事人的合法权利。

以上三种方式的司法人权保障在刑事诉讼、民事诉讼和行政诉讼中均有所体现。

三种诉讼形式在司法人权保障方面都发挥着重要作用，其中民事诉讼法保障的是平等主体之间的民事权利，行政诉讼是个人与政府间的诉讼，保障的是个人的合法权利，相比之下，刑事诉讼保障的权利更广泛、更重要，它保障的不仅是被告人和被害人的合法权利，而且通过对被追诉人权利保障的形式间接保障了社会上每一个不特定人的合法权利。我国在改革开放初期（1979 年）就制定了《刑事诉讼法》。随着我国法治状况和人权保障的发展，刑事诉讼法不仅起到了查明犯罪的作用，还越来越起到了保障人权的作用，因为刑事诉讼法规定了司法机关在何种情况下可以介入公民的人身、财产、隐私等权利，从而起到了限制国家机关的权力，保障公民权利的作用。1996 年《刑事诉讼法》作了较大的修改，吸收了无罪推定和对抗制的合理因素，使中国的刑事诉讼法更能起到保障人权的作用，更符合国际社会的刑事司法准则。2012 年《刑事诉讼法》再修改增加了许多保障人权的内容，包括不强迫自证其罪、非法证据排除等。

1982 年，中国制定通过了《民事诉讼法（试行）》，并经修改补充，于 1991 年通过了《民事诉讼法》。2007 年 10 月 28 日修改了《民事诉讼法》，2012 年 8 月 31 日第十一届全国人民代表大会常务委员会对《民事诉讼法》再次修改。这些修正表明了我国法治建设又有了重大进展，它不仅保障了民事、经济、海商等实体法的贯彻实施，保障了公民、法人的合法权益，而且在我国的民事人权司法保障方面起到了极为重要的作用。

行政诉讼是法院在各方当事人的参与下解决行政活动和法律制度，与刑事诉讼、民事诉讼同为国家的基本诉讼制度。我国的行政诉讼起步较晚，1989 年 4 月中国制定了《行政诉讼法》，它是我国行政诉讼的基本法，1990 年 10 月 1 日起施行。根据 2014 年 11 月 1 日《全国人民代表大会常务委员会关于修改〈中华人民共和国行政诉讼法〉的决定》修订自 2015 年 5 月 1 日起施行。行政诉讼与其他诉讼不同，设置行政诉讼法本身就是为了保障公民的合法权益，包括诉讼权利保障。这在《行政诉讼法》第 2 条中规定为“公民、法人或者其他组织认为行政机关和行政机关工作人员的行政行为侵犯其合法权益，有权依照本法向人民法院提起诉讼”。因此，行政诉讼权利的保障不仅作用于行政诉讼本身，而且可能与其他诉讼权利的保障交织在一起，对促进其他诉讼类型的诉讼人权保障也能起到重要作用。例如，通过行政诉讼所实现的《国家赔偿法》赔偿内容就包含了对在刑事诉讼中侵犯当事人权利的补救。

需要指出的是，我国有关诉讼及诉讼权利的规定不仅体现在这些诉讼法律之中，也包含在其他法律中，特别是宪法之中。因此，研究人权司法保障，不仅要研究各种诉讼法，还必须研究宪法和其他有关法律。

由于刑事诉讼直接体现为国家对个人各种权利的介入，而且诉讼程序本身就有可能牵涉到剥夺人的自由和其他权利或牵涉到扣押人的财产，因此，刑事诉讼中的人权保障尤其应当受到重视。

司法人权保障在刑事诉讼、民事诉讼和行政诉讼中有不同的内容，司法人权保障在同一诉讼的不同阶段又有不同的侧重点，如在刑事诉讼中可以根据时间顺序分为侦查阶段、起诉阶段和审判阶段，每个阶段的人权司法保障都有所侧重。

司法人权保障还可以按照其保障对象的不同分为对普通人，即所谓“人人或每个人或任何人”,①进行的保障和对特殊人群进行的保障，如青少年、妇女、残疾人和少数民族进行的特殊保障。人权司法保障按权利的主体可以分为起诉人、被告人、被害人和诉讼参与人的人权司法保障。

有些司法人权保障的原则既包含了实体权利的保障，也包含了程序性权利保障的性质，例如，“法律面前人人平等”的原则既可以从实体的角度理解，也可以从程序的角度进行解释。这两种权利

① 英文中用“all persons, everyone or anyone”的概念，即所有人或人人。见《公民权利和政治权利国际公约》第 9 条。

也是互相依存的，实体权利是诉讼权利的基础，诉讼权利是实体权利的保障。

人权司法保障必须有相应的程序法加以规范。所谓程序法，是相对实体法而言的，它是为保证实体法所确立的权利义务的实现而设立诉讼程序的法律。它又称“审判法”、“诉讼法”。程序法是关于国家所保障的法律关系或人们的权利受到侵害时如何进行处理，如判决是否犯罪（刑事诉讼）、确定权利义务（民事诉讼）或进行司法救济（行政诉讼）的法律。程序法存在的重要意义在于确定实体法权利义务关系，或使实体法得以实现；同时这种确定的过程又体现了对各方的公正。所以，当实体法所确立的社会法律关系遭到破坏或权利义务在具体的法律关系中产生争议或遭遇障碍而形成法律指控或纠纷，而这种纠纷又不能或未能通过当事人的自我救济或社会救济、行政救济的方法得到解决，需要司法机关予以裁决时，就必须根据程序法进行处理。在具备了实体法和诉讼法之后，司法机关在人权司法保障方面的作用就特别重要。

三、刑事诉讼人权保障

刑事诉讼人权保障是一个非常重大和复杂的问题，牵涉各种诉讼参与人，如被告人、被害人、证人的人权保障。当代刑事诉讼的形式是以公诉为主，因而常常表现为被告人个人与政府之间的对抗关系。由于政府力量的强大和个人力量的相对弱小，刑事诉讼中被告人的权利容易受到侵犯，被告人的人权司法保障问题成为人权保障的一个重点。

（一）刑事诉讼人权保障的意义

刑事诉讼中人权保障牵涉到人的生命、自由、财产等重要权利，这些权利通常是由各国的宪法所保障的内容，因此，刑事诉讼中人权保障具有执行宪法人权保障这一规定的性质。我国宪法中也规定了个人在刑事司法中的人权保障，如《宪法》第37条“中华人民共和国公民的人身自由不受侵犯。任何公民，非经人民检察院批准或者决定或者人民法院决定，并由公安机关执行，不受逮捕。禁止非法拘禁和以其他方法非法剥夺或者限制公民的人身自由，禁止非法搜查公民的身体”。第38条“中华人民共和国公民的人格尊严不受侵犯。禁止用任何方法对公民进行侮辱、诽谤和诬告陷害”。第39条“中华人民共和国公民的住宅不受侵犯。禁止非法搜查或者非法侵入公民的住宅”。第40条“中华人民共和国公民的通信自由和通信秘密受法律保护，除因国家安全或者追查刑事犯罪的需要，由公安机关或者检察机关依照法律规定的程序对通信进行检查外，任何组织或者个人不得以任何理由侵犯公民的通信自由和通信秘密”。从以上我国宪法的规定可以看出，宪法对保障公民人身权利的重视和与之紧密联系的刑事诉讼的重视程度。

许多国家都以宪法的形式规定了刑事诉讼中被告人的人权保障。如美国宪法修正案，即《权利法案》以大部分条款规定了个人在刑事司法方面的权利。加拿大《权利与自由宪章》也以较大篇幅规定了个人在刑事司法中的权利。需要指出的是，个人在刑事司法中的权利并不是专门为被告人而设立，许多权利实际上是对整个社会大众的保障，也就是说，并不是一定要成为刑事诉讼中的被告人才能享受到刑事司法人权保障，其实，社会所有成员都潜在地受到了刑事司法中关于个人权利规定的人权保障。例如，禁止任意搜查、任意逮捕等规定就是对每个社会成员的保障，只是因为刑事诉讼中的被告人因牵涉在诉讼之中，使得这种人权保障的需求更加现实而已。

（二）刑事诉讼中被告人的人权司法保障

刑事诉讼牵涉到以法律的名义剥夺个人的生命、自由和财产，需要有法律保障，包括实体法和程序法，以保障被告人的合法权利，防止错误追究和保证司法公正。

在实体法方面，最重要的是要实行罪刑法定原则。从罪刑由君主任意决定到罪刑法定是一个巨大的进步。罪刑法定原则要求没有法律的明确规定，不得对任何人定罪和处罚，包括对立法和司法两方面的要求。在立法层面，只有法律才能够规定犯罪和处罚，其他行政命令、长官意志、内部规定都不能作为定罪和处罚的依据。在司法方面，只有根据行为人行为时有效的法律，才能对行为人定罪量刑，不能根据无效的法律或在某行为以后制定的法律，对行为人定罪和处罚，更不能依据没有法律根据的指令，或内部的规定，对任何人进行定罪和量刑。

在程序法方面，要实行正当的法律程序。在政府与个人关系中，与人权联系最紧密的是刑事诉讼。刑事诉讼是直接以政府[①]的名义对个人进行侦查、起诉和审判的。这些行为所指向的客体是个人的权利，如生命权、自由权和财产权。政府可以经过法律规定的程序对被告人进行判决而剥夺其生命权、自由权和财产权，它体现了社会正义和对犯罪的惩罚和预防。但是如果法律规定的程序的某些具体条款不合理或该规定的没有规定，或者已经有规定的而没有执行，或者在诉讼中违反法律的规定，在这些情况下剥夺一个人的生命、自由或财产就是对人权不合理的侵犯。刑事司法人权保障应当根据“正当法律程序”，其中包含了许多原则，现代社会国际所公认的刑事司法原则主要包括在《世界人权宣言》和《民权公约》之中，特别是《民权公约》第6条（生命权）、第7条（不受酷刑和残忍、不人道和有辱人格待遇）、第9条（自由权）、第14条（公正审判的最低标准）、第15条（一事不再理）。这些条款在本文其他有关章节有所论述，此处就不再展开。

（三）刑事诉讼中被害人诉讼权利保障

在我国的刑事诉讼中，被害人是指其人身、财产及其他权益遭受犯罪行为侵害的人。在古代的弹劾式诉讼制度中，被害人有独立的起诉权。没有被害人的起诉，司法当局通常不会自行主动进行审判。随着国家追诉制度原则的产生，这种建立在私人追诉原则基础

① 此处“政府”一词作广义理解，包括立法、司法和行政部门。人们通常所说的政府“如政府工作报告”、“某届政府”，实际上指的是政府行政部门。

上的诉讼制度逐渐为纠问式诉讼制度所取代。追诉成为国家的职能，被害人不再担当原告人的角色。在美国、日本等国家，已经完全取消了被害人的自诉。在当代的刑事诉讼中，以公诉为主。以国家的名义对犯罪提起公诉，这并不是侵犯了犯罪行为所侵害的人的诉权，而是为了更好地维护受害人的利益。因为以个人的力量追诉犯罪存在着侦查方面的许多困难，尤其是个人无法采取强制措施；另外，犯罪不仅是对个人的侵犯，也是对国家所保障的社会关系的侵犯，即对国家的侵犯。所以，公诉代替个人提起刑事诉讼是历史的必然，是诉讼文明的表现。但是，过犹不及，有些国家过分地强调公诉，完全取消被害人自诉也产生了忽视被害人权利的现象，起诉权的丧失也使被害人失去了其他一些诉讼权利，如知情权、上诉权、申诉权等。近年来，随着国际人权保障运动的广泛开展，许多国家开始加强被害人在刑事司法中的权利保障。

为了更好地维护个人的诉权，我国刑事诉讼中还保留了个人自诉制度，作为公诉的补充。被害人由于被告人的行为而遭受物质损失的，在刑事诉讼过程中有权提起附带民事诉讼，如果是国家财产、集体财产遭受损失的，人民检察院在提起公诉的时候，可以提起附带民事诉讼。

刑事司法对被告人的追诉实际上也是对被害人的人权提供保障。除此之外，我国刑事司法中被害人也享有诉讼权利以保障其人权，除诉权之外，被害人的诉讼权利有：有权对司法人员侵犯其诉讼权利和人身侮辱的行为提出控告；有权要求司法人员回避；有权参加法庭调查和法庭辩论；有权对判决和裁定提出申诉；有权提起附带民事诉讼；等等。

我国刑事诉讼法关于人权保障的规定比较全面地反映了我国的人权保障思想。2012 年《刑事诉讼法》第 176 条规定：“对于有被害人的案件，决定不起诉的，人民检察院应当将不起诉决定书送达被害人。被害人如果不服，可以自收到决定书后七日以内向上一级人民检察院申诉，请求提起公诉。人民检察院应当将复查决定告知被害人。对人民检察院维持不起诉决定的，被害人可以向人民法院起诉。被害人也可以不经申诉，直接向人民法院起诉。人民法院受理案件后，人民检察院应当将有关案件材料移送人民法院。”

这一条实际上给予了被害人完整的起诉资格。这对于保障被害人利益、追究违法犯罪是有益的，反映了我国对被害人权利的重视。但是，检察院已经决定不起诉，被害人再提起自诉的现象在世界上都很罕见，这是否形成了对犯罪嫌疑人的双重追诉，值得探讨。另外，在公诉的情况下，被害人的地位应当只是公诉方的证人，而不宜作为独立一方参与对被告人的追诉，如在法庭上向被告人提问，这种做法不利于诉讼的平衡，实际上打破了诉讼双方平等的格局，是多方对一方的行为，这是有悖现代诉讼的基本原理的。

四、民事诉讼人权保障

民事诉讼是人民法院在双方当事人和其他诉讼参与人的参加下，审理和解决民事案件的活动，以及在这些活动中所形成的诉讼关系。中国古代民事诉讼和刑事诉讼不分，直到清朝末年和民国初年才形成了独立的民事诉讼。民事人权司法保障比刑事诉讼容易实现，因为民事诉讼当事人的平等比较明显。这是由民事诉讼的特点所决定的，民事诉讼的双方不是由国家追究犯罪，而是双方解决民事纠纷。民事法律关系主体之间的平等性要求并决定着在解决纠纷的民事诉讼中，当事人也必然处于平等地位，享有平等的诉讼权利。在民事诉讼中，法院有责任保障和便利当事人行使诉讼权利，并为他们提供同样的机会和条件。如果只是法律上规定当事人诉讼权利平等，而在具体的诉讼中没有法院的切实保障，当事人的诉讼权利就不能得到实现。因此，法院在审理民事案件过程中，应当主动告知当事人享有的诉讼权利，并且平等地为他们提供行使诉讼权利的机会。这就要求法院在审理民事案件中保持独立和中立，不能偏向任何一方。

民事诉讼中的诉权由“当事人”享有。在民事诉讼中，所谓

“当事人”是指因民事上的权利义务关系发生纠纷，以自己的名义进行诉讼，并受人民法院裁判约束的利害关系人。成为当事人必须有三个条件：(1) 以自己的名义进行诉讼。凡是不以自己的名义进行诉讼而以他人名义进行诉讼的人（如诉讼代理人），都不是民事诉讼的当事人。(2) 与案件有直接的利害关系。只有当自己的利益受到侵犯或发生争议，为了维护自己的利益而请求司法保障，并且案件的处理结果同自己有直接利害关系时，才能成为当事人。(3) 受人民法院裁决的约束。

（一）民事诉讼中原告的诉权

我国民事诉讼中当事人的诉权由原告和被告共同分享。原告享有起诉权，也就是提起诉讼的权利。它是个人实现司法保障权的重要的法定的方式或途径。《民事诉讼法》第119条规定：“起诉必须符合下列条件：（一）原告是与本案有直接利害关系的公民、法人和其他组织；（二）有明确的被告；（三）有具体的诉讼请求和事实、理由；（四）属于人民法院受理民事诉讼的范围和受诉人民法院管辖。”

按照我国《民事诉讼法》第123条规定：“人民法院应当保障当事人依照法律规定享有的起诉权利。对符合本法第一百一十九条的起诉，必须受理。符合起诉条件的，应当在七日内立案，并通知当事人；不符合起诉条件的，应当在七日内作出裁定书，不予受理；原告对裁定不服的，可以提起上诉。”

原告人对具体案件的诉权可以放弃，也可以在诉讼过程中撤诉，还可以与被告人和解。但放弃与和解都必须是当事人自愿作出的，因此放弃与和解也是行使诉权的方式。如果被强迫放弃诉权或在强迫之下和解，则违反了当事人的诉讼权利。

（二）民事诉讼中被告人的诉权

民事诉讼中被告是被提起诉讼，经人民法院传唤应诉的人。被告人对于参加民事诉讼，一方面是被动的，但另一方面也是其权利。在没有合法通知被告人应诉的情况下，诉讼不能进行。《民事诉讼法》第125条规定："人民法院应当在立案之日起五日内将起诉状副本发送被告，被告应当在收到之日起十五日内提出答辩状。答辩状应当记明被告的姓名、性别、年龄、民族、职业、工作单位、住所、联系方式；法人或者其他组织的名称、住所和法定代表人或者主要负责人的姓名、职务、联系方式。人民法院应当在收到答辩状之日起五日内将答辩状副本发送原告。"

这项权利使被告得以对原告的起诉理由和根据进行回答和辩解，以维护自己的民事权益。

与刑事诉讼不同，在民事诉讼中，被告人还有反诉权。《民事诉讼法》第51条规定："原告可以放弃或者变更诉讼请求。被告可以承认或者反驳诉讼请求，有权提起反诉。"

民事诉讼过程中对诉讼参与人的人身自由限制很小，不能采取刑事诉讼中的强制方法。这一点在《民权公约》中也有体现，如第11条规定："任何人不得仅仅由于无力履行约定义务而被监禁。"这既是一种实体权利的保护，又是诉讼过程中的保护。在我国古代，官府为了追逼钱粮常常把百姓逮捕关押；债主为了追逼债务也可以诉求官府逮捕和关押债务人。这种在民事诉讼中对当事人的关押实质是对人的自由和尊严的忽视。与财产权相比，人的自由权应当更为重要，无力履行约定，如果不构成刑事犯罪，就不应当在诉讼过程中剥夺或限制当事人的自由。

（三）民事诉讼过程中的人权保障

民事诉讼与刑事诉讼不同，民事诉讼中当事人双方的力量基本是平等的，当事人的权利也是比较一致的。民事诉讼在人权保障方面主要体现在国家以民事诉讼的形式确定当事人的实体权利和义务，使个人能用法律的方式维护自己的权利。所以，民事诉讼应当体现出法治、公平和便民的原则。

我国民事诉讼中的公平原则就是指诉讼中双方的权利和义务是平等的。除诉讼双方有平等的诉权之外，整个诉讼过程中双方也是平等的。双方有权对争议的问题进行辩论；双方都有权提供证据和驳斥对方的证据，法院不应当偏向任何一方。这就要求审判组织和审判人员处于超然地位：审判人员不能审理与自己或其亲属有利害关系的案件；审判人员不能接受任何一方的好处；审判人员不能接受任何关于照顾一方、损害另一方的说情或指令；对双方当事人的请求和主张应给予同等的重视；通过审理作出公正的判决。

便民是让个人能够运用法律维护自己的权利，这就要求司法机关给个人进行诉讼提供必要的便利条件，包括经济方面、交通方面、时间方面的条件，使百姓打得起官司。司法机关还有义务使诉讼裁决及时得到执行，使当事人的实体利益得到保障。

五、行政诉讼人权保障

行政诉讼是个人、法人或其他组织认为国家机关做出的行政行为侵犯其合法权益而向法院提起的诉讼。我国 2014 年修正的《行政诉讼法》第 2 条规定："公民、法人或者其他组织认为行政机关和行政机关工作人员的行政行为侵犯其合法权益，有权依照本法向人民法院提起诉讼。"第 6 条规定："人民法院审理行政案件，对行政行为是否合法进行审查。"第 5 条规定："人民法院审理行政案件，以事实为根据，以法律为准绳。"第 4 条规定："人民法院依法对行政案件独立行使审判权，不受行政机关、社会团体和个人的干涉。"

在行政诉讼中，法院是审查机关、原告是公民或其他组织，而被告只能是国家行政机关。这是行政诉讼的特殊性。行政诉讼的确立和发展本身就标志着人权保障的进步和发展，在奴隶社会和封建社会，个人有可能对某些官吏的行为进行控告，但是不可能确立一个完整的行政诉讼制度。民国期间虽然有行政诉讼法的相关法律规定，但由于人民处于内忧外患之中，此项权利难以得到保障。我国在改革开放之后，行政诉讼才逐渐起步，到 1989 年全国人大通过《行政诉讼法》才确立了比较系统、完整的行政诉讼制度。这个制度被人们形象地表达为"民告官"，它标志着我国的人权司法保障有了长足的进步，走上了法治的轨道。2014 年 11 月 1 日，全国人民代表大会常务委员会对《行政诉讼法》进行了修订，新法于 2015 年 5 月 1 日起施行。

行政诉讼人权保障不仅对行政诉讼本身有意义，还对刑事诉讼、民事诉讼的人权保障有意义。因为行政诉讼可以对其他类型的诉讼中国家行政机关及其工作人员的行政行为是否合法进行审查，这对其他诉讼中的人权保障有极其重要的意义。但是，目前我国的行政诉讼，或称司法审查尚停留在事后的审查，尤其是对刑事诉讼而言，还没有达到对逮捕、搜查、扣押等属于行政行为的侦查活动进行事先或过程中的审查，所以行政诉讼目前在人权司法保障方面所起的作用还很有限，但其潜力却是十分巨大的。

（一）行政诉讼中审前诉讼权利保障

在诉权体系中，行政诉权占有重要的地位，它赋予了个人与政府直接对话的权利，体现了现代政府的开明程度。我国行政诉权出现在 20 世纪初。1912 年《中华民国临时约法》第 10 条规定："人民对于官吏违法损害权利之行为，有陈述于平政院之权。"1935 年颁布的《行政诉讼法》对行政诉讼已经有了较详细的规定。但是，在新中国成立前，人民连基本的生存权也无法保障，行政诉讼的诉权作用自然也很有限。

新中国成立后，1982 年宪法规定了公民有控告的权利，有取得赔偿的权利。1982 年《民事诉讼法（试行）》第 3 条第 2 款规定："法律规定由人民法院审理的行政案件，适用本法规定。"自此，行政诉权越来越受到人们的重视。自 1989 年我国单独制定《行政诉讼法》以来，行政诉讼形成了独立的诉讼形式，与刑事诉讼和民事诉讼共同形成三大诉讼的格局。

2015 年施行的《行政诉讼法》第 25 条规定："行政行为的相对人以及其他与行政行为有利害关系的公民、法人或者其他组织，有权提起诉讼。有权提起诉讼的公民死亡，其近亲属可以提起诉讼。有权提起诉讼的法人或者其他组织终止，承受其权利的法人或者其他组织可以提起诉讼。”第 49 条规定：“提起诉讼应当符合下列条件：

（一）原告是符合本法第二十五条规定的公民、法人或者其他组织；

（二）有明确的被告；

（三）有具体的诉讼请求和事实根据；

（四）属于人民法院受案范围和受诉人民法院管辖。”

（二）行政诉讼过程中的人权保障

行政诉讼与刑事诉讼和民事诉讼不同，行政诉讼的被告方总是政府机构。双方力量是不平等的。但是这种力量的不平等，不应影响到诉讼权利的不平等，否则，行政诉讼的存在就没有意义。

行政诉讼本身就是个人权利受到侵害时的一种补救措施。所以，行政诉讼中个人的每一项权利不仅具有诉讼层面上的意义，还具有实体保障的意义。行政诉讼权利保障除诉权之外，个人还有申请停止具体行政行为执行的权利。2015 年《行政诉讼法》第 56 条规定，“诉讼期间，不停止行政行为的执行。但有下列情形之一的，裁定停止执行：（一）被告认为需要停止执行的；（二）原告或者利害关系人申请停止执行，人民法院认为该行政行为的执行会造成难以弥补的损失，并且停止执行不损害国家利益、社会公共利益的”。

这一条款赋予了原告申请停止执行的权利。在行政诉讼中，原告还有权利要求人民法院将有关违纪、违法的行政机关主管人员或直接责任人员的材料移送该行政机关或者其上一级行政机关或者监察、人事机关以至移交公安、检察机关。由于行政诉讼的被告是行政机关，而不是行政机关的工作人员，法院无权在行政诉讼中处分行政机关工作人员。但是，法院又不能对违法乱纪行为置之不理，因此，它有责任根据违法乱纪行为的情节将有关材料移送有关部门处理。如果法院忽略了这一职责，原告就有权提出要求。

行政诉讼是一种补救措施，个人有权及时得到这种补救。2015

年《行政诉讼法》第88条规定：“人民法院审理上诉案件，应当在收到上诉状之日起三个月内作出终审判决。有特殊情况需要延长的，由高级人民法院批准，高级人民法院审理上诉案件需要延长的，由最高人民法院批准。”对于已经作出的裁决，原告如果不服，可以上诉。

第二章 羁押必要性审查

刑事审前羁押制度是刑事诉讼审前程序中的一项重要制度，该制度本身既是保障诉讼活动顺利展开的制度，又是涉及嫌疑人、被告人人身权利保障的制度。羁押必要性审查是减少审前羁押、保障嫌疑人、被告人不受任意羁押和非法羁押的一项重要制度。本章拟从羁押必要性的基本内涵及人权保障意义、我国羁押必要性审查的现状以及我国羁押必要性审查的改革建议等方面展开论述。

第一节 羁押必要性审查的国际准则及其保障人权的意义

在探讨羁押必要性审查之前，有必要先了解一下审前羁押的概念特征及羁押的必要性。

一、审前羁押的概念

审前羁押既是一种通过在一定期限内剥夺被追诉人人身自由以保障诉讼顺利进行的诉讼保障制度，更是一种保障公民人身自由免受国家权力不当和恣意侵犯的人权保障制度。在我国刑事诉讼中，羁押并不是一项独立的强制措施。逮捕、拘留是羁押的根据，羁押是拘留、逮捕的结果。

关于羁押（detention），布莱克法律辞典中有调查性羁押（investigative detention）、审前羁押（pretrial detention）和预防性羁押

(preventive detention) 的概念[①]。调查性羁押，指的是在侦查期间基于合理怀疑而对疑犯实施的非正式逮捕行为。审前羁押，指的是由于保释申请不成立或被拒绝释放而在审前对嫌疑人予以被羁押的行为。预防性羁押，指的是在待审期间，对企图逃跑、实施危害他人行为或其他违反法律行为，或可能攻击他人的精神病人实施的羁押。关于审前羁押，布莱克法律辞典表述为“pretrial detention”。

在讨论审前羁押的概念时，还有两个相关概念必须辨析，即“待审羁押”和“未决羁押”。显然，从字面上理解，后两者的表述似乎更为明确：待审羁押指的是刑事被告人等待庭审期间的羁押；未决羁押指的是法院作出判决之前的羁押。待审羁押和未决羁押的表述是存在些许差异的，比如法院未当庭作出判决，在庭审结束之后，将被告人继续交付看守所羁押，那么等待宣布判决的这一期间的羁押，应属于未决羁押，而不是严格意义上的待审羁押。待审羁押的“审”是庭审，而不是判决。此外，待审羁押不应包括侦查羁押和起诉羁押，它仅指检察机关提起公诉之后、法院开庭之前的羁押，因为从诉讼发展的趋势和司法实践看，侦查终结的案件未必都能移送审查起诉，而审查起诉的案件未必都能提起公诉——有的因不构成犯罪作了撤案处理，有的因证据不足、事实不清或者犯罪情节轻微而作出了不起诉处理，因此将侦查羁押和审查起诉阶段的羁押划归“待审羁押”显然是不够严谨的。

未决羁押的诉讼程序延伸最长，即以法院作出判决为终点；审前羁押次之，以开庭审理为终点；待审羁押的程序最短，仅指检察机关提起公诉至法院庭审前这段时间。因此，从诉讼程序的时间跨度看，未决羁押包括审前羁押，审前羁押包括待审羁押。

鉴于审前羁押是各国普适的概念，出于比较研究之便利，并鉴于庭审后至判决前的羁押往往时间较短，且已经进入控、辩、审参

① BLACK'S LAW DICTIONARY Second Pocket Edition, WEST GROUP ST. PAUL, MINN., 2001.

与的审判程序，羁押更具有可控性等因素，笔者采纳审前羁押的概念，并重点对庭审前的羁押问题展开相关的研究。

根据我国2012年《刑事诉讼法》第83条第2款规定，“拘留后，应当立即将被拘留人送看守所羁押，至迟不得超过二十四小时”。在司法实践中，犯罪嫌疑人被拘留羁押后，通常有三种情况，其一是提请检察机关审查批捕，即“侦查机关认为需要逮捕的，应当在拘留后的三日以内，提请人民检察院审查批准。在特殊情况下，提请审查批准的时间可以延长一日至四日。对于流窜作案、多次作案、结伙作案的重大嫌疑分子，提请审查批准的时间可以延长至三十日”①。其二是公安机关对于被拘留的人，应当在拘留后的二十四小时以内进行讯问。在发现不应当拘留的时候，必须立即释放，发给释放证明。其三是对需要逮捕而证据还不充足的，可以采取取保候审或者监视居住。除此之外，司法实践中比较常见的一种情况是，公安机关将嫌疑人刑事拘留后，发现其行为仅违反了治安管理处罚条例，因而将刑事强制措施变更为行政处罚措施（行政拘留）处理。

虽然我国并无独立的羁押强制措施，羁押只是拘留、逮捕强制措施的附带后果，但正是羁押与拘留、逮捕强制措施的这种密切联系，决定了羁押的诉讼保障功能和强制措施的诉讼保障功能具有一致性，具体体现为两个方面：一是保证被追诉人能够始终参与刑事诉讼程序以及法院裁判的结果能够得到执行，如果被追诉人拒不到案或者有自杀或逃跑可能的，则构成适用强制措施的事由；二是保证公安司法机关能够依法顺利进行案件事实和证据的调查认定工作，如果被追诉人有毁灭、伪造、变造证据或者串供、干扰证人作证可能的，则构成适用强制措施的事由。

---

① 在司法实践中，公安机关极少在拘留后三日内将嫌疑人提请检察机关批准逮捕，甚至拘留后七日内提请批捕的也很少，而通常是拘留期限将近三十日时才提请批捕。对于这一明显违反刑事诉讼法规定的行为，负有侦查监督职责的检察机关对此“惯例”往往也予以默许，很少提出纠正违法的意见。——笔者注

刑事诉讼中的羁押必要性审查是基于人权保障和对侦查权的控制而设置的一项制度，是司法机关对犯罪嫌疑人、被告人是否必须羁押进行的审查。羁押必要性审查有以下几个特点：一是目的的正当性，一方面是基于对嫌疑人人权的保障，另一方面也是对侦查机关适用强制措施的司法控制。二是羁押必要性审查的主体的授权性。即审查的主体必须是法律明确授权的执法司法机关。在我国，羁押必要性审查主要由检察机关行使。三是审查程序的合法性。即审查必须遵循严格的法定程序，否则不得对任何人予以羁押，对于已经被羁押的嫌疑人进行的则是继续羁押必要性审查，若经审查已无继续羁押必要，则应予以释放或变更为取保候审等非羁押性强制措施。

二、羁押必要性审查的性质

对犯罪嫌疑人的羁押是限制人身自由的行为。世界刑法协会第十五届代表大会《关于刑事诉讼法中的人权问题的决议》第 8 条宣称："影响被告人基本权利的任何政府措施，包括警察所采取的措施，必须由法官授权，并且可受司法审查。"① 根据这一文件，羁押性强制措施当属影响嫌疑人、被告人基本权利的政府措施，应具有"可受司法审查"的特性，可见羁押必要性审查具有司法审查的属性。

尽管逮捕行为有的需要经过司法审查，而有的则由警察、检察官甚至普通民众直接决定和实施，但是审前羁押却毫无例外地需要经过司法机构的审查和授权，才具有正当性和合法性。尽管各国的制度设计不尽相同，但大体上都确立了以下典型模式：警察、检察官实施逮捕之后，必须在尽可能短的时间内将嫌疑人提交给司法官员；后者经过听证或者讯问，听取被告人、辩护人、警察、检察官

---

① 杨宇冠：《羁押必要性审查制度刍议》，载《中共青岛市委党校青岛行政学院学报》2012 年第 5 期。

等的意见或辩论，就羁押的理由和必要性进行审查，然后就是否羁押以及羁押的期限作出明确的裁决。① 根据我国现行刑事诉讼法的有关规定，批准（决定）逮捕权主要由检察机关行使，审判机关也可以直接行使逮捕决定权。由于我国逮捕强制措施和羁押强制措施未作严格的分离，羁押属于逮捕措施的附带后果，逮捕即意味着羁押的开始。因此，我国的羁押批准或决定权也主要由检察机关行使。

自1979年《刑事诉讼法》实施以来，历经了1996年和2012年两次大的修改，尤其是2012年即现行《刑事诉讼法》对逮捕羁押制度作了较大的修改，如普通刑事犯罪案件审查批捕时可以讯问犯罪嫌疑人，对于三种法定情形应当讯问犯罪嫌疑人；审查批捕犯罪嫌疑人可以听取辩护律师意见，辩护律师提出要求的，应当听取其意见等；对于贪污贿赂等职务犯罪案件，由上一级检察机关决定逮捕。捕后羁押必要性审查更是一项全新的内容。但总体而言，以上的逮捕羁押制度改革，并没有突破原有的行政化的审查模式，即便是法院自行决定逮捕的案件，也不是采取听证等具有司法审查属性的审查方式。

关于羁押必要性审查的性质，存在两种观点，一种是以英、美国家为代表的“司法审查模式”，另一种是以目前中国为代表的“行政决定模式”。基于以上两种模式，还有的学者提出了折中模式，即由检察官按照司法审查的要求进行的准司法审查模式。

关于逮捕的司法审查问题，中国政法大学陈光中教授认为，实行令状主义和司法审查制度，可以将侦查机关适用强制措施的行为自始至终置于司法机关的控制之下，不仅能在事前预防强制措施的不当使用，同时也为事后发现强制措施的不当并加以纠正提供了契机。这对规范国家机关权力的正确行使，保障公民的合法权益不受

① 陈瑞华：《审前羁押的法律控制——比较法角度的分析》，载《政法论坛》（中国政法大学学报）2001年第4期。

无理侵犯无疑具有积极的意义。[①] 只要检察机关法律监督机关的性质不变，取消其批捕权就无法监督公安机关的活动。但检察机关自侦案件的批捕权应该交给法院，因为自侦自捕缺乏制约，不合理[②]。根据现行《刑事诉讼法》，为防止检察机关“既当裁判员又当运动员”，对职务犯罪嫌疑人的决定逮捕权已经明确交由上一级检察机关行使，这在一定程度上制约了决定逮捕权的行使。

三、羁押必要性审查的阶段

羁押必要性审查既包括审前程序，也包括法院作出判决交付执行之前，以及上诉阶段。我国审查逮捕的内容包括两个方面，一是实体性审查，也就是犯罪嫌疑人是否实施了实体法上规定的犯罪行为，二是程序性审查即有无逮捕的必要性。从 2012 年刑事诉讼法中有关逮捕条件的修改内容来看，逮捕的必要性分为三种情况，第一种情况是通过对犯罪嫌疑人的社会危险性进行评估后，符合五种情形应当予以逮捕的[③]；第二种情况是根据犯罪性质严重程度确定的“应当予以逮捕”的情形，即“对有证据证明有犯罪事实，可能判处十年有期徒刑以上刑罚的，或者有证据证明有犯罪事实，可能判处徒刑以上刑罚，曾经故意犯罪或者身份不明的，应当予以逮捕”。第三种情况是对于违反取保候审、监视居住规定，情节严重的，可以予以逮捕。

如果把逮捕作为羁押的一个起始的时间节点，那么根据现行刑

① 陈光中、张小玲：《中国刑事强制措施制度的改革与完善》，载《政法论坛》（中国政法大学学报）2003 年 10 月（第 21 卷第 5 期）。

② 陈光中：《〈刑事诉讼法〉再修改若干问题之思考》，载《中国司法》，第 28 页。

③ 2012 年《刑事诉讼法》第 79 条规定的五种情形为：（一）可能实施新的犯罪的；（二）有危害国家安全、公共安全或者社会秩序的现实危险的；（三）可能毁灭、伪造证据，干扰证人作证或者串供的；（四）可能对被害人、举报人、控告人实施打击报复的；（五）企图自杀或者逃跑的。

事诉讼法之规定，可以把羁押必要性审查分为以下两个阶段：

一是逮捕前的羁押必要性审查。刑事拘留后的逮捕羁押，即侦查机关将已经刑事拘留的犯罪嫌疑人提请检察机关审查批准逮捕。这一阶段的审查逮捕实际上是对于因刑事拘留而被暂时羁押的犯罪嫌疑人进行继续羁押必要性的审查，其审查的目的为对该嫌疑人是否继续予以羁押。在司法实践中，绝大多数的羁押必要性审查都发生在这一阶段。

二是逮捕后的羁押必要性审查。这一阶段的羁押必要性审查是2012年修改后的刑事诉讼法新增加的内容。审查的目的是对是否需要继续羁押作出决定，若无继续羁押之必要，则可以解除或变更为非羁押性强制措施。捕后的羁押必要性审查，可以分为侦查期间的继续羁押必要性审查和审查起诉期间的羁押必要性审查。侦查期间的羁押必要性审查指犯罪嫌疑人经由检察机关批准逮捕之后，侦查机关侦查终结之前，检察机关对继续羁押必要性进行的审查。这一阶段的羁押必要性审查可以基于嫌疑人及其法定代理人、委托的辩护律师的申请，如轻微刑事案件刑事和解之后提出已经没有继续逮捕必要；也可以是检察机关发现在押犯罪嫌疑人因具备其他不符合羁押条件的原因，而作出变更强制措施的决定。审查起诉阶段的羁押必要性审查，可以是在对案件的实体性审查的同时对继续羁押必要性开展审查，如发现羁押条件消失，则可以解除或变更羁押性强制措施。审查起诉阶段的羁押必要性审查还包括对超期羁押的审查，若嫌疑人的羁押期限届满，则检察机关因主动开展审查，或根据嫌疑人、被告人及其法定代理人、辩护律师的申请而立即开展审查。对于超期羁押的犯罪嫌疑人、被告人，应当予以释放或变更强制措施。

从现行《刑事诉讼法》第93条的规定看，羁押必要性审查主要指犯罪嫌疑人、被告人被逮捕后开展的审查。犯罪嫌疑人、被告人被逮捕之后的诉讼阶段包括：捕后至侦查终结阶段，审查起诉阶段，提起公诉至法院作出判决之前阶段。前两个阶段进行羁押必要性审查，在司法实践中比较常见，值得研究的是，在第三个阶段即提起公诉至判决前是否也存在羁押必要性审查？根据现行《刑事诉讼法》第95条规定，犯罪嫌疑人、被告人及其法定代理人，近亲属或者辩护人申请变更强制措施的，人民法院、人民检察院和公安机关收到申请后，应当在三日内作出决定。这表明人民法院也有依申请对于羁押必要性进行审查的法定义务。

无论是司法实务界还是理论界，对检察机关主导的审前羁押必要性审查关注都比较多，而对于法院主导的羁押必要性审查则较少关注。从法院决定逮捕的时间来看，主要分为四种情况：（1）开庭前决定逮捕，目的是保障庭审活动及后续审判活动的正常进行。（2）审理过程中决定逮捕。开庭后经进一步审理认为被告人可能会被判处较重刑罚，不宜适用缓刑且有羁押必要的，或者被告人取保候审的特别事由消失的，对被告人决定逮捕。（3）宣判前或宣判当天决定逮捕。这主要是针对一审被判处监禁刑的被告人，为防止其在判决生效交付执行前脱逃而采取的防范措施。（4）适时决定逮捕。对于被刑事拘留的被告人，在不宜取保候审的情况下，法院在刑事拘留期限届满时决定逮捕。①

在司法实践中还存在“附条件逮捕”的做法。附条件逮捕的基本内涵是对于确有逮捕必要的重大案件的犯罪嫌疑人，已经查证属实的证据能够证明有犯罪事实，但定罪证据尚未达到确实、充分的程度的，检察机关在向侦查机关发出补充侦查提纲，在列明需要查明的事实和需要补充收集、核实的证据的情况下，可以批准逮捕，并对侦查机关继续侦查情况和羁押的必要性进行定期审查，对于侦查羁押期限届满时，仍未能达到《附条件逮捕继续侦查取证意见书》要求的，或者经审查后认为没有继续羁押必要的，应当及时撤销逮捕决定。在这个制度中，“附条件”是前提，“逮捕”

① 孙力、罗鹏飞：《审判阶段羁押必要性的继续审查》，载《国家检察官学院学报》2012年第6期。

是形式和手段，“定期审查”则是核心和重点。[①]

附条件逮捕制度的设立，是基于打击严重犯罪和保障人权的双重需要，也是解决办案期限不足而采取的权宜之计。这项制度的催生，是由于检察机关对于杀人、强奸、抢劫等严重犯罪在审查批捕时发现有罪证据没有达到确实充分的程度，而不予批准逮捕又极有可能使犯罪嫌疑人对社会构成威胁，在捕与不捕难以决断时采取的一项附有补充完善证据条件的临时性逮捕措施。由于逮捕即意味着羁押，因此附条件逮捕也就意味着附条件羁押。

附条件逮捕的期限一般最长为2个月，如果在该期限内不能补充侦查到定罪所需证明标准的证据，则撤销原逮捕决定，羁押随之解除。附条件逮捕制度来源于实践，其形成的时间要早于2012年刑事诉讼法确定的羁押必要性审查。但是附条件逮捕的定期审查，与严格意义上的羁押必要性审查的侧重点是不同的，其审查的内容是所“附条件”是否通过继续侦查已经得到满足，即这种审查是对证据的实体审查，而不是对羁押必要性的程序性审查。但若不具备“定罪标准”的证据，则自然丧失了羁押的法定前提。

综上，从广义上讲，我国的羁押必要性审查的阶段比较广泛，既有侦查阶段的羁押必要性审查（审查逮捕），也有审查起诉阶段的羁押必要性审查，还有审判阶段的羁押必要性审查。

四、羁押必要性审查的联合国刑事司法准则

在联合国相关文件中逮捕与拘留与我国刑事诉讼法中的逮捕与拘留的概念是不同的。根据联合国人权事务委员会的评述：“逮

---

① 这项改革最早是由最高人民检察院有关领导在2005年5月11日全国检察机关第二次侦查监督工作会议的讲话中提出的，后来北京、上海、重庆等地陆续展开了试点工作。2006年8月，最高人民检察院颁布了《人民检察院审查逮捕质量标准（试行）》，以文件形式正式确认了“附条件逮捕”的适用。此后，开始较多适用于检察实践，并且逐渐为公安机关所认可和接受。汪建成：《附条件逮捕改革综述》，载《烟台大学学报》（哲学社会科学版）第22卷，第16页。

捕”一词系指抓获某人从而开始剥夺其自由。[①] 联合国文件中的“逮捕”相当于我国《刑事诉讼法》中的“抓捕”或“拘留”，而其“拘留”则相当于“羁押”。

联合国刑事司法准则中所确定的羁押原则主要分为两类，一类是程序性的，另一类是被羁押者处遇方面的。其中对非法羁押取得赔偿的权利既是被羁押者处遇方面的权利，又是程序性的权利。本文着重讨论联合国刑事司法准则中涉及被羁押者程序性的权利以及与我国刑事诉讼法中相关规定的差异。

（一）禁止任意和非法羁押

禁止任意和非法羁押是最基本的人权。人身自由指“身体不受约束，不是一般的行动自由”[②]。《世界人权宣言》第 9 条规定：“任何人不得加以任意逮捕、拘禁或放逐。”《宣言》中用了“任意”二字，也即人的自由并非是绝对的，而在于是否通过法律的授权、依照法律的程序逮捕或拘禁他人。除逮捕或拘留必须“合法”之外，联合国人权事务委员会 2014 年第 35 号一般性意见第 10 条还进一步明确“人身自由并不是绝对的。第 9 条承认，有时候剥夺自由是合理的，例如，在执行刑罚过程中。第 1 款要求，不得任意剥夺自由，必须是为维护法制”。

关于任意逮捕或拘禁，联合国人权事务委员会认为，因为逮捕或拘留可能违反适用法律，但不是任意的，或者，法律上允许，但却是任意的。也即合法的逮捕和拘禁也可能是任意的拘禁。人权事务委员会进一步作出评论，“未经授权对犯人进行超过其刑期的监禁既是任意的也是非法的，未经授权延长其他形式的拘留也是如

① See：631/1995，*Spakmo* v. *Norway*，para. 6.3，Human Rights Committee：General comment No. 35，Article 9（Liberty and security of person），p.4.

② See：854/1999，*Wackenheim* v. *France*，para. 6.3. Human Rights Committee：General comment No. 35，Article 9（Liberty and security of person），p.1.

此。不顾要求将拘留者释放的命令继续监禁拘留者，也属于任意和非法”[①]。“‘任意’这一概念不能和‘违法’画等号，必须基于更广泛的解释，使其包括不适当、不正当、缺乏可预见性和适当法律程序。”[②]

（二）享有被通知羁押理由的权利

“将逮捕理由通知所有被逮捕者的一个重要目的是使他们在认为逮捕理由不对或无根据的情况下能争取被释放。”[③] 被告知羁押理由是对抗一切非法羁押的最基本前提。《民权公约》、《保护羁押或监禁人的原则》以及其他联合国文书对此均有明确的规定。[④]

通知被羁押的理由应包括两个方面：一是告知被羁押者本人羁押的理由；二是告知被羁押者近亲属或法定代理人羁押的理由。在我国司法实践中，较为突出的问题是侦查机关往往以“有碍侦查为由”，人为地扩大不告知或不及时告知被羁押者近亲属羁押理由。这在一定程度上妨碍了被羁押者委托辩护律师为其提供法律帮助及辩护的权利。

（三）被及时带见法官的权利

《民权公约》第9条第3款、《保护羁押或监禁人的原则》第37条规定：应当及时将受刑事指控的被羁押者带到法官或其他被

---

① See：856/1999，*Chambala* v. *Zambia*，para. 7.3. Human Rights Committee ：General comment No. 35 ，Article 9（Liberty and security of person），p.3.

② See：1134/2002，*Gorji - Dinka* v. *Cameroon*，para. 5.1；305/1988，*Van Alphen* v. *Netherlands*，para. 5.8，Human Rights Committee ：General comment No. 35 ，Article 9（Liberty and security of person），p.4.

③ See：248/1987，*Campbell* v. *Jamaica*，para. 6.3，Human Rights Committee ：General comment No. 35 ，Article 9（Liberty and security of person），p.8.

④ 例如，必须通知被逮捕、拘留的人逮捕、拘留的理由以及不利于他们的任何控告。《保护羁押或监禁人的原则》进一步规定，应使用被羁押者能够理解的语言通知其逮捕的原因。此外，还要向被羁押者提供逮捕的时间、地点及第一次被带到法官或其他司法机关的信息等相关信息，并向被逮捕者解释他所享有的诸如获得律师帮助等权利以及如何使用这些权利等。

授权行使司法权的官员面前。被及时带见法官，与被羁押者对羁押的异议权不同，而是司法机关应主动履行之义务，其目的是通过司法审查防止任意和非法羁押。《公约》使用“及时”一词规定将被羁押者带至法官或其他被授权行使司法权的官员面前的时间并不明确，但从国际惯例来看，这个时间通常是二十四小时或四十八小时。

（四）被暂时释放等待审判的权利

刑事司法准则中的羁押比例原则，① 是对羁押性强制措施适用的限制性原则，旨在控制强制措施的适用，以最大限度地保障涉嫌犯罪人员的人身自由权。联合国人权事务委员会认为，“剥夺自由必须作为最后办法使用，而且时间要适当，要尽可能短，还必须提供有法律规定的适当程序和实质性保障”②。

（五）在合理的时间内接受审判或被释放的权利

《民权公约》第9条第3款规定：被羁押者有权在合理的时间内接受审判或被释放。联合国人权事务委员会认为：“对不释放的待审人员必须尽快审判，但不得侵犯其辩护权。必须根据每个案件具体情况评估延误审判的合理性，同时考虑到案件的复杂性、被告在诉讼过程中的表现以及行政和司法当局处理问题的方式。完成调查的障碍可以成为延长时间的理由，但人手不足或预算限制等一般条件不应成为理由。在有必要拖后时，法官必须考虑审前拘留的替代办法。”③

---

① 《民权公约》第9条第3款规定：“等待审判的人们被拘禁不应该是一般的规则，但是释放应保障能在司法程序的任何其他阶段出席审判，并在必要时报到听候执行判决。”《保护羁押或监禁人的原则》第39条规定：“除了在由法律规定的特殊案件中，由司法或其他机关由于司法利益而决定，被告人应有权被释放等待审判。”

② See：1061/2002, *Fijalkowska* v. *Poland*, para. 8.3. Human Rights Committee：General comment No. 35, Article 9 (Liberty and security of person), p.6.

③ See：Human Rights Committee：General comment No. 35, Article 9 (Liberty and security of person), p.11.

（六）对羁押提出异议的权利

《民权公约》第 9 条第 4 款规定："任何因逮捕或拘禁被剥夺自由的人，有资格向法庭提起诉讼，以便法庭能够不拖延地决定拘禁他是否合法以及拘禁不合法时命令予以释放。"这一规定包含了人身保护原则。[①] 它至少牵涉两大问题，第一，谁有权力剥夺人的自由，按照公约的规定，无论是作为刑罚的剥夺自由还是作为诉讼手段的剥夺自由都应当由法院或者行使司法权力的机构决定；第二，剥夺自由是否合法应当由法院审查。[②] 此外，《保护羁押或监禁人的原则》中对于该权利作了进一步的规定。

（七）对非法羁押得到赔偿的权利

《民权公约》第 9 条第 5 款规定："任何成为非法逮捕或拘留的被害者，有得到赔偿的权利。"《保护所有遭受任何形式拘留或监禁人的原则》规定："如果损害的发生是由于国家官员的行为违背了原则规定或不履行法律职责造成，应按照国内法可应用的规则给予赔偿。"此外，《为罪行和滥用权利行为受害者取得公理的基本原则宣言》也规定政府对其工作人员或代理人的非法行为负有赔偿的义务[③]。

关于非法羁押的赔偿，有四个问题值得注意：第一，根据联合国相关侵犯人身自由权的刑事赔偿的刑事司法准则的规定，其赔偿的前提条件是"非法"逮捕或拘禁，"刑事被告一审时或上诉后最

---

① See：1342/2005，*Gavrilin* v. *Belarus*，para. 7.4. Human Rights Committee ：General comment No. 35 ，Article 9（Liberty and security of person），p.12.

② 杨宇冠著：《国际人权法对我国刑事司法改革的影响》，中国法治出版社 2008 年版，第 36 页。

③ 《为罪行和滥用权利行为受害者取得公理的基本原则宣言》第 11 条规定：在政府官员或其他以官方或半官方身份行事的代理人违反国家刑事法律时，受害者应从其官员或代理人造成伤害的国家取得赔偿，在致害行为或不作为发生时的政府已经不复存在时，则继承该国的国家或政府向受害者作出赔偿。

终被释放这一情况本身并不表明任何程序性拘留是‘非法’的”。[①]因为赔偿是针对损害而言的，非法逮捕或拘留、扣押既损害当事人实体权利又侵犯其具有独立价值的诉讼人权。被告人是否有罪并不影响被告人的诉讼权利，不能以有罪判决弥补程序中的国家机关违法行为。[②] 第二，何为非法逮捕或拘留？违法逮捕或拘留，既可以是违反缔约国国内法，也可能是违反《公约》本身。由于联合国确立了一系列旨在保障被羁押者权利的审前羁押准则，如果违反了这些准则，都可以被视为非法的羁押，如未被告知羁押的理由、逮捕后得不到被讯问的机会或不能行使刑事辩护权等均构成非法羁押。第三，赔偿不能代替补救，包括《公约》第 9 条第 4 款规定的“迅速补救”，即从正在实行的非法拘留中释放等。第四，根据第 9 条第 5 款，不要求缔约国主动赔偿受害者，而是允许将启动赔偿程序的主动权留给受害者自己。[③]

五、羁押必要性审查的人权意义

从全球视野来看，过度羁押和羁押性强制措施的不平等适用问题仍然十分突出。刑事诉讼程序中过度羁押的种种弊端暴露无遗：既扰乱个人生活，摧毁家庭，又使人名誉扫地。过度羁押同样践踏了法治精神，因为其能催生腐败和犯罪案件，而且使那些本应被推定无罪的人遭受到比已决犯更为严重的刑讯、疾病和人满为患的监禁之苦。实际上，有不少国家并没有通过替代性措施释放那些没有

---

① See：432/1990，*W. B. E.* v. *Netherlands*，para. 6. 5；963/2001，*Uebergang* v. *Australia*, para. 4.4. Human Rights Committee ：General comment No. 35 ，Article 9（Liberty and security of person），p.16.

② 杨宇冠著：《国际人权法对我国刑事司法改革的影响》，中国法治出版社 2008 年版，第 340 页。

③ See：414/1990，*Mika Miha* v. *Equatorial Guinea*，para. 6.5；962/2001，*Mulezi* v. *Democratic Republic of the Congo*，para. 5.2. Human Rights Committee：General comment No. 35，Article 9（Liberty and security of person），p.15.

羁押必要性的人。[①] 过度的和任意的适用审前羁押造成了长期的、昂贵的、事与愿违的、人满为患的羁押，并迫使政府削减对于犯罪预防、司法和教育方面的开支。

（一）羁押必要性审查是无罪推定原则的应有之义

无罪推定是审前释放最基本的理论前提，因为人人可在合法的审判之前被推定无罪，因而他才可获得被释放的权利。虽然无罪推定原则不容忍对无辜者滥施羁押之公权，但也并不排斥对涉嫌犯罪者的合法性羁押[②]。对人权的侵犯，除非羁押成为一种必要。从无罪推定的角度来讲，羁押不是因为嫌疑人有罪，而是因为他可能导致妨碍诉讼的后果，具有羁押的必要性[③]。但涉嫌犯罪仅是法院依法判决前的一种“犯罪待确认”状态，并不是对所有涉嫌犯罪之人都可以适用或不适用羁押性强制措施。那么，在决定是否对犯罪嫌疑人予以羁押之前，首先必须对羁押必要性进行审查。

由于任意羁押和非法羁押客观上是存在的，这种羁押与无罪推定的原则是相悖的，因此基于无罪推定这一原则的要求，除应当赋予被羁押者对羁押提出异议的权利（如申请羁押必要性审查）之外，在诉讼程序当中，相关司法机关还有义务对在押人员是否需要继续羁押进行定期审查，以及时纠正任意羁押和非法羁押，或总之不必要的羁押。

---

① 例如，2006年，在拉丁美洲至少有930万人被审前羁押，但不少被羁押者涉嫌轻微犯罪、非暴力犯罪，且绝大多数罪行可以免除处罚。Denise Tomasini-Joshi：The Real Cost of Pre-trial Detention in Latin America, Associate Legal Officer, Open Society Justice Initiative, http://www.kcl.ac.uk/depsta/law/research/icps/worldbrief/.7376625_3.

② 根据联合国人权事务委员会对《民权公约》第9条（人身自由和安全）所作的《第35号一般性意见》第10条解释：“人身自由权并不是绝对的。第九条承认，有时候剥夺自由是合理的，例如，在执行刑法过程中。第1款要求，不得任意剥夺自由，必须是为维护法制。”

③ 陈卫东：《羁押必要性审查的理论认识与实践应用》，载《国家检察官学院学报》2012年第6期。

（二）羁押必要性审查是权力制约的重要表现

刑事拘留权或逮捕权等羁押性强制措施是司法机关限制公民人身自由的公权力。任何一种公权力都有被滥用的危险。正如上文中所提到的那样，羁押的必要性包括程序保全、证据保全、人身安全保障、预防社会危险性等诸多方面，即羁押有其法定的正当理由，但是当这种理由被夸大的时候，羁押权就有可能被任意扩大适用甚至滥用，比如对犯罪情节显著轻微、没有羁押必要的人实施羁押等。羁押权滥用的极端表现便是对公民任意的非法羁押，即未经正当法律程序而对公民采取羁押性强制措施。显然，任意羁押和非法羁押是对公民基本人权的践踏，必须予以制止。而防止羁押权滥用的必由之路是对该权力"严格和有效地控制"①。

对权力的控制通常有两个途径，一个是以权力制约权力，另一个是以权力监督权力。羁押必要性审查正是基于权力制约理论而产生的权力。广义而言，这种制约权包括两个方面，一方面是诉讼程序中的司法权对羁押权的制约，如世界上多数国家采取的由法官对羁押必要性进行审查的方式；另一方面是检察权对羁押权的监督，如2012年我国《刑事诉讼法》修改时新增加的检察机关对在押人员羁押必要性的定期审查职能，是人民检察院对羁押措施的监督，可以防止超期羁押和不必要的关押。② 因此，从这个意义上讲，羁押必要性审查是为防止羁押权滥用，而对羁押权监督制约的一种方式。

---

① 根据联合国人权事务委员会《第35号一般性意见》"第九条（人身自由和安全）"第8条的解释："在私人或实体被缔约国给予能力或授权行使逮捕或拘留权力的情况下，缔约国仍有责任遵守或确保遵守第九条。它必须严格限制这些权力，必须给予严格和有效的控制，确保这些权力不被滥用，不会导致任意或非法逮捕或拘留。如果确实发生了任意或非法逮捕或拘留，它还必须向受害者提供有效补救。" See concluding observations：Guatemala（CCPR/C/GTM/CO/3，2012），para. 16.

② 王兆国：《关于〈中华人民共和国刑事诉讼法修正案（草案）〉的说明》，载《人民检察》2012年第8期，第40页。

第二节　我国羁押必要性审查的现状

一、现行《刑事诉讼法》的规定

关于羁押必要性审查问题，1979 年《刑事诉讼法》和 1996 年《刑事诉讼法》均没有明确的规定。根据 1979 年《刑事诉讼法》的规定，检察机关并没有对捕后继续羁押必要性进行审查之法定职责，被逮捕羁押的犯罪嫌疑人、被告人基本上是“一押到底”。虽然 1996 年《刑事诉讼法》规定了犯罪嫌疑人、被告人及其近亲属或辩护人有权提出变更强制措施，但是检察机关对于变更强制措施申请的审查并没有相应的规定，这实际上也导致了这一规定几乎流于形式，实践中检察机关可以罔顾申请而怠于对继续羁押必要性进行审查。

羁押必要性审查是 2012 年《刑事诉讼法》修改的一项重要内容，是尊重与保障人权原则的具体体现。《刑事诉讼法》第 93 条规定：“犯罪嫌疑人、被告人被逮捕后，人民检察院仍应当对羁押的必要性进行审查。对不需要继续羁押的，应当建议予以释放或者变更强制措施。有关机关应当在十日内将处理情况通知人民检察院。”该规定明确了以下几点：一是捕后羁押必要性审查的主体是人民检察院；二是继续羁押必要性查是人民检察院的一项法定职责和义务，但并未明确是否应该对所有案件的犯罪嫌疑人、被告人都进行羁押必要性审查；三是审查后，认为不需要羁押的，人民检察院有建议予以释放或变更强制措施的权力，而不是决定权；四是有关机关是否采纳检察院的建议应在法定期限内通知检察院。

关于羁押必要性审查，并非只有第 93 条独立条款，第 94、95、96 和 97 条，与羁押必要性审查具有密切的关系。其中第 94 条规定：人民法院、检察院和公安机关发现对犯罪嫌疑人、被告人采取的强制措施不当的，应当及时撤销或变更。这里指的强制措施当然包括逮捕强制措施，也即上述三机关发现逮捕羁押不当时，应当及时变更或撤销强制措施。第 95 条对羁押必要性审查的申请启动作了规定，即犯罪嫌疑人、被告人及其法定代理人、近亲属或者辩护人有权申请变更强制措施。第 96 条规定不能在法定的侦查羁押、审查起诉、一审、二审期限内办结的案件，应对犯罪嫌疑人、被告人予以释放。第 97 条规定了对于法定羁押期限届满的犯罪嫌疑人、被告人应予以释放。

二、“两高”司法解释的规定

总体而言，有关羁押必要性审查的规定较为原则，存在不易于操作的客观情况，为此最高人民检察院刑事诉讼规则（以下简称“规则”）中也对羁押必要性审查做了相应的规定。相关规定体现在“规则”第十四章第六节“羁押期限和办案期限监督”中，明确规定发现八种情形之一可以向有关机关提出予以释放或者变更强制措施的书面建议，并对羁押必要性审查的六种方式作了具体规定。可见，最高人民检察院将羁押必要性审查作为诉讼监督的一项重要内容，突出监督的属性。值得注意的是，尽管现行《刑事诉讼法》第 93 条将捕后羁押必要性审查的主体明确为人民检察院，但由于法院对于部分案件的嫌疑人、被告人也有依法逮捕的决定权，因此最高人民法院在其《关于适用〈中华人民共和国刑事诉讼法〉的解释》（以下简称“解释”）第五章“强制措施”中的第 133、137 条，也作出了类似捕后羁押必要性审查的规定，其中第 133 条规定“被逮捕的被告人具有下列情形之一的，人民法院可以变更强制措施：（一）患有严重疾病、生活不能自理的；（二）怀孕或者正在哺乳自己婴儿的；（三）系生活不能自理的人的唯一扶养人”。第 137 条规定：对被告人及其法定代理人、近亲属或者辩护人申请变更强制措施的，人民法院应当在三日内作出决定。根据“规则”，最高人民检察院于 2016 年 1 月制订了《人民检察院办理羁押必要性审查案件规定（试行）》，对审查的文体、立案的程序、可变更强制措施的情形等作了明确规定。

三、地方检察机关的办案规定

在“两高”出台相关司法解释的基础上，各地检察机关在探索实践的基础上，制定了相关实施细则。2014 年 1 月，北京市人民检察院出台了《北京市检察机关关于羁押必要性审查工作的规定（试行）》。

该规定有以下几个特点：第一，就羁押必要性审查作了界定：“羁押必要性审查，是指犯罪嫌疑人、被告人被逮捕后至判决生效前，人民检察院依照法律规定对犯罪嫌疑人、被告人继续羁押是否适当进行审查，认为无羁押必要性的，作出释放、变更强制措施决定，或者书面建议有关机关予以释放、变更强制措施的活动。”从这一规定看，羁押必要性审查的阶段是“被逮捕后至判决生效前”，这一时间跨度比“待审羁押”、“审前羁押”和“未决羁押”所指的时间跨度都要长。第二，就羁押必要性审查的具体检察环节和主体作了明确规定，即“侦查监督部门负责捕后侦查阶段的羁押必要性审查；公诉部门负责审查起诉、审判阶段的羁押必要性审查；监所检察部门基于监所检察工作可以在侦查、审查起诉、审判阶段全过程开展羁押必要性审查”。第三，就“应当”和“可以”认为没有继续羁押必要性的十种具体情形作了规定，更具有操作性。第四，对于羁押必要性审查的方式作了进一步的丰富，即在高检院“规则”规定的六种具体方式之外，另增加了一种审查方式“根据审查工作需要，到发案单位、所在街道、社区、居（村）民委员会了解犯罪嫌疑人、被告人的平时表现、犯罪原因、家庭状况等”；这一规定类似于未成年人案件的“社会调查”。第五，将羁押必要性审查划分为“依监督职能开展的羁押必要性审查”和“依诉讼职能开展的羁押必要性审查”两类，其中后者包括办理延长侦查羁押期限案件过程中的审查和对附条件逮捕案件开展定期审查工作，以及依申请开展羁押必要性审查等。

综上所述，2012 年《刑事诉讼法》新增的捕后羁押必要性审查的规定，在“两高”的司法解释以及一些地方检察机关制定的具体实施办法中进行了细化。但是羁押必要性审查的制度也还存在以下缺陷：一是定期审查的时间未作明确的规定。是否在批准逮捕之后，只要被告人及其代理人、律师提出变更强制措施的申请，即可启动羁押必要性审查，还是需要经过一段时间才能启动审查。如果是检察机关主动依职能开展必要性审查，那么这个时间到底多长为宜，不甚明确。二是对于羁押必要性审查是否应当无因审查未作明确规定。也即检察机关是否对于所有逮捕的案件都应毫无例外地进行继续羁押必要性审查需要进一步明确。换言之，检察机关依职能进行的羁押必要性审查是否为一项法定的义务，如不进行审查则违法。三是对羁押必要性审查的方式未作明确的规范。从广义上讲，羁押必要性审查也是一项司法审查行为，其程序必须有十分明确的规定，但对于是否应该采取听证的方式，在审查过程中被告人及其代理人、辩护人是否参与和如何参与没有明确规定。四是对于羁押必要性审查后维持原逮捕羁押的决定的，没有赋予被告人上诉或抗告的权利，也即在羁押必要性审查的问题上，嫌疑人、被告人仅仅是一项请求权，这项权利可以被单方否决，而无其他救济的渠道。五是规定检察机关进行羁押必要性审查之后可以提出变更强制措施或释放犯罪嫌疑人、被告人的建议，但这种司法建议缺乏执行的刚性，对实际执行羁押性强制措施的侦查机关并无约束力。

四、我国羁押必要性审查的类型与模式

2012 年修改通过的《刑事诉讼法》首次从立法的层面明确了羁押必要性审查，但如何进行羁押必要性审查却语焉不详。最高人民检察院《刑事诉讼规则（试行）》虽细化了此程序，但仍有很多理论与实践方面的问题需要进一步深入研究和探索。

（一）我国审前羁押必要性审查的类型

在我国司法实践中，“审前羁押”指的是犯罪嫌疑人、被告人在庭审前，即侦查阶段、审查起诉阶段被依法拘留、逮捕后的羁押。根据羁押对象人身自由是否受到限制，可将羁押必要性审查分为初次羁押和继续羁押必要性审查。对于继续羁押必要性审查，根据羁押前置条件的不同，又可分为拘留后的继续羁押必要性审查和逮捕后的继续羁押必要性审查。

1. 初次羁押必要性审查

在我国，由于拘留、逮捕即意味着羁押，因此，相关有权机关拘留、逮捕的决定作出之前的审查，亦可视为对犯罪嫌疑人是否有羁押必要进行审查的过程。如果犯罪嫌疑人在拘留、逮捕前处于非羁押状态，则此时的审查就属于初次羁押必要性审查。

在我国司法实践中，拘留一般属于初次羁押。根据《刑事诉讼法》的相关规定，公安机关对于符合七种法定情形的现行犯或者重大嫌疑分子，可以先行拘留；检察机关自侦案件中符合法定情形，需要拘留犯罪嫌疑人的，可以决定拘留并交由公安机关执行；被采取取保候审、监视居住强制措施的犯罪嫌疑人，需要予以逮捕的，也可以先行拘留。公安机关或检察机关在决定拘留前的审查属于初次羁押必要性审查。

此外，初次羁押必要性审查也可能针对逮捕措施。根据《刑事诉讼法》第 79 条、第 92 条的规定，被取保候审、监视居住的犯罪嫌疑人、被告人如果违反取保候审、监视居住规定，情节严重的，可以予以逮捕。如果在变更为逮捕之前没有先行拘留，而是直接报请审查逮捕，则此时检察机关的审查逮捕活动实际上就属于针对逮捕的初次羁押必要性审查。

2. 继续羁押必要性审查

根据我国《刑事诉讼法》的相关规定，继续羁押必要性审查主要包括以下几类：

一是拘留、逮捕后的立即审查。根据《刑事诉讼法》第 83 条规定：拘留后，侦查人员应当立即将被拘留人送看守所羁押，至迟不得超过24小时。对被拘留或逮捕的人，均应当在拘留或逮捕后24小时以内进行讯问。发现不应当拘留或逮捕的，应当立即释放。拘留或逮捕后24小时内讯问，既是对拘留、逮捕决定过程中羁押必要性审查的补强，也是对拘留、逮捕后继续羁押的必要性进行的立即审查。

二是"拘留前置主义"案件中的审查逮捕。在报请审查逮捕之前，如果犯罪嫌疑人已经被刑事拘留，由于审查逮捕期间嫌疑人已经处于羁押状态，因此审查批捕属于继续羁押必要性审查。实践中，由于侦查机关提请批捕的犯罪嫌疑人绝大多数处于拘留羁押状态，因此我国基本上实行"拘留前置主义"。①

三是捕后羁押必要性审查。对于逮捕后羁押的期限，我国《刑事诉讼法》并未作专门性规定，而是将其与侦查办案期限相结合，确定为侦查羁押期。在现行《刑事诉讼法》实施以前，我国刑事诉讼中捕后羁押必要性审查，主要是对延长羁押期限的审查。这种审查的启动具有被动性，审查的时间间隔就是犯罪嫌疑人的法定最长羁押期限，而且由于法律不强调对羁押"必要性"的审查，导致只要没有出现法定变更情形，批捕部门就自然批准延长羁押期。因而，这种羁押必要性审查对逮捕措施的制约效果十分有限。有鉴于此，现行《刑事诉讼法》第93条一方面明确提出了羁押"必要性"的要求，另一方面明确了检察机关主动进行羁押必要性审查的职责。这种羁押必要性审查，是此次《刑事诉讼法》修改的重点和亮点，也是本文讨论的重点。

3. 继续羁押必要性审查的制度规定

有关继续羁押必要性审查的制度依据，大体可以从以下三个层面来了解：

---

① 徐静村主编：《刑事诉讼法前沿研究》（第五卷），中国检察出版社2006年版，第17页。

一是立法的层面。2012年修改的《刑事诉讼法》第93条对“继续羁押必要性审查”作了明确的规定，即“犯罪嫌疑人、被告人被逮捕后，人民检察院仍应当对羁押的必要性进行审查。对不需要继续羁押的，应当建议予以释放或者变更强制措施。有关机关应当在十日内将处理情况通知人民检察院”。这是在立法层面第一次明确人民检察院对羁押必要性进行审查。但是这一规定比较原则，对于审查的程序等并未明确。

二是司法解释层面。继《人民检察院刑事诉讼规则（试行）》（以下简称《规则》）对继续羁押必要性审查作出了具体的程序性规定之后，最高人民检察院于2016年1月出台了《人民检察院办理羁押必要性审查案件规定（试行）》，对立案、审查、结案等方面作了明确的规定。

三是各省市检察机关在试点实践的基础上制定的指导性意见。这些意见虽然不具有严格意义上的法律强制力，但是在各省市检察机关系统内部具有较强的指导意义，如北京市检察机关制定的指导意见。

（二）我国审前羁押必要性审查模式之争

对于当前羁押必要性审查的模式存在三种观点，即行政审批模式、法律监督模式和司法审查模式。

1. 行政审批模式

行政审批模式，即对于羁押必要性审查采取自下而上逐级审批的方式并作出决定。以我国审查逮捕流程为例，检察机关受理提请逮捕后，侦查监督部门的检察人员（助理检察员、检察员）采用阅卷、讯问等方式进行审查，并提出是否批准逮捕的意见，该意见随即呈送部门负责人（科处长）审批；科处长对结案报告书面审查，并提出是否同意承办人意见的批示后，提交主管检察长审查决定；经检察长同意的，即作出批准逮捕决定。实践中，如果主管检察长与科处长意见不一致，还有可能提交检察委员会，以集体研究的形式进行审批。可见，我国审查批捕的业务流程与行政机关的行政审批流程类似，行政审批的色彩较为深厚。

行政审批模式的优点在于，逐渐审查、层层把关体现了程序的慎重，通常能够提升批捕的质量，逮捕羁押案件的有罪判决率能够保持较高的水平。但其不足之处在于：一是负责审查批捕第一道关的案件承办人缺乏独立性和中立性，有时会受到科处长或检察长对案件意见的影响；二是层层把关的模式在提高质量的同时影响了办案效率；三是“多头负责”实际上导致了责任的分散，尤其是出现错捕的时候，难以确定具体的责任人；四是容易导致“审”、“决”分离，即承办人负责具体审查但无决定权，有悖司法处分基本规律。

2. 法律监督模式

在我国，检察机关是宪法规定的法律监督机关，对诉讼活动进行法律监督是检察机关参与诉讼活动的一项重要职责。检察机关对在押人员羁押必要性的定期审查是人民检察院对羁押措施的监督，可以防止超期羁押和不必要的关押。① 羁押必要性的审查，尤其是捕后羁押必要性审查是一种“监督”式审查。这种监督式审查突出了“纠正违法”的特性，对于没有羁押必要性或者超期羁押的情形，应当建议释放或要求变更强制措施。根据法律规定，检察院和法院均有逮捕决定权，但实践中绝大部分逮捕均由检察机关批准或决定。因此，通过羁押必要性审查的方式“纠正”错误的逮捕，从逻辑上讲，主要是检察机关的内部监督、自我纠错。

这种内部监督模式难免存在不足。其一，角色冲突。从羁押监督来看，控诉与审查逮捕之间应当是监督与被监督的关系，两者主体分离才能保证监督的效果。在我国的刑事诉讼中，检察机关同时承担着审查逮捕和提起公诉的双重职能。这种既是“运动员”又是“裁判员”的角色混同必然会引发冲突：前者要求检察机关严

① 王兆国：《关于〈中华人民共和国刑事诉讼法修正案（草案）〉的说明》，载《人民检察》2012 年第 8 期。

格控制逮捕措施的适用，避免不必要的羁押；检察机关尽管负有客观公正的义务，但控诉方的角色决定了其必然存在一定的立场和倾向，那就是追诉犯罪。这种角色冲突必然会影响监督的实质效果。其二，“自我监督”缺乏监督动力。要求检察机关对于自己批捕的案件作出建议撤销逮捕决定或变更为取保候审强制措施，无异于“出尔反尔”，检察机关在羁押必要性审查方面缺乏原动力。其三，被羁押者参与不足。在监督模式之下，最重要的关系是监督者与被监督者的关系，即批捕机关与侦查机关之间的关系，切身利益受直接影响的犯罪嫌疑人往往成为监督的被动客体，难以在程序中获得主体性的待遇。其四，公信力不足。这种集监督者与被监督者于一身的模式，决定了检察机关进行羁押必要性审查的公正性难以令人信服。即使检察机关完全公正执法，但由于实质公正缺乏形式公正的保障，终究也难以令公众信服。①

3. 司法审查模式

司法审查模式是我国羁押必要性审查制度发展的主流趋势。在司法审查模式的国家，逮捕（arrest）在性质上不同于我国，“根据整体情况，如果一个理性的人不能自由地离开，这个人就已经被逮

① 英国著名法官丹宁勋爵在谈到法官的公正时指出，人们对法官的信任来自于其中立的立场，而这种中立的立场更多地表现为法官给人们印象上的公正形象。正义必须来源于信任，而当正直的人认为“法官偏袒”时，信任即遭到破坏。参见［英］丹宁勋爵：《法律的训诫》，杨百揆、刘庸安、丁健译，法律出版社1999年版，第99页。

捕”[1]。换言之，逮捕就是一种强制在案的临时措施。[2] 逮捕大致可分为有证逮捕与无证逮捕，前者必须获得事先的司法授权，后者无须事先的司法授权即可实施。但无论是否需要获得事先的司法授权，逮捕后的羁押却毫无例外地需要经过司法机构的审查和决定。各国基本上确立了典型的审查模式，即警察、检察官将逮捕后的嫌疑人提交司法官员，司法官员采取听证等方式居中审查羁押的理由和必要性，裁决是否羁押以及羁押的期限[3]。总之，司法审查模式强调审查主体的中立性和程序的正当性，突出了听取被羁押者及其辩护人，以及其他利益相关者的意见的程序特点。

我国逮捕羁押制度改革，突出了刑事司法的实践特色，在立足检察机关的既有法律监督职能定位的前提下，在一定程度上扩展了诉讼监督职能，同时也体现出司法审查的一些基本原则和特征。在实践中，部分检察机关正积极探索听证的审查方式。但从总体上看，当前由检察机关主导的羁押必要性审查尚未突破原有的行政审批色彩。即便是法院自行决定逮捕，也没有采取听证等更加体现“司法性”的审查方式。

---

① ［美］罗纳尔多·V. 戴尔卡门著：《美国刑事诉讼——法律和实践》，张鸿巍等译，武汉大学出版社 2006 年版，第 184～185 页。

② 虽然逮捕后亦会限制公民人身自由，但其“临时性”十分严格。德国《刑事诉讼法》第 36 条规定，逮捕后应立即或最迟至次日解送于主管法官处，由其审查决定是否继续羁押。日本《刑事诉讼法》第 205、206 条规定，逮捕后应当立即将嫌疑人送交司法警察，由其审查决定是否留置，如果有留置必要则应当在嫌疑人被限制人身自由的 48 小时内，将有关资料、证据和本人移交检察官，检察官应当在接到移送 24 小时内决定，或释放或向法官申请羁押或提起公诉，申请羁押或提起公诉后由法官决定是否羁押。第 202 条规定，如果是检察事务职员执行的逮捕，则应当自嫌疑人被限制人身自由 48 小时内或提出羁押请求或提起公诉。超过了法定期限，必须立即释放。美国《联邦刑事诉讼规则》第 5 条规定，应将被逮捕者及时带到治安法官或当地司法官员面前，不得有不必要的延误。联邦最高法院认为，应于 48 小时内将被逮捕者带到法官面前，由法官审查决定羁押还是释放。*See*：County of Riverside v. McLaughlin，500 U.S. 44（1991）。

③ 陈瑞华：《审前羁押的法律控制——比较法角度的分析》，载《政法论坛》（中国政法大学学报）2001 年第 4 期。

笔者认为，羁押必要性审查的司法审查属性是国际刑事司法发展的潮流和趋势，也是未来中国羁押必要性审查制度发展的方向。当前中国的羁押必要性审查，应当在完善检察机关法律监督职能的基础上，通过进一步推进司法体制改革，不断去除审查程序的行政化色彩，同时逐步引入当事人充分参与的、侦辩平等对抗的听证程序，最终使羁押必要性审查程序真正走上一条司法化的道路。

五、我国羁押必要性审查的实践情况

实证分析是了解法律实施状况最有效的研究方法之一。本章以北京市检察机关为研究对象，重点对审查逮捕情况、以侦查监督部门为主体的羁押必要性审查听证情况以及以刑罚执行监督部门为主体的羁押必要性审查情况进行实证调研，并对上述工作开展中存在的问题进行深入分析。

（一）北京市检察机关审查逮捕总体情况①

审查逮捕情况在一定程度上能够反映出审前羁押的规模，其中逮捕率和不批准逮捕率是两个衡量羁押率的重要因素。但具体而言，不批准逮捕通常分为三种情况，即不构成犯罪的不捕、证据不足的不捕和犯罪情节轻微无逮捕必要的不捕。检察机关作出不批准逮捕决定之后，侦查机关对于不批准逮捕不服的还可以依法复议复核，有的案件通过该程序撤销了不捕决定，有的则维持了不捕决定。审查逮捕质量如何，通常还可以通过后续诉讼程序中针对嫌疑人的程序和实体处分来判断，其中捕后不起诉和无罪判决是两个重要的评判标准。此节重点对北京市检察机关 2014 年审查逮捕的相关核心数据进行分析。

---

① 除特别注明外，本节数据均来自北京市检察院的“检立方”。http://10.11. 204. 142: 8808/ilf/index/index2. html? user = lanxiangdong&authcode = 1585e5ca2a9906a54a4913c8ce0bee7e&timestamp = 1427930212786，最后访问日期：2015 年 4 月 2 日。

1. 审查逮捕情况

北京市检察院下辖三个检察分院和一个铁路检察分院（后改建为第四分院）以及16个区县检察院。按级别管辖，各级检察院对侦查机关提请批捕案件行使审查逮捕权。其中区县检察院立案侦查的职务犯罪案件由上一级检察院即检察分院审查逮捕。相关数据如下：

（1）总体情况

2014年1~12月，全市检察机关共受理审查逮捕案件16604件21366人，审结16617件21376人（含上年积存），同比分别下降1.49%和2.76%。在审结的案件中，批准（决定）逮捕13070件16080人，逮捕率为75.22%，比上年同期的74.75%上升0.47个百分点。受理检察机关职务犯罪侦查部门报请（移送）决定逮捕案件261件274人，依法审结260件273人。其中，决定逮捕238件250人，逮捕率为91.58%。

2014年1~12月不批准（不予）逮捕共计3547件5296人，不捕率为24.78%。其中对303人以不构成犯罪不批捕；对2542人以证据不足不予批捕，并提出补充侦查要求；对1382人适用无社会危险性不予批捕；对1064人因其他因素（包括患有不适宜羁押的疾病等）不予批捕；对5人建议监视居住。

上述案件有以下特点：一是总体的批捕率要比全国检察机关的平均批捕率低①，仅为75.22%，说明北京市检察机关在履行审查逮捕职能方面是比较严格的，有效地阻却了1/4强的侦查机关提请逮捕的嫌疑人进入审前羁押；二是职务犯罪决定逮捕率较高，为91.58%，仅从数据上作比较分析，职务犯罪案件审查逮捕权上提之后，对于逮捕权进行了较为有效的控制，但是决定逮捕率要明显高于检察机关对公安侦查机关提请逮捕案件的批捕率；三是不予逮

① 据最高人民检察院2015年所作的工作报告，2014年全国检察机关批准逮捕各类刑事犯罪嫌疑人879615人，对涉嫌犯罪但无社会危险性的，决定对不需要继续羁押的33495名犯罪嫌疑人建议释放或变更强制措施，批捕率为91.2%。

捕的理由中“证据不足”的案件占48%，其次是“无社会危险性”占26.1%，“不适合羁押的”情况占20.1%，“不构成犯罪的”占5.72%；四是监视居住的建议使用率仍然很低，仅占所有不予逮捕嫌疑人的0.094%。

（2）侦查机关对不捕案件的复议、复核情况

全市受理侦查机关要求复议案件为327件418人，占不批捕总数的7.89%。经复议维持原不捕决定的421人，改变原不捕决定的5人，以人数为衡量指标，改捕率为1.17%，与上年同期的1.55%相比，改捕率下降。从复议地区分布看，有18个院有复议案件，其中最多的是海淀区检察院，共计189人。

2014年1~12月，共受理侦查机关提请复核案件138件189人，与上年同期的141件206人相比，下降8.25%。审结141件196人，其中，维持原决定191人，改变原决定5人。

复核案件的罪名包括职务侵占罪，挪用资金罪，开设赌场罪，放火罪，合同诈骗罪，故意杀人罪，非法获取公民个人信息罪，引诱、容留、介绍卖淫罪，走私、贩卖、运输、制造毒品罪，强奸罪，交通肇事罪，以危险方法危害公共安全罪，非法出售增值税专用发票罪等共计36个罪名。

以上数据显示，侦查机关对于检察机关作出的不批准逮捕决定的复议和复核的比例不高，前者在8%以内，说明侦查机关对检察机关的多数不捕决定是认可的。因“事实不清、证据不足”的不捕提出复议、复核的比率比较高。① 全年通过复议和复核改变不捕决定的涉案嫌疑人各有5人，改捕率非常低，说明受理复议、复核的机关人权保障意识增强，仅有极个别案件改变了不予逮捕的决定。但从复议、复核后改捕的案件看，存在检察人员适用法律偏

① 根据北京市人民检察院统计，2014年上半年，因证据不足不捕提出复议的有147人，占复议人数的69.67%。复核案件中，证据不足类占71.82%。参见北京市人民检察院“2014年上半年不捕复议复核案件质量调研报告”，京检侦监发〔2014〕9号。

差、证据认定把握不当、逮捕必要性把握失当等问题。从复议、复核案件的罪名看，既有侵财犯罪，也有暴力犯罪，还有过失犯罪，涉及罪名较多，但以侵财类、侵犯人身权利类和扰乱社会管理秩序类为主。从个别区县检察院不捕案件复议复核的数量较大的情况看，对于不予逮捕的案件，检察机关应加大对此类案件的释法说理工作，即充分说明不予逮捕的理由，以减少不服不予逮捕决定的复议和复核的情况。复议、复核案件还反映出检察机关和侦查机关在使用强制措施上存在的分歧，主要表现为：一是法律被扩展理解适用，如对于“入户”的争议；二是对社会危害性认识不一致，如对于妨害公务犯罪，对“暴力、威胁”认识不同，检察机关把握较为严格；三是在有罪证据和无罪证据同时存在的情况下，如何综合评价证据体系和证明力存在分歧，如对诈骗案件主观故意的认识存在分歧、强奸案件中侦查机关更倾向于采纳被害人的陈述意见等；四是对适用逮捕必要性证据存在争议，如对人身危险性、社会危险性的认识存在分歧等。

2. 捕后不起诉、无罪判决情况

根据现行《刑事诉讼法》第 79 条有关逮捕条件的规定，适用逮捕强制措施的人应是“可能判处徒刑以上刑罚的犯罪嫌疑人、被告人”。因而，逮捕后作出不起诉或无罪判决的案件，应属于“瑕疵”案件，甚至是“错案”。捕后不起诉或无罪判决案件的多少，还能够说明逮捕羁押措施适用的准确性和适当性。

（1）基本数据情况

2014 年 1~12 月，全市批准或决定逮捕后不起诉以及法院判无罪（以下简称捕后未判刑案件）发生数共计 291 件 355 人，占同期批准（决定）逮捕 16080 人的 2.21%，与上年同期的 2.71% 相比，下降了 0.5 个百分点。

从处理情况看，逮捕后不起诉共计 285 件 349 人，占捕后未判刑案件总人数的 98.31%（人，下同）。其中法定不起诉 27 人，比上年同期上升 42.11%；相对不起诉 134 人，同比下降 38.25%；存疑不起诉 188 人，同比下降 9.18%。法院判无罪 6 人，占捕后未判刑案件总人数的 1.69%，同比上升 1.02%。

以上数据表明，虽然捕后未判刑案件占所有批准逮捕案件的比率仅有 2.21%，但是绝对数为 291 件 355 人。对于任何一个公民而言，逮捕后，最终作出不起诉决定或无罪判决，审前羁押的公平性令人质疑。在上述案件中，如果排除存疑不起诉的 188 人，法定不起诉和相对不起诉的人数为 161 人，显然这些人一开始就不应当适用刑事拘留或逮捕强制措施。可见，捕后不诉和无罪判决本身说明存在“任意羁押”、“扩大羁押”的情况。以上数据还表明，对于有瑕疵甚至错误的逮捕决定，检察机关主要通过审查起诉环节予以纠正，仅有 6 人流入审判程序并最终被作出无罪判决。在司法实践中，有相当一部分案件是经过法院一审开庭之后，审委会研究认为应作无罪判决，在一审判决正式作出之前，检察院撤回起诉作（存疑）不起诉处理的。

（2）捕后不诉或无罪判决原因分析

北京市检察院曾对 2014 年上半年捕后无罪处理的 117 件 182 人进行了专门的调研分析，将无罪处理的原因分为有责原因和无责原因两类。[①] 其中有责原因包括：第一，在被害人上访压力面前没有严格依法办案，突破法律底线作出批捕决定，导致错捕；第二，对法律的理解与适用出现错误，导致错捕；第三，案件的证据审查把关不细、不严及证明标准把握失当，导致错捕。无责原因包括：一是捕后部分罪名的入罪标准发生了变化，如新的《人体损伤程度鉴定标准》实施后，部分轻伤降格为轻微伤；二是捕后关键证据法生变化，如重大责任事故案件的鉴定结论发生变化等；三是捕后影响案件的客观情况发生变化导致案件法定不诉或相对不诉，如捕后被告人死亡、被告人与被害人达成刑事和解等；四是捕诉阶段

① 参见北京市人民检察院“2014 年上半年不捕复议复核案件质量调研报告”，京检侦监发〔2014〕9 号。

把握证明标准存在客观差异导致无罪处理；五是捕诉阶段把握刑事政策存在客观差异导致捕后相对不诉；六是捕诉阶段对法律理解与适用存在客观争议；七是其他诉讼环节处理不当导致捕后无罪，如公安侦查机关将关键证据遗失等。

3. 延长羁押期限和久押不决情况

现行《刑事诉讼法》对刑事办案期限（羁押期限）作了较为明确的规定，遵守办案期限是依法办案、规范执法的基本前提之一。刑事诉讼程序中延长办案（羁押）期限的规定是针对特定情况而言的，如案情复杂等。

（1）延长羁押期限情况

2014年1~12月，北京全市各级检察机关办结审查起诉案件22399件，平均办案周期为83.54天/件。上述办案周期包含了退回补充侦查的时间。

一次退补侦情况。2014年，北京全市办结审查起诉案件中一次退补6374件，一次退补率为28.46%。其中北京市铁路检察分院退补率最高（共3件），达100%；一分院为69.86%；二分院为65.66%；三分院为71.56%。基层院中海淀区检察院最高（1300件），为37.78%。

二次退补侦情况。2014年，北京全市办结审查起诉案件中二次退补2210件，二次退补率为9.87%。其中北京市铁路检察分院退补率最高，达66.67%，一分院为41.78%；二分院为35.35%；三分院为37.78%。基层院中大兴区检察院最高（257件），为16.21%。

延长羁押期限情况。2014年，北京全市共批准延长羁押期限1568人次，占同期逮捕总人数的比率为9.75%。其中，延长羁押期限比率最高的三个院分别为市检三分院、二分院和一分院，分别为65.05%、50%和37.08%。

根据现行《刑事诉讼法》第171条之规定，退回补充侦查，是检察机关在审查起诉阶段认为案件事实不清、证据不足，而将案件退回侦查机关补充完善证据的一种方式。侦查机关应在一个月内补充侦查完毕，然后将案件重新移送审查起诉，起诉的期限也重新计算。补充侦查以两次为限。

以上数据显示，退补侦案件和延长羁押期限的案件各检察院均有，但主要集中在检察分院层面。具体而言，有以下几个特点：一是一次退捕率比较高，为28.46%，其中又以检察分院的退补侦率高于基层检察院的退补侦率，三个分院的退补侦率要比退补侦率最高的基层检察院高出30个百分点，说明退补侦的案件主要集中在分院层面的疑难、复杂、重大案件；二是二次退补侦率比一次退补侦率明显降低，但是三个分院的二次退补侦率仍然很高，说明在分院层面有1/3至2/3的案件经过了二次退补侦，羁押和办案期限必然延长。导致退补侦的原因主要有以下几个方面：一是本身案件事实不清和证据不足问题，需要进一步完善证据；二是尽管对于需要完善证据的案件可以退补侦，也可以自行侦查，但检察机关在绝大多数情况下选择了退回侦查机关补充侦查的方式；三是侦查机关认为检察机关既然已经批准逮捕，那么证据应该是符合起诉标准的，因此在要求其补充侦查时，缺乏动力，不积极补充取证，或者熬到退补侦最后期限以“查找不到相关证人”为由往往敷衍了事①；四是检察机关确实也存在通过退补侦缓解办案压力的问题。

（2）久押不决情况

截至2013年7月②，全市共有久押不决案件105件198人，其中两年以上未决案件86件164人，三年以上未决案件19件34人。从案件的分布看，基层检察院久押不决案件相对较少③，仅有17件34

① 出现这种情况，有两个主要原因，其一是公安侦查机关办案压力大，往往忙于应对社会治安、现案的侦破，而无暇顾及已经侦查终结的案件的补充侦查；其二是公安机关的考核机制，在过去，“批捕率”是上级公安机关对下级公安机关业务考核中“打击处理率”的一个重要指标，因此，只要检察机关已经作出了批准逮捕的决定，公安机关往往缺乏继续补充侦查取证的动力。

② 根据北京市检察院“2013年1至7月监所检察主要业务通报”。

③ 仅涉及东城、朝阳、海淀和房山四个院，其中海淀检察院相对较多，久押不决案件共有14件30人，其他院各有1件。

人，分别占16.19%和17.17%。而大部分案件（88件164人）均集中在市检二分院，分别占83.8%和82.83%。而当年1~7月，检察机关新发现的超期羁押案件仅为1例，并对违法行为予以了纠正。

通过以上数据分析，经过检察机关持续开展超期羁押和久押不决专项清理工作，超期羁押现象明显减少，但久押不决的案件仍然在一定范围内存在。其中基层检察院的久押不决案件，主要是非法吸收公众存款等涉众型经济犯罪案件，之所以久押不决，是因为这类案件调查取证、核实证据的工作量大、办案周期长。检察分院提起公诉的案件久押不决率高，一个重要的原因是分院管辖的案件为无期、死刑以上重大案件，其中不少为命案，对于这类久押不决案件单从审判的视角看，体现了对案件实体处理的审慎态度。从严格意义上讲，久押不决与超期羁押不同，前者并未突破法定的羁押和办案期限，只是通过延长办案、羁押期限，使案件审理期限达到了最大化。但根据无罪推定和疑罪从无的原则，在审前长时间羁押嫌疑人、被告人，使其一直处于待审状态，本身又是不人道的。因此，通过加强刑事执行监督，督促案件办理，减少久押不决并最终杜绝超期羁押显得十分重要。

综上所述，出现捕后不诉和无罪判决的情况，在某种程度上反映出逮捕强制措施的任意适用倾向问题①，但导致任意羁押的原因是复杂的，既有办案人员主观上重打击犯罪轻保护人权、以捕代侦、以逮捕平息舆论等错误、落后的执法理念问题，也有办案人员执法能力和水平低、对法律和政策理解偏差的问题；既有案件事实

---

① 根据联合国人权事务委员会的评述：逮捕或拘留可能是依国内法授权的，但仍可能属于任意。“任意”这一概念不能和“违法”画等号，必须给予更广泛的解释，使其包括不适当、不正当、缺乏可预见性和适当法律程序，以及合理性、必要性和程度等要素。例如，根据刑事指控实行的还押拘留，在任何情况下都必须是合理的、有必要的。除司法机关作出的有一定期限的徒刑判决以外，关于对一个人继续实行任何形式的拘禁的决定，如果不是定期审查继续拘禁理由的结果，就属于任意。See：Human Rights Committee ：General comment No. 35 ，Article 9（Liberty and security of person），p.3.

和证据发生变化的因素，也有可选择的非羁押性强制措施少的原因。总体而言，任意羁押是客观存在的，甚至是不可避免的，但并非是不可控制的。笔者认为，控制并最终减少任意羁押，一是降低批捕率，使那些没有羁押必要的轻罪案件尽可能不进入羁押状态；二是通过捕后羁押必要性审查真正减少审前羁押；三是针对久押不决问题，除严格执行羁押期限标准之外，还应将可能被科处的刑期作为审前羁押的最长期限标准，如嫌疑人所涉嫌的犯罪最长可能判处一年有期徒刑的，尽管其符合审前羁押的规定，但是审前羁押的最长期限也不得超过一年；四是诉讼监督应切实起到预防、纠正任意羁押的作用。

（二）以侦查监督部门为主体的羁押必要性审查听证

通过听证的方式对羁押必要性进行审查，是现行《刑事诉讼法》实施以来，一些地方展开的探索和实践。北京市检察机关也选择了若干基层检察院进行了此项工作的试点，并积累了一些实践经验，同时也发现了一些问题。本节重点就以基层检察机关侦查监督部门为主体开展的羁押必要性审查听证工作开展情况进行实证分析。

1. 羁押必要性审查听证基本情况

2012 年《刑事诉讼法》实施以来至 2015 年 3 月底，北京市共有东城、海淀、顺义三个基层检察院的侦查监督部门开展了羁押必要性审查听证制度试点工作①，三院均出台了专门的工作办法。其中，东城检察院共办理羁押必要性审查听证案件 23 件 25 人，其中审查逮捕案件 20 件 22 人，捕后羁押必要性审查案件 3 件 3 人，最终作出变更强制措施决定的共 20 人，占总人数的 80%。海淀检察院共办理羁押必要性审查听证案件 29 件 29 人，其中审查逮捕案件 22 件 22 人，捕后羁押必要性审查案件 7 件 7 人，作出变更强制措施决定的共 12 人，占总人数的 41.4%。顺义检察院共办理羁押必

① 三个基层检察院开展的听证审查对象，不完全是“捕后”羁押必要性审查，还包括侦查机关提请逮捕阶段的“初次”逮捕羁押必要性审查。

要性审查听证案件24件24人，其中审查逮捕案件9件9人，捕后羁押必要性审查案件15件15人，作出变更强制措施决定的共14人，占总人数的58.3%。

2. 开展羁押必要性审查的主要做法

（1）羁押必要性审查听证参与人

《人民检察院刑事诉讼规则（试行）》规定，检察机关可以听取嫌疑人、辩护人、被害人、侦查机关意见的方式进行羁押必要性审查。因此，三院在听证的过程中，也主要邀请以上各方参加，但各院的具体做法各有差异。

听证主持人。海淀检察院《审查逮捕公开听证程序实施办法》第12条规定："公开听证由检察长或主管检察长或者他们指派的侦查监督部门负责人、承办案件检察官主持，并配备一名书记员负责记录工作。"顺义检察院将主持听证会的权限下放，从一开始必须由主管检察长负责改变为由承办人主持。东城检察院成立由两名检察官和一名书记员组成的听证小组。听证小组的主要职责是接受或者主动联系需要进行听证的犯罪嫌疑人的家属或者律师，接受其递交的申请进行羁押必要性审查的材料，符合听证工作办法的案件，按照工作办法规定的程序安排听证，主持听证会，全程参与听证过程，并将听证中双方的意见陈述以及听证中接受的证据材料向主管检察长汇报。

犯罪嫌疑人。对于犯罪嫌疑人是否可以出席羁押必要性审查听证会，各院的规定均不相同。在顺义检察院出台的工作办法中，明确规定犯罪嫌疑人不是参加羁押必要性审查听证的主体。海淀检察院对犯罪嫌疑人参加听证会进行了限制，必须经过检察院审查批准。东城检察院对犯罪嫌疑人参与听证会没有禁止或者限制性规定，犯罪嫌疑人有权依程序提起听证申请。但是在此种情况下，出于保密性要求，犯罪嫌疑人家属及保证人、被害人不得参加听证会。实践中，三家检察院均没有犯罪嫌疑人参加羁押必要性审查听证的案例。

辩护律师。检察机关对于律师参与羁押必要性审查听证持鼓励和欢迎态度。首先，律师更加熟悉检察机关办案流程，可以更好地配合检察机关的工作，减轻办案负担。其次，律师对法律规定及案件事实有较深入的了解，能够更好地帮助嫌疑人及其家属收集听证会所需的证据材料，有利于保障嫌疑人的权利。最后，律师参加听证会，可以更全面地陈述理由，并对公安机关的意见提出解释，提高听证会效率。同时，《关于审查逮捕阶段讯问犯罪嫌疑人的规定》要求检察机关在当面听取辩护律师意见后，应在审查逮捕意见书中说明是否采纳的情况和理由，这也有效地保障了律师作用的发挥。① 实践中，辩护律师也对听证表现出了极大的兴趣。顺义检察院承办人反映，律师参会的积极性很高，在听证会上发放的问卷调查中，律师也表示希望扩大听证案件的范围，有的律师还提出了建设性的意见。

在司法实践中，东城检察院律师参与率为20%，海淀检察院为96.6%，顺义检察院为58.3%。目前律师参与率各院之间差距很大，其中导致律师参与率不高的主要原因有以下几点：第一，轻刑案件律师聘请率不高；第二，嫌疑人及其家庭难以同时负担对被害人的经济赔偿和高额的律师费；② 第三，辩护律师对听证程序了解不足。

被害人及嫌疑人家属。根据各院统计，被害人参与率为东城检察院为39.1%，顺义检察院为41.7%，海淀检察院没有被害人参与案件。嫌疑人家属参与率为东城检察院为100%，海淀检察院为24.1%，顺义检察院为29.2%。综上，各院的羁押必要性审查听证既有相似之处，也呈现出不同的特点。关于嫌疑人是否参与听证的问题，三个检察院的做法不尽相同：顺义检察院绝对禁止，海淀检

① 肖中华、饶明党、林静：《审查逮捕听证制度研究》，载《法学杂志》2013年第12期。

② 从这一角度看，为切实维护被羁押者的权利，在看守所建立值班律师制度，为其提供变更强制措施的法律援助显得十分重要。

察院须经批准，而东城检察院则持允许态度。海淀检察院在工作中大量邀请律师参与，顺义检察院律师、被害人、嫌疑人家属均有参与，比较平衡，东城检察院重视嫌疑人家属的参与，每案均有嫌疑人家属参与。

(2) 羁押必要性审查听证案件范围

按照东城检察院相关工作办法的规定，听证分为在审查逮捕案件中的听证以及在捕后侦查阶段的听证，听证的案件主要针对可能判处三年以下有期徒刑的轻微刑事案件及除渎职犯罪之外的可能判处七年以下有期徒刑的过失犯罪案件，同时要求案件必须事实清楚，证据充分，嫌疑人非累犯，且真诚认罪悔罪，有取保候审条件。

海淀检察院规定有四类案件可以纳入听证范围：一是事实清楚，证据充分，对法律适用存在争议的案件；而是犯罪嫌疑人及其辩护人提供新证据的案件；三是事实清楚，证据充分，是否具有社会危险性存在争议的案件；四是对嫌疑人是否具有羁押必要性存在争议的捕后羁押必要性审查案件。同时对这四类案件分别作了细化和说明。

顺义检察院听证范围的确定采取反向规定的方法，即规定不得听证的案件范围，只要案件没有违反禁止性规定，均可进行听证。这些禁止性规定涉及的案件有：嫌疑人被取保候审的，涉及国家秘密、商业秘密和个人隐私的，拟以证据不足不批准逮捕的，等等。

具体而言，在已经进行的听证案件中，涉及《刑法》第二章危害公共安全类犯罪如交通肇事案件，东城院为1件1人，顺义院为5件5人，海淀院没有此类案件。涉及《刑法》第三章破坏社会主义市场经济类犯罪如信用卡诈骗案件，东城院为2件2人，海淀院为14件14人，顺义院为1件1人。涉及《刑法》第四章侵犯公民人身权利、民主权利犯罪如故意伤害案件，东城院为9件10人，海淀院为2件2人，顺义院为7件7人。涉及《刑法》第五章侵犯财产类犯罪如盗窃、诈骗案件，东城院为9件10人，海淀院为2件2人，顺义院为7件7人。涉及《刑法》第六章妨害社会管理秩序类犯罪如妨害公务、寻衅滋事案件，东城院为3件4人，海淀院为3件3人，顺义院为4件4人。

（3）羁押必要性审查听证内容

东城检察院对犯罪嫌疑人是否构成犯罪、涉嫌罪名以及罪刑轻重等涉及案件实体的内容不在听证会上进行审查。犯罪嫌疑人家属或者律师需要在听证会上表述其认为犯罪嫌疑人不需要被羁押的理由、是否具有取保候审条件等意见，并提供相应的证明材料以供审查；侦查机关主要围绕提请逮捕的理由、犯罪嫌疑人的认罪态度及看守所内的表现、是否需要继续进行羁押等内容发表意见。检察人员在听证会上具有一定的调查核实权，通过询问听证参与人，对提交的证明材料的真实性、合法性等内容进行调查核实。海淀检察院因听证案件范围较广，部分案件类型本身就是对案件适用法律及新证据的提出进行听证，所以没有对案件内容的明确限制。同时对于涉及侦查秘密的案件，不进行公开听证，可以分别听取各方的意见。顺义检察院将听证内容集中在犯罪嫌疑人的社会危险性上，对于案件事实、证据不进行讨论。

（三）以刑事执行检察部门为主体的羁押必要性审查

根据最高人民检察院《刑事诉讼规则》的规定，在不同的检察环节，侦查监督部门、公诉部门和刑事执行检察部门都可以是捕后羁押必要性审查的主体。在司法实践中，审查起诉环节主要是结合案件事实和证据对继续羁押的必要性进行审查，除非确有不适合羁押的情形，一般不会对嫌疑人、被告人单纯作出变更强制措施的决定，而视案件实体处理的情况，决定是否继续羁押，多数情况是作出不起诉决定后同时作为附带的法律后果对被告人予以释放。本节重点对北京市检察机关以刑事执行检察监督部门为审查主体的羁押必要性审查开展情况进行实证分析。

1. 羁押必要性审查基本情况

2013年5月，最高人民检察院根据现行《刑事诉讼法》第93

条规定以及《人民检察院刑事诉讼规则（试行）》的相关规定，制定了《关于人民检察院监所检察部门开展羁押必要性审查工作的参考意见》（以下简称《参考意见》）。[①] 北京市检察机关则从2013年3月开始在市检察院第二分院和朝阳检察院先行试点，之后在全市检察机关监所检察部门部门（刑事执行检察部门）[②] 逐步推开。

据北京市检察机关统计[③]，2013年1月至9月底，全市检察机关共计办理羁押必要性审查案件187人（依职权审查182人，依申请审查5人），其中对159人提出了释放或变更强制措施建议，变更强制措施率为85%；被办案机关（部门）采纳建议依法变更强制措施142人，采纳率为89.3%，其中公安机关采纳建议79人，检察机关采纳建议50人，人民法院采纳建议13人。参见下表：

① 该《参考意见》有以下几个特点：一是确定人民检察院监所检察部门有权对捕后羁押必要性进行审查；二是羁押必要性审查可以贯穿刑事诉讼全过程，即包括侦查、审查起诉、一审、二审和死刑复核等各个阶段；三是对启动羁押必要性审查的主体作了扩大规定，即除《刑事诉讼法》第93条规定的启动主体之外，对于人大代表、政协委员以及看守所提出建议的，也可以启动审查；四是规定了“对羁押必要性进行评估”的七种审查方式，但对“听证”审查方式未作硬性规定，只要求具备条件的可以“探索”此方式；五是对羁押必要性审查的重点、应该变更强制措施的情形作了列举；六是对于公安机关、人民法院不采纳检察院变更强制措施的建议的，明确了向上级检察院报告，上级检察院审查后通过同级公安机关或法院督促下级相应机关释放或变更强制措施的程序；规定了申请人对羁押必要性审查结论性意见不服或有异议的，可以向检察院复议或向上一级检察院申诉的“救济”程序。

② 鉴于2012年《刑事诉讼法》修改之后，检察机关的监督职责发生了变化，在原有职能的基础上新增了死刑执行临场监督、社区矫正监督、财产刑执行监督、指定居所监视居住执行监督、羁押必要性审查监督、强制医疗执行监督等职责，2015年1月，最高人民检察院将“监所检察机构”更名为“刑事执行检察机构”。

③ 相关资料来源：“北京市监所检察部门开展羁押必要性审查情况通报”，京检监发〔2013〕24号文。

北京市监所检察部门审查羁押必要性案件统计表

单位	审查羁押必要性案件数（人）	提出释放或变更强制措施建议数（人）	办案机关（部门）采纳建议数（人）				
			合计	公安机关	检察机关	人民法院	其他
一分院	1	1	1	1			
二分院	20	20	20	14	1	5	
三分院							
铁检分院							
东城院	14	14	13	2	10	1	
西城院	9	9	3		3		
朝阳院	21	21	20	17	3		
海淀院	5	5	4		2	2	
丰台院	15	8	6	6			
石景山院	4	4	3		3		
大兴院	8	8	8	3	4	1	
房山院	30	30	30	25	5		
门头沟院	2	2	2		1	1	
昌平院	24	19	15	4	11		
平谷院	4	2	2	1	1		
怀柔院	5	4	4	1	3		
通州院	1						
顺义院	6	3	3		3		
延庆院	13	4	3			3	
密云院	4	4	4	4			
铁检北京							
铁检天津	1	1	1	1			
铁检石家庄							
合计	187	159	142	79	50	13	

根据以上数据分析，全市检察机关监所检察部门羁押必要性审查具有以下几个特点：

第一，羁押必要性审查工作开展不平衡。多数检察院开展了羁押必要性审查工作（区县检察院全部开展），但仍有4个分院尚未开展此项工作，而通州院仅开展了1例，说明羁押必要性审查这一法定职责尚未得到切实履行。羁押必要性审查工作发展不平衡，除了各基层检察院、分院对此项工作的重视程度不同，还有以下几个方面的原因：一是观念上未能及时转变。羁押必要性审查是现行《刑事诉讼法》的一项新规定，需要改变以往对犯罪嫌疑人“一押到底”的执法观念，执法人员的思想认识一时难以适应这样的变化。二是尽管最高人民检察院出台了《参考意见》，但在执行中仍然遇到不少操作层面的实际问题，如依职权开展的审查期限、法律文书的规范等，这些都制约了捕后羁押必要性审查的展开。三是根据级别管辖的要求，由于分院一级管辖的案件属于无期、死刑以上的重大案件，因此，分院这一级对捕后羁押必要性审查更为谨慎①，较之基层检察院更缺乏审查的动力。

第二，依申请开展的羁押必要性审查率很低，仅有5件，占所有案件的2.67%，而绝大部分案件是依职能主动开展的羁押必要性审查，申请羁押必要性审查率低的原因须深入分析。与侦查监督部门和公诉部门为主体的羁押必要性审查相比，前两者依申请开展审查的情况比较普遍，而提出羁押必要性审查的多数是嫌疑人的家

① 在美国，即便是重罪犯罪嫌疑人、被告人，在审前也能获得释放（保释），通常轻罪犯罪嫌疑人、被告人自被捕到被释放的时间会短一些，而重罪则相对长一些。从犯罪分类来看，暴力犯罪被告人（41%）或者毒品犯罪被告人（45%）和违反公共秩序犯罪被告人（57%）或者财产犯罪被告人（56%）相比，很少在被捕后一天内获释。一半以上的除了夜盗罪和违反公共秩序的犯罪，未携带武器的财产型犯罪的被告人在捕后一天之内获得了释放。通常，杀人犯的等待捕后释放时间最长。例如，66%的杀人犯在被逮捕1个月后获释，比其他1个月后获释的被告人多90%。See：Modern Criminal Procedure ,Case-Comments-Questions, Tenth Edition, Yale Kamisar, Wayne R. LaFave, Jerold H. Israel, Nancy J. King, American Casebook Series, West Group, 2002.

属及其法定代理人或律师，嫌疑人本人提出的较少。监所检察部门羁押必要性审查则绝大部分属于以职能开展的审查，嫌疑人本人及其家属、法定代理人、律师提出的较少。这是不同审查主体主导的羁押必要性审查启动方式的最大差异。大体可以得出这样的结论：由于侦查监督和公诉部门，一个是之前承担审查批捕职责的，另一个是承担审查起诉职责的，嫌疑人、被告人是否继续羁押与之前批捕决定的准确性与适当性以及与能否确保被告人按时到庭受审，更受审查主体的关注，甚至存在履行职责上的利害关系，因此，这两个主体开展羁押必要性审查更倾向于被动性审查，即依申请的审查，而一般不主动审查。但是，监所检察部门的审查与此不同，由于驻所检察官对监管活动的日常巡视以及普遍建立起来的在押人员约见驻所检察官制度，使得他们第一时间能够获取在押人员不适合羁押的种种迹象，因此，他们更倾向于依监督职责而主动对羁押必要性进行审查。另一个重要的因素是，由于在押犯在看守所死亡（无论是正常死亡还是非正常死亡）的事故，都可能导致对事故的调查、追责和赔偿等一系列连锁反应，而这一切又是看守所不期望发生的。因此，一旦发现在押人员有严重疾病等情况，看守所管教民警往往会主动在第一时间向驻所检察官通报情况，请求监督审查。①

第三，变更强制措施率和变更强制措施建议采纳率高，前者为85%，后者为89.3%，说明羁押必要性审查确实起到了减少审前羁押的作用。此外，从采纳变更建议的数据看，有11个检察院的建议全部被采纳，说明相关机关对于检察院的审查结果还是普遍认可的。如果将以监所检察部门为主体的审查模式之下的变更强制措施建议的比率与以侦查监督部门为主体的审查模式相比，会发现，前

① 2014年，北京市东城区看守所发生一起涉嫌贩毒的在押人员吞食异物事件，亟须抢救，看管民警及时向驻所检察官通报后，因该案正在审查起诉期间，区检察院迅速启动审查程序，及时对该嫌疑人变更了强制措施，嫌疑人被及时安置在公安医院治疗。

者的变更强制措施率要高于后者，甚至高出几十个百分点。（如前文所述，北京市东城区、海淀区和顺义区检察院侦查监督部门羁押必要性审查后建议变更强制措施的比率分别为 80%、41.4% 和 58.1%）。这一数据表明，以监所检察部门为主体的审查模式比以侦查监督部门为主体的审查模式更容易作出变更强制措施的建议，其中一个重要原因是，驻所检察官能随时了解嫌疑人的羁押情况，包括其身体状况等，而对严重疾病或怀孕等不适合羁押的情况提出的变更强制措施的建议通常更能获得侦查机关的同意。另一个原因是，监所检察部门没有指控犯罪的职能，作为审查主体更具有中立性。

2. 羁押必要性审查工作的基本做法

北京市检察机关刑事执行检察部门（监所检察部门）根据最高人民检察院的《参考意见》，积极开展羁押必要性审查探索，并在实践中积累了不少有益的经验。

（1）筛选、评估与重点审查“三步工作法”

一是通过对犯罪嫌疑人、被告人入所检察、巡视检察、与在押人员谈话等方式和通过看守所信息网络收集了解犯罪嫌疑人、被告人的基本案情和有关信息资料，重点筛查了“六类案件”①；二是对初步筛选出的审查对象进行羁押风险、诉讼风险、社会风险等风险评估工作，为重点审查提供依据；三是对经过初步筛选、风险评估后认为不需要继续羁押的案件采取依职权主动审查模式进行重点审查，对其他类型案件采取依申请审查模式重点审查。

（2）探索归口审查管理模式

从全北京市来看，绝大多数基层检察院包括检察分院，对于捕后羁押必要性审查基本上采取“铁路警察各管一段”的管理模式，

① 即“双方当事人达成和解的交通肇事、故意伤害（轻伤）案件，数额不大、积极退赔退赃的盗窃案件，社会危险性较低且具备监护条件的未成年人犯罪案件，犯罪嫌疑人、被告人患有严重疾病、生活不能自理的案件以及犯罪情节轻微、可能被判处缓刑等”六类案件。

这种管理模式看似责任清晰，实际上容易造成相互扯皮，审查的效率也会受到影响。丰台区检察院将羁押必要性审查案件全部归口监所检察部门统一办理，侦查监督部门、公诉部门发现不需要继续羁押的线索移交给监所检察部门审查，从而成为北京市检察机关中唯一一家由监所检察部门单独受理羁押必要性审查案件的单位。

（3）完善相关保障机制

最高人民检察院下发《关于人民检察院监所检察部门开展羁押必要性审查工作有关问题的通知》和《关于人民检察院监所检察部门开展羁押必要性审查工作的参考意见》文件后，全市各级监所检察部门积极探索羁押必要性审查工作，并在实践中逐步完善了相关制度机制。这些制度大体包括以下几个方面：第一，制定《羁押必要性审查工作实施办法（细则）》，进一步明确细化了检察机关开展羁押必要性审查的职能原则、工作范围、审查内容、方式方法、工作程序等。第二，规范制作羁押必要性审查配套文书和工作机制，如东城院率先统一设计了“两表一报告一建议”文书样式模板：即《羁押必要性审查案件受理登记表》、《羁押必要性审查案件报告呈批表》、《羁押必要性审查案件报告》及建议函，体现了需要审查的事项、审批的程序、开展的工作等。第三，将某一项具体的审查方式固化为制度，如大兴区检察院制定的《嫌疑人、被告人羁押必要性评估表》，将风险因素分为低风险、中风险、高风险三级，将羁押条件逐项细化，要求承办人在开展羁押必要性审查工作中按照量化目标对嫌疑人是否有羁押必要开展逐项打分。

（四）羁押必要性审查实践中存在的主要问题

1996年刑事诉讼法并没有捕后羁押必要性审查的规定，[①] 这是

① 1996年《刑事诉讼法》第75条仅规定犯罪嫌疑人、被告人及其法定代理人、近亲属对于人民法院、人民检察院或者公安机关采取强制措施超过法定期限的，有权要求解除强制措施。换言之，如果羁押没有超过法定期限，则无权提出变更强制措施的要求。

导致被批准或决定逮捕的嫌疑人、被告人在审前“一押到底”的制度根源。司法实践中，在押的犯罪嫌疑人、被告人的亲属、法定代理人、辩护人提出变更强制措施的情况确实是存在的，但是由于缺乏制度保障，尤其是没有羁押必要性审查的程序保障，对于变更强制措施的申请，相关司法机关几乎完全可不予理睬，或以“侦查需要”为由断然拒绝。2012 年《刑事诉讼法》第 93 条新增了捕后羁押必要性审查的规定。根据《2013 年中国人权事业的进展》白皮书，当年，检察机关自上而下地开始要求加强刑事案件收案后的羁押必要性审查，这一审查效果显著，经统计，对审查后认为不需要继续羁押的 23894 名犯罪嫌疑人，检察机关提出建议释放或者变更强制措施。在审查中，检察机关尤为注重保障被羁押人员的合法权益，纠正刑罚执行和监管活动中的违法情形 42873 件次；同时，也督促清理了众多久押不决的案件，纠正超期羁押 432 人次。另据最高人民检察院 2013 年工作报告，“全年共批准逮捕各类刑事犯罪嫌疑人 879817 人，提起公诉 1324404 人”①。据此，该年全国检察机关捕后羁押必要性审查后释放或变更强制措施的比例为 2.71%，如果将纠正超期羁押的数字计算在内，则该比例为 2.76%。从上述有关捕后羁押必要性审查实际执行一年来的情况看，变更或撤销强制措施的绝对数不小，但比例却很低，这说明绝大多数案件经过羁押必要性审查之后最终还是维持了羁押的决定。也表明在现行《刑事诉讼法》第 93 条的执行中，尚未实现有效控制审前羁押的立法意图。当前司法实践中，检察机关的羁押必要性审查主要存在以下几方面的问题。

（1）羁押必要性审查率偏低

2013 年全国检察机关共受理提请批准逮捕 1062063 人，批准逮捕 879817 人，全年批捕率为 82.8%。适用羁押必要性审查程序

---

① 参见《最高人民检察院年度工作报告》（2013 年度）。

建议释放或者变更强制措施23894人，但仅占全部批准逮捕人数的2.72%。[①] 总体说来，全国刑事案件批准逮捕率偏高、羁押必要性审查适用率偏低的现象仍普遍存在。究其原因，有如下几个方面：

其一，在刑事实体法层面，我国刑事犯罪圈的划定较窄，入罪门槛较高。在我国刑法中，社会危害性显著轻微的行为，通常以治安管理处罚的方式进行处理，而这些行为在西方国家多被作为“违警罪”处理。因此，我国侦查机关提请批准逮捕的案件，嫌疑人所涉犯罪的社会危害性一般偏重，适用逮捕的可能性更大。从统计的角度来看，高入罪门槛降低了逮捕率计算的基数，在一定程度上造成了逮捕率的偏高。在这种情况下，逮捕后的羁押必要性审查，仍需要对其社会危险性进行考量，难免会对羁押必要性审查的结果产生一定的影响。

其二，在刑事司法层面，虽然侦查机关与检察机关肩负着不同职责，但实践中提请逮捕和审查逮捕基本适用相同的证明标准。侦查机关若严格按照法律标准提请逮捕，自然也就带来批准逮捕率的提升。与此相对应，对无羁押必要的刑事案件，侦查机关并不需要向检察机关提请批准逮捕，而是直接移送审查起诉。因而，只有逮捕后羁押必要性发生变化时，才有变更强制措施的可能，但是并非所有案件都会发生显著变化。

其三，羁押替代措施难以有效发挥作用。现行《刑事诉讼法》将监视居住作为逮捕的替代措施，即将符合逮捕条件但羁押不能的犯罪嫌疑人适用监视居住措施。在当下的中国，社会保障和个人信用体系建设尚未健全，取保候审的相关执法配套设施匮乏，无法有效保证犯罪嫌疑人及时到案。而监视居住措施不仅执行成本高，而

① 数据来源：最高人民检察院曹建明检察长2014年3月10日在全国人民代表大会上所作的《最高人民检察院工作报告》。由于办案周期等因素的影响，逮捕率与羁押必要性审查比率的准确计算，应当以该年度受理案件后的最终处理意见为准，本文将同一年度批捕数和审查数作为计算基数，仅具有参考意义。

且办案机关的办案安全压力大。为保证诉讼顺利进行，节约诉讼时间，减少工作负担，实践中办案人员一般不愿主动启动羁押必要性审查，即使启动程序也很少或比较难提出释放或者变更强制措施的建议。

（2）羁押必要性审查操作标准不统一

操作标准不统一主要表现在：其一，在羁押必要性的判定标准方面，虽然各地检察机关通过制定具体标准，或者量化考核的方式，对羁押必要性进行细化，但由于羁押必要性判定往往不是“有无”的问题，而是“大小”的问题，实践中难以准确把握。其二，检察机关依职权启动羁押必要性审查的案件范围尚无明确标准。在我国，由于法律知识的匮乏和委托辩护人比率过低，[①]相当数量的犯罪嫌疑人没有提请羁押必要性审查的维权意识。在此情况下，检察机关依职权审查就显得尤为必要，但是检察机关主动启动羁押必要性审查尚无相对统一的标准，有待实践部门的进一步探索。其三，犯罪嫌疑人申请启动羁押必要性审查被驳回的，缺乏相应的申诉救济措施，能否再次申请也没有明文规定。其四，依职权审查的频率，被羁押者提请进行必要性审查的途径、次数等，都有待明确。

（3）检察机关内部职能部门职责分工不尽合理

根据刑事诉讼法等相关法律和文件，人民检察院的刑事执行检察部门（监所检察部门）在侦查、起诉阶段及法院审理阶段均负有对羁押必要性进行全程审查的责任。从监所检察部门的工作内容来看，其更容易实时、全面地了解犯罪嫌疑人是否适于被羁押，并向相关部门提出羁押与否的建议。然而，从北京市监所检察部门提请变更强制措施的原因来看，因为案情或者证据变化导致没有继续

① 根据北京市律协相关统计数据分析，2012年至2013年间，北京地区刑事案件律师参与率尚不足30%，且集中在经济类、职务犯罪类等涉案犯罪数额较大类型案件。参见王隽主编：《北京律师发展报告》，社会科学文献出版社2013年版，第36页。

羁押必要而建议变更强制措施的占所有建议案件的80%，因为犯罪嫌疑人、被告人身体原因（如重病、怀孕、哺乳等）提出建议的仅占20%。可见，监所检察部门主要通过调阅卷宗、讯问嫌疑人等途径进行审查，实际上承担了侦查监督、审查起诉、法院审理部门的羁押必要性审查职责。因此，明确羁押必要性审查的主体及职责，仍然是今后继续羁押必要性审查程序改革完善的一个重点和难点。

第三节　我国羁押必要性审查的改革建议

审前羁押必要性审查是避免和减少任意羁押的必然要求，是审前程序的重要组成部分。因此，应在整个诉讼程序中，系统地研究羁押必要性审查制度的完善问题。

一、羁押必要性审查的程序谦抑性

2012年《刑事诉讼法》的修改，明确了“尊重与保障人权”的基本立场，其对强制措施制度的修改和完善，从立法的层面体现了人权保障原则和谦抑原则，具体表现为：细化逮捕必要性条件，提高逮捕的适用标准；完善羁押替代性措施，扩大了取保候审的适用范围，将监视居住完善改造为逮捕的替代措施；新增捕后羁押必要性审查，强化对羁押的事后控制；建立审查逮捕程序中听取辩护律师意见的机制，通过扩大辩护方的参与加强对逮捕权的控制；等等。刑事强制措施立法遵循的谦抑原则，需要转化为具体的司法实践，才能真正实现保障人权的价值。

司法实务部门在逮捕羁押适用中贯彻谦抑原则，应重点把握以下几个方面的具体原则。

(一) 消除羁押功能异化的影响

“羁押只能作为保全程序之最后手段，而不可轻易用之”①，如果存在其他可以达到同样效果的替代性措施，则应当优先适用替代性措施。落实羁押例外原则，首先应消除长期以来在司法实践中形成的羁押性强制措施功能异化的影响，即将羁押功能异化为惩罚教育功能、证据发现功能、犯罪预防功能、刑罚预支功能等。上述功能异化是导致司法人员过于青睐适用羁押性强制措施主要的执法思想上的根源，如在司法实践中，受长期以来形成的“重打击轻保护”思想的影响，以及过于依赖羁押性强制措施获取嫌疑人口供，侦查机关对犯罪嫌疑人立案后首先想到的是对其采取刑事拘留强制措施，在拘留期间届满之后，绝大多数案件仍然都是提请检察机关审查逮捕。从这种实践中的传统做法来看，侦查机关为侦破案件首选的强制措施是羁押性强制措施，而不是非羁押性措施（如取保候审等）。因此，遵循谦抑性原则，首先应在执法理念上实现转变，即首先应考虑嫌疑人是否适用取保候审等羁押替代措施，并尽可能地适用此类措施，只有在采取取保候审等强制措施不足以防止其社会危险性的情况下，才适用刑事拘留或逮捕等羁押性强制措施。另一方面，羁押例外原则同时衍生出嫌疑人申请适用非羁押性强制措施的权利，即现行《刑事诉讼法》中确定的五种强制措施之一的取保候审强制措施，不应仅仅是一种完全由司法机关掌控的限制他人人身自由的强制措施（公权力属性），对于嫌疑人本人而言它同时还应该是一项法定的可获得人身自由的诉讼权利。

(二) 减少微罪案件适用羁押措施

鉴于公共场所扒窃类治安案件的高发以及醉驾类案件可能带来危害后果的严重性，而废除劳动教养制度后，行政拘留处罚对打击扒窃和控制酒驾这类危害社会的行为效果不佳。《刑法修正案

① 林山田著：《刑事程序法》（增订第五版），台湾五南图书出版股份有限公司2004年版，第213页。

（八）》将盗窃罪的入罪门槛进一步拓宽，即将扒窃行为单独入刑；同时新增了危险驾驶罪，用于规制醉驾和追逐竞驶行为①。扒窃单独入刑和危险驾驶罪的增设对于防范此类危害社会行为尤为必要，但从司法实践的角度看，扒窃行为和醉驾行为入刑之后，此类刑事犯罪案件数量急剧上升，也引发了“微罪”羁押性强制措施过度适用的问题。值得深入研究的问题是，大量的扒窃案件，尤其是醉驾案件的嫌疑人绝大多数被采取了刑事拘留措施，有的还被采取了逮捕措施。高晓松醉驾被拘留和判处拘役甚至成了打击处理醉驾行为的“标杆性”案件，以北京地区为例，即便仅仅是未发生任何交通事故的单纯性醉驾案件，在对嫌疑人适用强制措施上，也几乎没有一例是采取取保候审措施的，且均提起公诉。② 公安司法机关对绝大多数扒窃案件嫌疑人采取刑事拘留措施的理由是，这类案件虽不甚严重，但嫌疑人绝大多数是外地来京的流动人员，且大

---

① 第十一届全国人民代表大会常务委员会第十九次会议于2011年2月25日通过的《刑法修正案（八）》，将《刑法》第264条修改为：“盗窃公私财物，数额较大的，或者多次盗窃、入户盗窃、携带凶器盗窃、扒窃的，处三年以下有期徒刑、拘役或者管制，并处或者单处罚金……”在《刑法》第133条后增加一条，作为第133条之一，即在道路上驾驶机动车追逐竞驶，情节恶劣的，或者在道路上醉酒驾驶机动车的，处拘役，并处罚金。上述两条将扒窃和醉驾入刑。根据《最高人民法院、最高人民检察院关于盗窃刑事案件适用法律若干问题的解释》，“扒窃”是指在公共场所或者公共交通工具上盗窃他人随身携带的财物的行为。扒窃罪并无明确的犯罪数额的要求，之所以将此类行为纳入刑法的调整范围，根据全国人大常委会法工委负责人朗胜的解读“……在现实生活中的扒窃往往多人共同犯罪，迫使被害人不敢、不能反抗，一旦反抗他们往往进一步伤害被害人人身，鉴于这类犯罪比较嚣张，危害性大，因此加大了对这种犯罪的打击”。参见朗胜：《刑法修正案（八）的解读》，载《国家检察官学院学报》2011年第2期。

② 对此，刑法学家储槐植教授认为：对一些轻微罪案不敢或者不愿适用轻微处罚措施，造成此种现象的原因可能复杂多样，有可能是长期践行“严打”政策逐渐形成的习惯，也可能是从重心理的投影，恐怕与刑法理论没有意识到我国除有重罪和轻罪的司法概念之外，在刑法上实际上还有微罪的规定密切相关。三年以下有期徒刑成为“轻罪”，拘役比轻罪更轻，称作“微罪”应是理所当然。储槐植：《结构轻型罪案，推出微罪概念》，载《刑事法时评》第4卷，原载《检察日报》2011年10月13日。

多数有扒窃的前科劣迹，因此不适用羁押性强制措施实难保证诉讼程序的顺利进行。对扒窃和醉驾等微罪案件嫌疑人、被告人实行刑事拘留剥夺人身自由的强制措施，尤其是实行逮捕措施，是与刑事法律的谦抑性相冲突的，而且本身这一做法也不符合《刑事诉讼法》关于逮捕的基本标准，即对于可能判处有期徒刑以上刑罚的人方可适用逮捕措施。因此，在司法实践中，羁押性强制措施适用暴露出了扩大化的倾向。

因此，在我国的刑事司法体系中应该引入“微罪”的概念，对于扒窃、醉驾等案件的犯罪嫌疑人，应尽可能适用非羁押性强制措施，而不是一概采取刑事拘留等羁押性强制措施。

（三）建立速裁程序缩短羁押期限

建立速裁程序的主要目的是对于那些案情比较简单、犯罪情节比较轻微、嫌疑人（被告人）认罪、法定最高刑较低的案件适用的诉讼期限较短的程序。该程序包括侦查、审查起诉和审判三个阶段。尽管从理论上讲，适用速裁程序的案件，由于犯罪情节比较轻微，未必多数案件都采取了羁押性强制措施，但是由于我国采取的刑事拘留、逮捕措施与羁押不分离的制度，仍有一部分此类案件的嫌疑人被适用羁押性强制措施①。因此，速裁程序的确立，能够比较好地缩短嫌疑人、被告人的羁押期限，体现刑事司法的谦抑性原则。建立该制度的可行性主要有以下几个方面：

一是速裁程序的试点工作获得了全国人大常委会的授权。司法实践中针对某一具体问题的机制改革或工作创新，通常有两种方式，一种是自下而上的方式，即基层司法机关在司法实践的基础上，针对某些问题开展试点探索，积累一定的经验，形成相对成熟的办法，然后上报省级主管机关，甚至高检、高法、公安部，经确

① 在司法实践中，尽管检察机关批准被逮捕的轻微刑事案件嫌疑人比率比较低，但是被公安侦查机关采取刑事拘留措施的比例却往往比较高。例如，2014 年 1～12 月，北京市各级检察机关共不批准（不予）逮捕共计 3547 件 5296 人，其中对 1382 人适用无社会危险性不予批捕。——笔者注

认后，予以推广。另一种情况是自上而下的改革。速裁程序由最高立法机关授权“两高”开展试点工作，被认为是首开司法领域“实验性立法”的先河，[①] 其权威性、合法性不言而喻。2014 年 8 月，最高人民法院、最高人民检察院、公安部和司法部联合下发了《关于在部分地区开展刑事案件速裁程序试点工作的办法》，该办法明确了适用速裁程序的案件范围、办案期限、建立值班律师制度、庭审的简化方式等，并确定试点期限为两年。[②] 该办法为开展试点工作提供了具体的指导意见。

二是轻刑快审办案工作机制为速裁程序的开展搭建了平台，如《刑法修正案（八）》出台之后，不少地方的检察院和法院对醉驾案件实行了轻刑快审的工作机制，明确了适用此类案件的条件以及审查期限，这些经验为开展速裁程序试点提供了非常有益的借鉴。

三是各地试点为规范速裁程序提供了借鉴。根据“两高两部”的通知精神，北京、天津、上海等 18 个城市开展了速裁程序的试点工作。通过开展试点工作，各地制定了实施细则，相关政法机关

---

① 参见北京市委政法委关于印发《关于全面推进刑事案件速裁程序试点工作的意见》的通知，京政法发〔2015〕3 号。

② 根据全国人大常委会《关于授权最高人民法院、最高人民检察院在部分地区开展刑事案件速裁程序试点工作的决定》，高法、高检、公安部和司法部于 2014 年 8 月联合下发了刑事案件速裁程序试点工作的通知，将北京、天津、上海等 18 个城市确定为试点单位。“两高两部”同时下发了试点工作办法，办法第 1 条规定，对危险驾驶、交通肇事、盗窃、诈骗、抢夺、伤害、寻衅滋事、非法拘禁、毒品犯罪、行贿犯罪、在公共场所实施的扰乱公共秩序犯罪，情节较轻、依法可能判处一年以下有期徒刑、拘役、管制的案件，或者单处罚金的案件，符合下列条件的，可以适用速裁程序：（一）案件事实清楚、证据充分的；（二）犯罪嫌疑人、被告人承认自己所犯罪行，对指控的犯罪事实没有异议的；（三）当事人对适用法律没有争议，犯罪嫌疑人、被告人同意人民检察院提出的量刑建议的；（四）犯罪嫌疑人、被告人同意适用速裁程序的。办法第 3 条规定，适用速裁程序的案件符合取保候审监视居住条件的，应当取保候审、监视居住。办法第 8 条和第 15 条分别对检察院审理和法院办理速裁程序案件的期限作了八个工作日和七个工作日的规定。微罪案件适用速裁程序，不仅可以分流相当一部分刑事案件，减轻司法机关的办案压力，更为重要的是，该程序还可以实际起到减少审前羁押、强敌诉讼成本、维护当事人合法权益的作用。

联合出台了规范性文件，细化标准、准确运用强制措施，重视涉案人员的权利保障，在简化庭审程序方面也作了积极探索，如在强制措施的使用方面，浙江省检察机关在试点中，确立了优先使用非羁押性强制措施的总体原则，对于不符合延长刑拘时间条件的案件，需要逮捕的，由公安机关在5日内报捕，检察院在3日内决定是否批捕，公、检、法三机关仍在30日内完成全部程序。①

2015年11月，最高人民检察院向全国人大常委会作了《关于刑事案件速裁程序试点情况的中期报告》（以下简称《报告》）②。该《报告》表明，截至2015年8月20日，各地确定基层法院、检察院试点183个，共适用速裁程序审结刑事案件15606件16055人，占试点法院同期判处一年有期徒刑以下刑罚案件的30.70%，占同期全部刑事案件的12.82%。其中检察机关建议适用速裁程序的占65.36%。通过速裁程序减少审前羁押方面也取得了初步成效，《报告》认为：认罪认罚从宽充分体现。刑事速裁案件被告人被拘留、逮捕的占52.08%，比简易程序低13.91个百分点；适用非监禁刑的占36.88%，比简易程序高6.93个百分点。通过减少审前羁押，对被告人从快处理、从宽量刑，更加准确地兑现了宽严相济的刑事政策，充分体现了认罪认罚从宽处罚精神，有效避免了“刑期倒挂”、“关多久判多久”现象，更好地发挥社区矫正功能，以利于罪犯改造和回归社会。《报告》最后表示“试点期满后及时提出完善刑事诉讼程序的立法建议”。

二、羁押必要性审查的诉讼化改造

审前羁押必要性审查程序的诉讼化，就是破解当前审查逮捕的行政审批模式，增强检察机关的中立性，强化被羁押者的参与性，

---

① 参见北京市检察机关公诉部门《赴浙江考察刑事案件速裁程序情况报告》，来源：北京检察内网。

② http://www.bjlegalaid.gov.cn/tabid/340/InfoID/8962/Default.aspx，最后访问日期：2015年11月10日。

并确保处理结果的合意性。

（一）中立性：羁押必要性审查主体的确定

根据现代各国的司法实践，羁押必要性审查一般由法院进行。有学者认为，“所有与限制公民自由、财产权有关的强制措施的适用都必须经法院审查，由法院作出决定”①。羁押性强制措施直接涉及嫌疑人、被告人的人身自由，应具有“可受司法审查”的特性，理论上应当由司法机关进行审查。羁押必要性审查的司法审查属性已经得到世界上多数国家立法和司法的检验，也是中国审前羁押必要性审查程序性改造的方向。

值得一提的是，法官并非羁押必要性审查的唯一主体。根据《民权公约》第9条规定，负责羁押必要性审查的主体还可以是其他“经法律授权”的“行使司法权力”的官员②。但联合国人权事务委员会并不认为检察官符合《民权公约》第9条第3款所指的“刑事司法权的官员”③。在我国目前将羁押必要性审查交给法院时机尚不成熟的情况下，可以对检察机关的相应程序进行改造，增强程序的公开性、中立性和参与性，从而使检察机关的羁押必要性审查程序符合“司法性”的要求，检察官亦随之成为羁押必要性审查的适格主体。

从检察机关自身来看，《人民检察院刑事诉讼规则》对刑事诉

① 杨宇冠、郭旭：《羁押必要性审查制度刍议》，载《中共青岛市委党校青岛行政学院学报》2012年第5期。

② 所谓“行使司法权力”，主要指官员的活动必须按照司法程序的要求运行，对社会公众公开、透明，对当事人是参与的、保障的，决定者自己是中立的、独立的。参见顾永忠：《关于未决羁押的几个理论与实践问题——兼谈我国逮捕制度的改革思路》，载《河南社会科学》2009年第6期。

③ See：1547/2007，*Torobekov* v. *Kyrgyzstan*，para. 6.2；1278/2004，*Reshetnikov* v. *Russian Federation*，para. 8.2；concluding observations：Tajikistan（CCPR/CO/84/TJK，2005），para. 12. Human Rights Committee：General comment No. 35，Article 9（Liberty and security of person），p.10.

讼各阶段的羁押必要性审查职责有着明确的分工[①]。自2012年修改的《刑事诉讼法》实施以来，捕后羁押必要性审查在全国检察机关已逐步推开，但由于新法刚实施一年多，羁押必要性审查仍处于起步阶段，审查主体不统一、审查程序不规范、审查后变更强制措施的比例并不理想。2013年至2014年4月，北京市东城区人民检察院共开展羁押必要性审查45件49人，其中侦查监督部门开展审查4件4人，公诉部门开展审查20件24人，监所检察部门开展审查21件45人。但是，监所检察部门尚未单独开展羁押必要性审查，而是将审查的结果以及相关线索提供给侦查监督部门或公诉部门参考，即对具体案件而言，开展审查的主体往往是双重的，审查是交互的。

近年来，检察机关也在不断加强审查逮捕的内部监督与制约，提升羁押必要性审查的中立性。针对“检察机关对于自行侦查案件自行决定逮捕，容易造成逮捕权滥用”的问题，最高人民检察院于2009年颁布了《关于省级以下人民检察院立案侦查的案件由上一级人民检察院审查决定逮捕的规定（试行）》，以强化对职务犯罪案件逮捕适用的内部制约监督，并作为正式的制度纳入修订后的《人民检察院刑事诉讼规则》，在制度层面形成了对自侦案件决定逮捕权力的制约和监督。此外，随着新一轮的司法改革，检察官办案责任制将进一步强化检察官的独立性，行政化的办案模式将逐步退出历史舞台。这些都将有利于检察官独立行使检察权，尤其是在羁押必要性审查中保持适度的“中立性”。

笔者认为，捕后羁押必要性审查的职责应由驻所检察官来承担。其理由如下：第一，对看守所监管活动进行监督是驻所检察官的主要职责，通过监督依法羁押，保护公民不受非法羁押。驻所检

① 侦查阶段，羁押必要性审查由侦查监督部门负责，审查起诉阶段以及审判阶段，羁押必要性审查由公诉部门负责；在诉讼过程中，监所检察部门工作中发现不需要继续羁押的，也可以提出释放犯罪嫌疑人、被告人或者变更强制措施的建议。

察官由于主要承担执行监督之职责，而不直接参与指控活动，因而能保持身份的相对独立性和中立性。无论是检察院的批捕部门还是公诉部门，由于前者本身是批准逮捕决定的“当事人”，后者是指控职能的“公诉人”，改变原逮捕决定，从某种意义上讲等于推翻原逮捕决定，而公诉阶段变更强制措施很可能造成“逃庭”的风险，从逻辑上讲，由于是否变更强制措施，批捕部门和公诉部门都要考虑其在诉讼上的利益，因此，难以保持独立性和中立性。第二，驻所检察官的工作性质和工作方式，决定其可以第一时间接受在押人员关于羁押必要性审查的申请、非法或不当羁押的申诉以及不适合羁押的报告，这为及时开展羁押必要性审查提供了工作上的便利条件，使其能及时掌握在押人员羁押的状况，并能及时、正确地作出是否需要变更强制措施的判断。第三，驻所检察官的工作性质和特点，还有助于在看守所开展羁押必要性审查听证，尤其是便于在押人员出席并参与羁押必要性审查听证，确保审查中被羁押者的参与性。

（二）参与性与公开性：羁押必要性审查听证程序的建立

刑事诉讼的程序参与原则要求，“刑事诉讼的利害关系人或其代表有权参加诉讼，对于自己的人身、财产等权利相关的事项，有知悉权和发表意见权”。[①] 在刑事诉讼中，确保程序参与性的重要方式是听证。一般而言，规范的听证程序包含如下要素：（1）公开，（2）及时，（3）事前获得通知，（4）有适当的应诉时间，（5）有权获得律师帮助，（6）有权提交反驳证据，（7）听证被证实记录在案，（8）决定依据听证记录恰当作出，（9）当事人有机会提出上诉。[②] 可见，听证程序的核心要求是程序的公开性、当事人的参与性以及结果的合意性。

---

① 宋英辉主编：《刑事审判原理》（第二版），法律出版社 2007 年版，第 102 页。

② ［美］迈克尔·D. 贝勒斯著：《程序正义：迈向个人的分配》，邓海平译，高等教育出版社 2005 年版，第 51 页。

新《刑事诉讼法》实施以前，我国的审查逮捕主要采用书面审查的方式。2012 年《刑事诉讼法》的修订强化了审查批准逮捕程序的参与性与合意性，检察机关审查批准逮捕可以讯问犯罪嫌疑人，在法定情形下则必须讯问犯罪嫌疑人，还可以询问诉讼参与人和听取辩护律师的意见。在《刑事诉讼法》中，这些内容虽然规定于审查批准逮捕程序之中，不过笔者认为推而广之逮捕后的羁押必要性审查程序也应遵守。对于逮捕后的羁押必要性审查程序，《人民检察院刑事诉讼规则》第 620 条规定了审查的方式。[①] 可见，我国《刑事诉讼法》关于羁押必要性审查程序的规定，虽未达到听证程序的要求，但已经开始重视审查程序的参与性与合意性。

为增强羁押必要性审查的“司法性”，检察机关应逐步建立羁押必要性审查的听证程序，使利益各方参与到审查程序当中，充分发表自己的意见，确保结果真正体现各方的利益。原则上，对犯罪嫌疑人、被告人及其法定代理人、辩护律师提出的变更强制措施申请必须听证，但对检察机关依职权发现的不当羁押以及因怀孕、疾病等因素不适合羁押的，无须听证即可作出决定。

（三）有效辩护性——羁押必要性审查中的控辩对抗

2012 年《刑事诉讼法》修改之前，在我国刑事诉讼中审前羁押基本上处于“一押到底”的状况，尽管嫌疑人和被告人的近亲属、法定代理人、辩护人有权提出变更强制措施的申请，但是在绝大多数情况下并不能启动羁押必要性审查，有关机关亦通常以“侦查需要”为由予以拒绝，辩护律师在变更强制措施方面几乎无所作为。个中原因，固然有阅卷难、会见难、调查取证难等诸多因

① 人民检察院可以采取以下方式进行羁押必要性审查：对犯罪嫌疑人、被告人进行羁押必要性评估；向侦查机关了解侦查取证的进展情况；听取有关办案机关、办案人员的意见；听取犯罪嫌疑人、被告人及其法定代理人、近亲属、辩护人、被害人及其诉讼代理人或者其他有关人员的意见；调查核实犯罪嫌疑人、被告人的身体健康状况；查阅有关案卷材料，审查有关人员提供的证明不需要继续羁押犯罪嫌疑人、被告人的有关证明材料等。

素，但根本原因是当时并未建立捕后羁押必要性审查制度，遑论羁押必要性审查程序中的有效辩护。

在羁押必要性审查中，有效辩护要求辩护权得到有效的司法保障，而且辩护权的行使能够有效地影响羁押必要性审查。达到这些要求的最好方式就是建立各方共同参与、侦辩双方平等对抗的听证程序。笔者认为，在羁押必要性审查的听证程序中，侦辩双方不仅可以就是否继续羁押开展示证、陈述意见和辩论，还可以在强制措施变更达到一致的前提下，就适用何种替代性措施，或者何种附带条件进行辩论。居中裁判的检察官在听取双方的陈述、辩论意见后，综合其他当事人如嫌疑人及其担保人的意见，最终作出决定。

羁押必要性审查中对抗程序的有效运行，一方面要保障嫌疑人、被告人充分参与，并能有效地行使自行辩护权；另一方面要保障嫌疑人、被告人能够获得律师的法律帮助，辩护律师要有效地参与听证。在我国目前刑事辩护律师资源不足且律师辩护率不高的情况下，可以借鉴国外司法实践经验，在各羁押场所设立值班律师，值班律师通过指定辩护的方式参与羁押必要性审查听证程序，为那些未能委托辩护律师的犯罪嫌疑人、被告人提供法律援助，以帮助他们实现羁押必要性审查程序中的有效辩护。

（四）及时性与决定性——羁押必要性审查效率与效力之提升

及时性原则对羁押必要性审查至少应有三个方面的要求：一是对于嫌疑人、被告人羁押的案件，应迅速审查，发现审查和依申请审查应迅速开展，不得延误，并在法定期限内完成审查；二是从立法层面确定定期审查的时间节点，即捕后多长时间必须进行羁押必要性审查；三是严格限制延长办案（羁押）期限和退补侦以及延期审理。

根据相关法律规定，人民检察院进行捕后羁押必要性审查后，如果认为没有必要继续羁押的，可以提出释放或变更强制措施的“建议”。但是，由于“建议”不具有强制执行力，导致检察机关的羁押必要性审查效果大打折扣。从《人民检察院刑事诉讼规则》

的立法体例来看，检察机关羁押必要性审查规定于“刑事诉讼法律监督”一章的“羁押和办案期限监督”部分，性质上属于诉讼监督权的范畴，不属于检察处分权。但是，根据我国《宪法》和《刑事诉讼法》的规定，检察机关既然是逮捕措施的决定机关，自然有权根据羁押必要性的变化直接改变自己的逮捕羁押决定。因此，在羁押必要性审查问题上，如果确认检察机关审查程序的司法属性，或者准司法的属性，那么，检察机关即有权作出维持、撤销、变更强制措施的决定。否则，执行机关对于建议只是作为参考，可执行亦可置之不理，这样既有损于羁押必要性审查的司法权威，又会使在押人员的人身权利无法得到公正、及时、有效的保障。

（五）救济性：羁押救济程序之建立

在《民权公约》① 以及联合国《保护所有遭受任何形式拘留或监禁的人的原则》② 中都明确规定获得司法的及时救济也是被羁押者的一项重要权利。对于羁押的救济程序与途径，英美法系国家主要采取人身保护令的方式③，大陆法系国家则采用抗告的方式④。

---

① 《民权公约》第 9 条规定：“任何因逮捕或拘禁被剥夺自由的人，有资格向法庭提起诉讼，以便法庭能不拖延地决定拘禁他是否合法以及如果拘禁不合法时命令予以释放。”

② 联合国《保护所有遭受任何形式拘留或监禁的人的原则》原则 11 和原则 32 规定：“司法当局或其他当局应被授权根据情况对拘留的持续进行审查。被拘留人或其律师应有权随时按照国内立法向司法或其他当局提起诉讼，对其拘留的合法性提出异议，以便使其获得立即释放。拘留当局应将被拘留人移送该复审当局，不得有不当稽延。”可见，获得司法的及时救济也是被羁押者的一项重要权利。

③ 人身保护令（Habeas Corpus）是普通法系国家法官所签发的手令，命令将被羁押之人交送至法庭，以审查羁押是否合法，并确定是否继续羁押。人身保护令是英美法系国家法律程序保障基本人权的重要手段，任何在押者都可以向法院提出申请，由法院对羁押的合法性进行审查。

④ 如德国刑事诉讼法规定，对于侦查程序中法官的处分行为可以提出抗告；日本刑事诉讼法规定，对于逮捕、保释、羁押均可提起通常抗告；我国台湾地区的刑事诉讼法规定，对于羁押处分可以提出准抗告。

建立和完善中国审前羁押救济制度，既要参照联合国刑事司法准则确定的相关精神，又要借鉴国外审前羁押救济制度的合理成分及成功经验，更要考虑中国国情。鉴于捕后羁押必要性审查制度为被羁押人员的权利救济机制提供了立法依据和实践基础，可以此为基础完善我国羁押救济制度：一是突出检察监督的特点，在诉讼监督中实现对被羁押者权利的救济。在审查批捕和起诉活动中，应依法履行相关告知义务，使嫌疑人、被告人及时、全面、准确地了解审前的各项诉讼权利，尤其是申请羁押必要性审查、要求释放或变更强制措施的权利。在驻所检察活动中，应建立和畅通在押人员会见驻所检察官制度和渠道，确保在押人员能将不适合继续羁押的情况及时告知检察官，包括随时提出羁押必要性审查的要求。[①] 二是赋予被羁押者申诉的权利，即不服羁押决定或不予变更强制措施决定，可向上一级检察机关提出复核。[②] 三是建立和完善非法羁押国家赔偿制度。

三、羁押必要性审查机制的精密化

“精密司法，意指一种严密而精确的有罪判决率，隐含着司法结构设计和司法程序运行的精密化。”[③] 司法精密化的主要目的是

---

① 关于在押的嫌疑人、被告人以何种方式和理由提出羁押必要性审查问题，笔者认为，鉴于其处于被羁押状态，人身自由被暂时剥夺，其在被告知有权提出变更强制措施申请的权利之后，可以口头或书面的方式向驻所检察官或者负责审查起诉该案件的检察官提出，检察官应当记录在案并予以受理。关于嫌疑人、被告人申请羁押必要性审查的理由，笔者认为，可包括以下几个方面：因身体疾病或怀孕等不适合羁押的；因轻罪而具备取保候审等非羁押性强制措施使用条件的；因刑事和解等因素而不再具有社会危险性的；等等。由于是在审前阶段提出，因此其申请变更强制措施的理由不应包括是否构成犯罪的方面，但可以是未经法定程序的非法羁押，包括久押不决、超期羁押等情形。

② 卞建林：《我国刑事强制措施的功能回归与制度完善》，载《中国法学》2011年第6期。

③ 陈卫东：《司法如何精密——写于刑事诉讼法再修改之际》，载《法治日报》2006年1月5日第9版。

从程序和实体的层面对司法权进行有效的控制，防止司法权的滥用。羁押是直接对公民人身自由进行限制的严厉强制措施，其适用必须慎重、精确。因此，羁押措施的准确适用需要一套精确、科学、合理的操作规范。严密的制度设计一方面可以对羁押权进行监督制约，另一方面可以对司法实践进行具体指导。

羁押必要性审查是审查者基于证据和事实，对嫌疑人、被告人的潜在社会危险性进行预判，并据此作出处理。在此过程中，有两个核心的问题需要检察人员精确判断：其一，不羁押是否存在社会危险性；其二，羁押是否足以防止社会危险性的发生。羁押必要性审查的精密化主要体现在以下几方面：一是立法层面的精密化，主要是羁押的条件应明确具体，具有可操作性；二是审查程序的精密化，主要是审查的流程应符合司法听证程序的要求；三是风险评估工具的精密化，主要是羁押者社会危险性的判断有科学的量化评估工具。

（一）羁押必要性审查的技术层面分析

"对于犯罪最强有力的约束力不是刑罚的严肃性，而是刑罚的必定性。"① 刑事程序法的确定性亦如此。刑事程序法的模糊性规定，一方面给予了执法者较大的自由裁量权，有利于实现个案公正，但另一方面又必然导致法律实施不统一，同时也为强制措施的滥用留下了一定空间。对于逮捕的必要性，刑事诉讼法修改之前采取了与其他强制措施比对的方法确定，即"采取取保候审、监视居住等方法，尚不足以防止发生危险性，而有逮捕必要的"。这种规定实际授予了逮捕决定机关很大的自由裁量权，同时导致侦查机关在提请逮捕时对于逮捕必要性的把握也比较随意，其直接后果是司法实践中"构罪即捕"的做法普遍存在，这也是我国审前羁押

① ［意］贝卡利亚著：《犯罪与刑罚》，黄风译，中国大百科全书出版社1993年版，第59页。

率居高不下的一个重要原因。鉴于此[①]，《刑事诉讼法》在2012年修改时明确并细化了逮捕的必要性条件[②]：第一种是具有社会危险性的五种情形；第二种是可能判处十年以上有期徒刑的，以及可能判处徒刑以上刑罚，曾经故意犯罪或者身份不明的；第三种情况是违反取保候审、监视居住规定，情节严重的。

现行《刑事诉讼法》关于逮捕必要性的规定，第二种最为明确，第三种虽然较为模糊，但最高人民检察院和最高人民法院的司法解释已经以列举的方式进行了细化，逮捕裁量权得到了进一步的规制。未来司法实践中问题最大的还是第一种情形。关于社会危险性的五种形态，刑事诉讼法采取的是对犯罪嫌疑人、被告人潜在危险性的表述，使用了"可能…"、"有现实危险"、"企图…"等用语，但实践中如何判断拟逮捕对象的这些危险性，仍存在一定的模糊性。因此，有必要建立起规范的羁押必要性（释放风险性）评估机制，为检察机关和法院在决定适用逮捕，以及其后的羁押必要性审查程序提供规范的评判工具，进而促进我国羁押措施适用的规范和统一。

（二）建立社会危险性量化评估工具

对于羁押风险评估，很多国家已经形成了相对成熟的做法。以美国为例，美国《1984年保释改革法案》规定了审前羁押的考量因素：（1）所控罪行的性质和具体情况，包括是暴力犯罪还是毒品犯罪；（2）不利被告人的证据权重；（3）被告人的历史与品格，

① 全国人大常委会在《刑事诉讼法修正案（草案）的说明》中指出，原法中"不足以防止发生社会危险性"不好掌握，没有人敢保证放出去都绝对不危害社会，所以只能采取保守的做法，可捕可不捕的都逮捕。"有逮捕必要的"含义也不清楚，实践中争议较大。实践中许多地方掌握的批捕条件与起诉、定罪条件相同。公安机关不得不将本来可以在逮捕后开展的侦查工作提前到刑事拘留阶段来做，工作压力很大。这也是造成实践中普遍延长拘留期限至三十日，甚至出现刑讯逼供等现象的一个重要原因。王兆国：《在第十一届全国人民代表大会第五次会议所作的关于〈中华人民共和国刑事诉讼法修正案（草案）的说明〉》，载《人民检察》2012年第8期，第33页。

② 参见《中华人民共和国刑事诉讼法》第79条。

包括性格、身体、精神方面的状况，家庭关系，就业状况，经济来源，在社区居住时间，社区关系，过去的行为，滥用药物或酗酒的历史，犯罪记录，过去的出庭记录，目前被告人是否还在其他司法程序中依联邦法律或地方法律处于保释、假释、释放待审状态等；（4）释放被告人对他人或社区产生的危险的性质和严重性。在美国联邦司法系统中，羁押由法官决定，但在法官作出决定之前，由审前服务官（pretrial service officer）负责协助法官对保释的风险进行评估。审前服务官进行风险评估的最基本方法是“临床评估”（clinical assessment），即根据犯罪嫌疑人的相关信息和自己的工作经验，对犯罪嫌疑人的审前风险进行判断。为了实现审前风险评估的标准化和客观化，美国联邦司法部采用了“精算评估”（actuarial assessment）的方法。根据《1984年保释改革法案》的规定，根据该评估方法总结了对联邦和州司法实践十分重要的9个影响犯罪嫌疑人审前风险的指标，分别是：（1）被捕时是否还面临其他待审指控，（2）曾因轻罪被逮捕次数，（3）曾因重罪被逮捕次数，（4）曾拒绝出庭的次数，（5）被捕时的就业状态，（6）居住状态，（7）被告人是否处于滥用药物状态，（8）主要指控的性质，（9）主要指控是重罪还是轻罪。[①] 审前服务官根据上述指标进行调查，根据统计量化结果对被告人的保释风险进行等级（共五个等级）划分，并向法院提出是否适用羁押替代措施的建议，法官根据量化评估的结果决定是否继续羁押。

在我国，检察机关已经开始探索羁押必要性审查中的风险量化评估机制，如最高人民检察院检察理论研究所综合广泛调研的成果，在全国近20个基层检察院开展了“驻所检察官向办案单位提出变更强制措施检察建议”的工作机制试点，并以评估表的形式

① *See*: Marie VanNostrand, Ph. D., Gena Keebler, Federal Probation, Vol. 73, No. 2, (Sep., 2009), p. 5.

列明具体的评估指标体系。[1]

最高人民检察院在全国部分检察机关所做的试点工作，以及于2013年制定的《关于人民检察院监所检察部门开展羁押必要性审查工作的指导意见（试行）》，为我国羁押必要性审查制度精密化发展，提供了实证参考和技术指导。我们应以此为基础，进一步构建科学合理的羁押必要性（风险评估）评估体系。具体而言，应从社会危害性、人身危险性与诉讼可控性三个方面，综合考量犯罪事实、主观恶性、悔罪表现、身体状况、可能判处刑罚等情况，制定详尽的羁押必要性审查评估表，合理设计各项目的分值权重，通过量化打分的方式明确羁押必要性的判断标准，实现捕后羁押必要性审查工作的客观公正与规范高效。

（三）羁押替代措施的完善

羁押替代措施的完善有助于减少羁押和人权保障。在我国刑事诉讼中，取保候审是传统的羁押性替代措施，2012年《刑事诉讼法》修改时进一步明确监视居住为逮捕的替代措施。取保候审和监视居住并未如立法者设计的那样担负起替代羁押的重任。以北京市检察机关为例，笔者提取2013年北京市检察机关的相关统计数据进行对比研究。具体情况如下：

对于普通刑事犯罪，2013年全市检察机关受理侦查机关提请批捕案件16861件21966人，批准逮捕12982件16387人，不批准逮捕3878件5590人；受理侦查机关移送审查起诉案件21798件27385人，起诉18802件23272人，不起诉1837件2562人。根据上述数据，逮捕率为74.5%，侦查机关移送审查起诉的犯罪嫌疑人的羁押率为59.8%，约有41%的嫌疑人或被告人被采取了取保候审措施（极少数采取了监视居住措施）。对于未成年人犯罪案件，2013年全市检察机关受理审查逮捕731人，批准逮捕507人，

① 参见但伟：《建立刑事审前程序中被羁押人的人权保护机制》，载《2010年北京国际人权学术研讨会论文集》，第89~90页。

不批准逮捕224人，逮捕率为69.36%；受理审查起诉1211人，起诉816人，附条件不起诉后起诉2人，不起诉278人，其中附条件不起诉后不起诉19人，法定不起诉17人，犯罪情节轻微不起诉226人，证据不足不起诉16人。根据上述数据，2013年北京市检察机关未成年案件审前羁押率为41.87%，取保候审率约为59%。

从以上数据可以看出，普通刑事犯罪案件的取保候审率还达不到50%，未成年人案件的取保候审率相对较高，但羁押率仍比较高。除取保候审措施在实践中适用率并不高之外，监视居住措施适用更是凤毛麟角。2012年新修改的《刑事诉讼法》进一步明确了监视居住作为逮捕的替代措施的法律定位。但从司法实践来看，由于现行刑事诉讼法对监视居住的适用条件、对象规定仍不明确，加上监视居住的居所难以选定，在公安机关承担大量社会管理职能的现状下，监视警力也难以保障等原因，导致公安司法机关在实践中更愿意选择“经济实用”的逮捕措施，而非安全风险高、成本大的监视居住。因此，有必要对我国现行的羁押替代性措施进行完善，并在此基础上借鉴其他国家或地区的做法，探索新的羁押替代性措施。

1. 建立具结释放制度。具结释放（release on personal recognizance），实质是被指控者与刑事司法机关之间达成的保证按期出庭受审的契约。这种担保方式的被指控者不需要交纳金钱或者其他财产即可以获得保释，是一种最有利于嫌疑人或被告人的担保形式。具结释放可以提高我国取保候审措施的适用率，大大降低审前羁押率，但其适用还有另外两个前提条件：一是释放被指控者不会对社会产生其他危险，二是释放后被指控者不会再实施新的犯罪。

2. 完善家庭成员担保制度。根据现行法律规定，我国的取保候审只能在保证人保证和保证金保证中选择其中一种方式，不能同时适用。实践中，保证人一般是被保证人的家庭成员。由于家庭成员与被保证人之间关系的亲密性，决定了其难以对被保证人起到实质性的监督作用，影响了实践中取保候审措施的使用。笔者认为，对家庭成员担保同时适用两种保证方式，可以使被取保候审人既受到来自保证人责任感的压力，又受到经济利益的制约，从而放弃逃跑、阻碍侦查、起诉、审判的想法，使取保候审真正发挥作用，同时也提高了取保候审在司法实践中的使用频率。

（四）实施电子监控模式

随着科技的发展，电子监控设备已经开始进入刑事司法领域，作为审前羁押的重要替代性措施。电子脚镣（electronic fetters 或 E-chains）或电子跟踪仪（electronic tag）已经被很多国家的法律所确认，如荷兰、葡萄牙、罗马尼亚、法国、德国、爱尔兰等欧盟国家都将佩戴电子跟踪仪作为羁押性强制措施的替代措施使用。① 韩国法务部决定，自 2008 年 9 月 1 日，对有强奸犯罪前科的人员佩戴“电子脚镣”，实行二十四小时定位追踪，以随时掌握其行踪。②

电子跟踪仪的使用便于司法机关随时掌握被审前释放人员的行踪，对于确保其按时到庭有一定的强制作用。这一设备可使侦查机关和检察机关更多地适用非羁押性强制措施。电子跟踪仪经济成本低、即时、可靠并且效果好，使监狱（看守所）家庭化、社区化、无形化。在中国，科技的发展已经解决了“电子脚镣”的技术问题，目前只需法律的确认和司法实践的检验。③

笔者认为，取保候审措施和监视居住措施作为羁押性替代措

---

① *See*: Fair Trials International, Detained Without Trial: Fair Trials International's Response to the European Commission's Green Paper on Detention (Oct., 2011), APPENDIX 2: Pretrial Detention Comparative Research, pp. 6 - 35. http://ec.europa.eu/justice/newsroom/criminal/opinion/files/110510/appendix_2_-_comparative_research_en.pdf。最后访问日期：2014 年 10 月 3 日。

② http://baike.haosou.com/doc/6036768-6249775.html，最后访问日期：2015 年 3 月 14 日。

③ 北京市政法委《关于全面推进刑事案件速裁程序试点工作的意见》中提出，要逐步推广电子监管模式，推动实现从“人防”到“技防”的转变，解决传统的监管手段不及时、效率不高等问题。

施，之所以在实践中使用率比较低，很重要的一个原因是缺乏技术保障，使司法机关对于采取非羁押性强制措施的人员是否能够遵守相应的法律义务存有顾忌。电子脚镣、电子手镯的推广运用，既需要转变执法理念，又需要资金上的支持。但后者的司法成本要远远低于羁押成本，因此，解决这个问题，技术不是关键，关键还是执法者的观念更新问题。

羁押必要性审查程序是审前程序中的重要组成部分，羁押必要性审查制度的建立与完善不是孤立的，而应在整个诉讼体系中系统研究，既要遵循刑事诉讼的一般原则，又要确立符合审前程序的特殊原则。在谦抑性原则的指导下，对我国当前的羁押必要性审查进行诉讼化和精密化改造，既符合审前诉讼的规律，也是我国《刑事诉讼法》“尊重和保障人权”的现实要求。随着中国审前羁押制度诉讼化民主化进程步伐的加快，审前程序保障和人权保障的双重诉讼价值必能得到更好的实现。

第三章　完善审判程序研究

刑事诉讼的审判程序包括一审、二审和再审。审判程序决定被告人是否有罪和如何处理，所以对于人权司法保障有特别重要的意义。党的十八届四中全会通过的《中共中央关于全面推进依法治国若干重大问题的决定》提出："推进以审判为中心的诉讼制度改革，确保侦查、审查起诉的案件事实证据经得起法律的检验。全面贯彻证据裁判规则，严格依法收集、固定、保存、审查、运用证据。"该决定还要求："完善审级制度，一审重在解决事实认定和法律适用，二审重在解决事实法律争议、实现二审终审，再审重在解决依法纠错、维护裁判权威。完善对涉及公民人身、财产权益的行政强制措施实行司法监督制度。"①

理解以审判为中心的诉讼制度改革，需要深入探讨其与司法规律的关系、对保障人权的作用、对刑事诉讼各阶段证据的要求，尤其要注重庭审质证在推进以审判为中心的诉讼制度改革中的作用。以审判为中心应当以庭审为中心，庭审应以质证为核心。建立和完善质证制度需要制定有关规则，提高相关人员的质证能力，以庭前和庭审两个方面工作为抓手，以完善案件分流为配套，以实现司法公正和保障诉讼权利为目标。规范审判程序中的二审和再审对于纠正一审的错误，维护司法公正、保障被告人权利有重要意义。

---

① 《中共中央关于全面推进依法治国若干重大问题的决定》，载《中国共产党第十八届中央委员会第四次全体会议文件汇编》，人民出版社 2014 年版，第 45 页。

第一节　对“以审判为中心”的理解

以审判为中心的诉讼制度改革对于刑事诉讼有特别重要的意义。刑事诉讼主要分为侦查、起诉和审判三个阶段，分别由侦查机关、检察机关和审判机关负责，存在三阶段以及其相应的不同职能的状态下才产生以何者为中心的问题。以审判为中心并非评定刑事诉讼各机关的地位高低，而是司法规律发展的必然要求，是司法公正的要求，是保障个人合法权利的要求。

一、以审判为中心是司法规律的必然

规律是指事物发展变化过程中的本质联系和必然趋势。恩格斯指出：“自然界中的普遍性的形式就是规律。”① 司法规律通过不同时期的司法目标、司法特征和司法原则得以体现。在现代法治社会，司法活动分工越来越明确，刑民分开、实体和程序分开、侦控职能和审判职能分开成为普遍现象。法治社会的刑事司法活动应当向公正司法和权利保障方向发展，司法公正价值的实现需要遵循一系列原则，包括无罪推定、证据裁判等，这些也是人类从司法活动中摸索出来的保障公正司法的基本要求。司法公正包含实体公正和程序公正两个方面。实现司法公正要求刑事司法各部门的职能有明确分工、诉讼参与人的合法权利得到保障。在刑事司法存在分工的情况下，就产生了以何者为中心的问题。追求司法公正、实行无罪推定等一系列正当程序的刑事司法必然以审判为中心，要求审判工作不受其他任何机关和个人的非法干扰、审判对案件处理有决定性意义，审判对刑事诉讼中收集证据和限制人身自由有制约功能。这些举措是推进以审判为中心的诉讼制度改革的必由之路，也是司法规律作用下我国刑事司法改革的必然趋势。

① 《马克思恩格斯选集》第4卷，人民出版社1995年版，第341页。

二、被告人是否有罪应以审判证明标准而定

刑事司法是国家专门机关根据法律认定被告人是否有罪和应当如何处理的活动。判决被告人有罪应当经过审判，并符合法律规定的定罪证明标准。长期以来，我国在定罪证明标准方面还存在一些模糊现象，体现在立法和司法实践层面将侦查、起诉证明标准混同于定罪标准。我国刑事诉讼中侦查、起诉和判决有罪的证明标准差别并不是十分明显，根据 2012 年修改的《刑事诉讼法》，侦查终结移送起诉（第 160 条），检察机关审查后向法院提起公诉（第 172 条）和法院作有罪判决（第 195 条）的证明标准基本相同，都是“案件事实清楚，证据确实、充分”。

我国侦查机关、检察机关和法院对于不同的诉讼行为使用了相同证明标准的后果是：犯罪嫌疑人在侦查阶段被认为有罪之后，在审查起诉阶段和审判阶段也同样会被认定为有罪，因为证明标准是一致的；如果被告人在审判后被判无罪，就意味着侦查机关和检察机关办了错案，或者说明法院审判出现了错案。要求侦查机关和检察机关严把办案质量关本意是好的，可以从源头上杜绝错案，但将侦查、起诉的证明标准等同于定罪的证明标准实际上加重了侦查机关和检察机关的证明责任，虚化了法院庭审的证明作用。

刑事诉讼不同阶段的证明标准应当有所区别。法院在庭审中证明有罪的标准应当最为严格，或称为最高标准。判决一个人是否有罪应当根据法院审判时的证明情况而定，这是“以审判为中心”的要求。“以审判为中心”意味着审判阶段是判断被告人是否有罪的最终决定性环节，法庭审判是完成刑事诉讼任务的核心阶段。以审判为中心意味着定罪只能以法院审判为准，其他任何人和机关即使认为某人有罪也都不是最终的和权威的决定。侦查和起诉阶段对事实的认定是暂时的，是为审判工作提供证据等相关准备的，而审判对案件的认定是权威的并具有终局性意义。我国《刑事诉讼法》第 12 条规定“未经人民法院依法判决，对任何人都不得确定有

罪”，被告人是否有罪和如何处理应当由审判而定。我国还没有明确规定无罪推定原则。有些犯罪嫌疑人、被告人未经人民法院依法审判之前，甚至在未进入刑事诉讼程序或者还在刑事侦查和起诉阶段，就被当作有罪的人看待，尤其是在社会影响比较大的案件发生之后，有些部门，包括一些媒体对涉案情况加以公布和报道，从而导致无论是从舆论方面，还是在诉讼程序之中，许多嫌疑人、被告人已经被当作有罪的人对待。这种情况不符合以审判为中心的诉讼制度，应当加以改革。

三、刑事司法收集证据应当符合审判的要求

刑事诉讼的侦查、审查起诉和审判三个阶段各有专门机关负责。《刑事诉讼法》第3条规定：“对刑事案件的侦查、拘留、执行逮捕、预审，由公安机关负责。检察、批准逮捕、检察机关直接受理的案件的侦查、提起公诉，由人民检察院负责。审判由人民法院负责。除法律特别规定的以外，其他任何机关、团体和个人都无权行使这些权力。”侦查、起诉、审判是三个彼此联系而又相互独立的程序，具体任务又有所侧重。刑事司法各部门的活动应当有统一的证据规则和符合审判对各种刑事司法活动的证据要求。这并不是要求侦查机关、检察机关各项司法活动的证明标准必须达到与审判时定罪的标准，而是意味着：

第一，各部门的司法活动，如拘留、逮捕、搜查、扣押应当符合各自的证据要求；

第二，各部门的司法活动是否符合该活动所要求的证明标准，应当由审判机关最终认定，如果不符合有关标准，相关活动收集的证据不能用作定罪的根据。

以审判为中心要求侦查活动、起诉活动收集证据的行为要符合审判的标准，在我国现行刑事司法体制中主要体现在审判对非法取证的制约上。2012年《刑事诉讼法》新增加了非法证据排除规则的内容，这就意味着审判负有对侦查、起诉活动中收集的证据进行

审查的职能。根据非法证据排除规则的原理①，证据要经过法庭质证的检验，不合法的证据应当排除，不能用作定罪的根据。该规则对侦查活动和检察活动应当产生良性影响，使审判前收集证据的行为根据审判的要求进行。

在国际刑事司法和人权保障准则的层面，以审判为中心还意味着刑事司法过程中对个人的人身自由、财产、隐私等合法权利的限制应当经过行使审判权力的机关的批准。《民权公约》第9条规定："任何人不得加以任意逮捕或拘禁。除非依照法律所确定的根据和程序，任何人不得被剥夺自由。任何被逮捕的人，在被逮捕时应被告知逮捕他的理由，并应被迅速告知对他提出的任何指控。任何因刑事指控被逮捕或拘禁的人，应被迅速带见审判官或其他经法律授权行使司法权力的官员，并有权在合理的时间内受审判或被释放。等候审判的人受监禁不应作为一般规则，但可规定释放时应保证在司法程序的任何其他阶段出席审判，并在必要时报到听候执行判决。任何因逮捕或拘禁被剥夺自由的人，有资格向法庭提起诉讼，以便法庭能不拖延地决定拘禁他是否合法以及如果拘禁不合法时命令予以释放。"具有审判权的机关对逮捕和羁押行使批准权必须建立在证据的基础上，即执行逮捕等限制人身自由的机关应当根据审判机关的要求提交相关证据才能得到批准，不符合有关证明标准则不能得到批准。这就从统一证据标准的方面规范了侦查取证行为，规制了限制人身自由的强制措施，从而达到了保障个人合法权利的目的。

第二节　公正审判的原则

公正审判牵涉到司法的各个方面，包含很多内容。从诉讼形态

① 参见杨宇冠著：《非法证据排除规则研究》，中国人民公安大学出版社2002年版；杨宇冠等著：《非法证据排除规则在中国的实施问题研究》，中国检察出版社2015年版。

看，刑事诉讼、民事诉讼和行政诉讼都有公正审判的要求和实现公正审判的具体原则或操作程序。公正审判要求适用正当程序和法制原则，这些都是对人权的最基本保护。因为人的其他权利在遭受侵犯的时候，得到公正审判的权利是最后的保障。如果审判本身不符合保障人权的原则，则其他人权也难以得到保障。

公正审判在刑事司法中尤其重要，联合国《民权公约》第14条规定了公正审判的一系列最低限度标准，主要是关于刑事司法公正审判的规定。公正审判的内容很多，此处仅列举一小部分论述如下。

一、控辩平等

控辩平等是法律面前人人平等在刑事诉讼中的体现。虽然刑事诉讼被告是个人，控诉方通常是代表国家的公诉机关，二者身份本来是不相同的。但是从公正审判的角度，诉讼双方应当平等，才能公正。刑事诉讼涉及人的生命、自由、财产、隐私等一系列重要权利。不仅表现在刑事诉讼的结果在实体法方面可能涉及这些权利的剥夺问题，而且刑事诉讼本身也可能非法侵犯个人的这些权利。刑事诉讼最大的价值追求是公正，而公正的前提是人人平等。只有平等对待任何人，才可能公正，在人与人不平等的情况下，是很难做到公正的。刑事诉讼中人人在法庭面前以及在刑事诉讼的各个阶段一律平等，落实了法律面前人人平等的理想。

诉讼双方平等，即控诉人与被告人在法庭中地位应当平等，其权利和义务要相当。在历史上，尤其是在采取国家纠问式的刑事诉讼模式下，起诉人与被告人不平等。现代刑事诉讼模式主要是以国家公诉为主，这种不平等依然存在，甚至强化了。以国家名义和力量对个人进行追究，无论在地位和力量上都是很悬殊的，如果法院再与公诉方成为同盟，则刑事诉讼的公正无从谈起。虽然当今世界各国的刑事诉讼制度不同，但现代刑事诉讼的基本模式都是由诉讼双方在法庭的主持下进行的，都主张公平、公正。在英美法系国家，起诉方的名义虽然是国家或者国家元首①，但出庭支持起诉的却是个人，称为政府方律师，其地位、权利、义务与被告人律师是平等的。

为了维持诉讼双方的力量平衡，必须保障犯罪嫌疑人、被告人有防御的权利。这种防御并非单纯对犯罪嫌疑人、被告人有意义，也不是专门为了保护他们，而更重要的是保护社会上的每一个人不致无故陷入被追诉者的境地、不会被任意剥夺生命、自由、财产、隐私等权利。为此，国际刑事司法准则中有许多关于刑事诉讼各个阶段个人权利的规定。

二、人民法院独立行使审判权

《中华人民共和国宪法》第 126 条规定："人民法院依照法律规定独立行使审判权，不受行政机关、社会团体和个人的干涉。"

如何理解"人民法院独立行使审判权"这项宪法规定是落实这项规定的前提。我国的人民法院有最高人民法院和地方各级人民法院，有普通法院和专门法院，法院内部还有各种审判庭。"人民法院独立行使审判权"可以作如下理解：

1. 人民法院作为一个整体独立行使审判权。其意义在于明确国家权力的分工，即法院系统的职权，在中国只有人民法院才能行使审判权，任何行政机构和个人不得行使这项权力，也不得干涉审判工作。这一点可以从宪法中得到佐证。《宪法》第 123 条规定："中华人民共和国人民法院是国家的审判机关。"《宪法》第 126 条规定："人民法院依照法律规定独立行使审判权，不受行政机关、社会团体和个人的干涉。"这两条规定说明法院作为一个整体在国家权力中担负着独立履行审判的职能。

---

① 英美法系国家刑事诉讼案件的名称就很直观地反映了诉讼双方的名义，如美国对斯密斯的刑事案件称为"United States v. Smith"，直译为"美国诉斯密斯"，英国的刑事诉讼案件是以女王名义诉个人的，以"R v. Smith"表示对斯密斯的公诉。

2. 人民法院在审判工作中作为一个单位独立行使审判权，其他法院和个人不得干预。这是从法院系统内部的分工进一步规定了独立行使审判权。《宪法》第124条规定："中华人民共和国设立最高人民法院、地方各级人民法院和军事法院等专门人民法院。"第127条规定："最高人民法院是最高审判机关。最高人民法院监督地方各级人民法院和专门人民法院的审判工作，上级人民法院监督下级人民法院的审判工作。"根据这两条规定，我国各级法院及专门法院各自有不同的管辖权，各具体案件由哪一级法院或哪一个法院管辖由诉讼法明确规定，有管辖权的法院必须行使管辖权，没有管辖权的法院不能越权管辖。

3. 人民法院通过其审判组织独立行使管辖权，这个审判组织在行使审判权力的过程中不受干涉，包括同一法院中未参与审判的领导和其他部门的干涉。

法院独立行使审判权要求审判人员的权利应当得到保障。人们对此也有一个认识过程。1701年，英国的《王位继承法》规定，法官只要品行良好，非经议会两院议定，不得被解除职务，法官之薪金由法律保障。① 这些规定是为了保证法官的合法权利。联合国《关于司法机关独立的基本原则》规定："司法机关应不偏不倚、以事实为根据并依法律规定来裁决其所受理的案件，而不应有任何约束，也不应为任何直接间接不当影响、怂恿、压力、威胁、或干涉所左右，不论其来自何方或出于何种理由。"

联合国人权事务委员会也要求成员国提供有关的宪法和立法条文说明法庭设立的根据和其独立的、无偏倚的和有能力的依据，特别是有关法官任命、法官资格、法官任职时间、法官晋升条件、法官调动和停职。② 这些都是法院独立行使审判权的重要保障。

---

① 见英国《1701年王位继承法》（*Act of Settlement*, 1701）第3条，原文为（Ⅲ）"… judges commissions be made quamdiu se bene gesserint and their salaries ascertained and established; but upon the address of both houses of parliament it may be lawful to remove them."

② 参见联合国人权事务委员会第13号一般性意见第3段（1984）。

三、审判公开

《世界人权宣言》是最早对有关审判公开作出规定的联合国文件，其第10条规定："人人完全平等地有权由一个独立而无偏倚的法庭进行公正和公开的审讯，以确定他的权利和义务并判定对他提出的任何指控。"《民权公约》对于审判公开进一步作了更加详细的规定，其第14条第1款规定："所有的人在法庭和裁判所前一律平等。在判定对任何人提出的任何刑事指控或确定他在一件诉讼案中的权利和义务时，人人有资格由一个依法设立的合格的、独立的和无偏倚的法庭进行公正的和公开的审讯。由于民主社会中的道德的、公共秩序的或国家安全的理由，或当诉讼当事人的私生活的利益有此需要时，或在特殊情况下法庭认为公开审判会损害司法利益因而严格需要的限度下，可不使记者和公众出席全部或部分审判；但对刑事案件或法律诉讼的任何判决应公开宣布，除非少年的利益另有要求或者诉讼系有关儿童监护权的婚姻争端。"

《公约》中有关审判公开的具体要求包括以下几个方面：

1. 审理公开。人权事务委员会在其第13号一般性意见第6段中指出："公开审讯对于维护个人和整个社会利益是一项重要保证。除去那些例外情况，审讯一般应对公众公开，包括新闻界成员，并且不得仅限制比如某一类特殊的人们。"

2. 裁判公开。即在提到"在特殊情况下法庭认为公开审判会损害司法利益因而严格需要的限度下，可不使记者和公众出席全部或部分审判"时的措辞为"审判"。"但对刑事案件或法律诉讼的任何判决应公开宣布，除非少年的利益另有要求或者诉讼系有关儿童监护权的婚姻争端。"

3. 审判公开的例外规定：即"由于民主社会中的道德的、公共秩序的或国家安全的理由，或当诉讼当事人的私生活的利益有此需要时，或在特殊情况下法庭认为公开审判会损害司法利益因而严格需要的限度下，可不使记者和公众出席全部或部分审判"。

审判公开的意义集中体现在：通过公开，将审判程序置于当事人、其他诉讼参与人和社会的监督之下，遏制司法专横与司法腐败，增强程序与案件处理结果的可接受性，强化制度的权威性。正如黑格尔所说的："根据正直的常识可以看出，审判公开是正当的、正确的……公民对于法的信任应属于法的一部，正是这一方面才要求审判必须公开。公开的权利的根据在于，首先，法院的目的是法，作为一种普遍性，它就应当让普遍的人闻悉其事；其次，通过审判公开，公民才能信服法院的判决确实表达了法。"① 公开审判不是最终目的，而只是保障程序公正与实体公正获得的一项原则或制度。审判公开是程序公正的要求之一，正是由于这种公开，才使得程序能够被监督，司法腐败被遏制，案件结果的公正性才有保证。

我国《宪法》第125条规定，"人民法院审理案件，除法律规定的特别情况外，一律公开进行"。我国《刑事诉讼法》第196条规定："宣告判决，一律公开进行"。

对违反审判公开规定的处理，《最高人民法院关于严格执行公开审判制度的若干规定》规定："七、凡应当依法公开审理的案件没有公开审理的，应当按下列规定处理：（一）当事人提起上诉或者人民检察院对刑事案件的判决、裁定提起抗诉的，第二审人民法院应当裁定撤销原判决，发回重审；（二）当事人申请再审的，人民法院可以决定再审；人民检察院按照审判监督程序提起抗诉的，人民法院应当决定再审。上述发回重审或者决定再审的案件应当依法公开审理。"

由上述法律规范，可见我国对于审判公开方面的法律规定与《公约》的审判公开的精神基本一致，并且还有相关的具体保障审判公开以及对于违反审判公开规定的处理规定等。

---

① 黑格尔著：《法哲学原理》，商务印书馆1961年版，第232页。

四、裁判具有及时性、终结性与说理性

裁判的及时性，即法院审判应当及时地产生裁判结果。当然，它并不是要求裁判作出越快越好，而是强调不得有不合理的拖延。如果裁判长期无法作出，与个案有关的各种社会关系就都会处于不确定状态，尤其是被告人的权利会受到直接的影响，如人身被长期羁押，财产被查封、冻结或扣押，还会因受追诉产生的不名誉影响个人生活。但是，如果裁判的作出过于追求速度，又可能会因考虑不周而导致裁判不当。可见，过快或过慢都有可能产生不公正。因此，裁判的及时性应当因案而异，对于简单的刑事案件，可以当庭宣判并交付执行，对于重大、复杂、疑难的案件，可能需要经过多次开庭，合议庭的反复讨论等，才能最终作出裁判，不能操之过急。当然，所有的案件都应当在法定的办案期限内完成，不得随意延长办案期限；即使在法定办案期限内，也应当在合理的时间内及时处理完毕，不得无故拖延至最后期限才处理。

裁判的终结性，即审判程序应当通过随着裁判的作出而最终结束。如果刑事审判程序长期无法终结，或者尽管已经终结但却可以被法官任意地重新启动，那么判决将失去应有的可期待性，被告人的刑事责任将长期处于不确定状态，被告人、被害人的其他权利也会因此受到影响。裁判的终结性标准，在大陆法系中表现为“一事不再理”原则，而在英美法系国家则表现为“禁止双重危险”原则，二者虽有所区别，但基本含义都在于强调司法裁判的终局性与权威性，对于同一行为，不得随意启动程序再次审判，这不仅是司法权威的体现，更是维护司法公正形象的体现。我国立法和司法实践对于再审程序的启动并不作严格的要求，对于生效裁判，检察机关、法院只要认为裁判错误，即可以再次启动再审程序，这不仅有悖裁判的终结性，而且有损于司法权威，在刑事司法制度改革时应当坚持“一事不再理”的原则，保证裁判的终结性。

裁判的说理性，即裁判文书的内容要能够全面反映法官心证的

过程，展现法官裁判的逻辑。它有三项要求：

一是说理前提性要求——裁判应当建立在对案件审理的基础上。其核心要求在于，裁判结果应当在案件最终结束后形成，而不应当在审理前或审理过程中形成；应当杜绝审判分离，裁判应当由审理案件的法官作出，没有参加审判的法官即使可以阅览法庭审判记录、案卷，但由于没有亲身感受案件审理过程，也无法形成可靠的心证，在程序上无法体现公正，裁判结果也不一定公正。

二是裁判的推理性，在审理案件的过程中，判决的作出应当以法庭质证属实的证据为依据，建立在运用逻辑方法推理、论证的基础上；裁判文书应当有充分的说理，一份说理充分的文书是法官智慧的结晶，同时会使裁判更具息讼之功能。

三是裁判的合意性。虽然最终裁判是法官单方作出的，但实际上，法官的认识是以控辩双方的举证、质证、辩论等活动为基础的，是三方“合意”结果。因此，裁判的合意性要求，控辩双方的意见应当平等地得到尊重并被合理地吸收到裁判结果之中，法官不得任意地将一方的证据、意见排除在裁判依据之外，如果排除不用，应当说明理由，这既体现了程序公正，也会增强裁判的说服力。裁判合意性的前提是诉讼的参与性，只有充分地参与才能完全展现控辩双方的观点，也才能为法院裁判的合意性提供正当、坚实的基础。

但是，在我国刑事司法实务中，裁判的说理性并不十分理想，表现在：（1）“审而不判”、“判而不审”的审判分离现象，如在审委会参与的案件中，审委会不参加庭审，但却可以根据合议庭的汇报作出裁判，合议庭主持庭审却不作出裁判；陪审员参与审判，却往往流于形式“审而不判”等。（2）裁判文书说理性不足，无法展现法官心证形成的完整过程，难以使当事人信服。（3）裁判的合意性不足，尤其是辩护方的意见，经常难以受到重视，在裁判文书中往往一笔带过，甚至不予理睬等。可以说，增加裁判的说理性，是我国刑事裁判制度改革的重要内容，为了保证裁判的说理性，增强司法权威，应当完善我国相关制度，如对于审判委员会制度和合议制度进行完善，培养法官的说理与分析能力，在规范裁判文书制作的基础上充分发挥法官的能动性，以外部制度保证辩护方的意见得到充分尊重等。

第三节　完善法庭质证制度

质证是我国刑事诉讼法律和实践中经常使用的词汇，但其含义还有待进一步明确，以便正确理解和执行刑事诉讼法和相关司法解释有关质证的规定，完善质证制度，发挥质证的作用，提高质证主体的质证能力。

一、“质证”概念辨析

“质证”一词在汉语词典和法律中意义都不是很明确，有关辞书对质证的解释是：“诉讼中，在法庭上对证人证言进一步提出问题，要求证人作进一步的陈述，以解除疑义，确认证言的证明作用。”① 这是一个不完整的定义。我国刑事诉讼法中对质证规定含义也不清晰。1979 年《刑事诉讼法》第 36 条规定：“证人证言必须在法庭上经过公诉人、被害人和被告人、辩护人双方讯问、质证，听取各方证人的证言并经过查实以后，才能作为定案的根据……” 1996 年和 2012 年的《刑事诉讼法》大致保留了该条文的规定，只是在条文顺序和个别词语上有所改动。但是这些规定意义并不明确，最大的问题是：质证的对象究竟是“证人证言”还是“作证言的证人”？我国的司法实务中通常把质证对象适用于前者，即对“证人的证言”，而不是对证人本身进行质证。这就为证人不出庭作证，而是由法庭宣读证人在庭外其他场合作的证言开了绿灯，这也是导致我国刑事诉讼中证人通常不出庭现象的法理原因之

① 参见《现代汉语词典（大字本）》，商务印书馆 2002 年第五版，第 1757 页。

一。以对“证人的证言”的质证代替对证人的质证使质证落不到实处。这种形式的“质证”在其他国外刑事诉讼中也难找到相应的概念。①

在司法解释和学理解释方面，我国刑事诉讼中“质证”不限于“证人证言”，也包括其他证据。《最高人民法院关于适用〈中华人民共和国刑事诉讼法〉的解释》（以下简称最高法《解释》）中共有11处直接涉及“质证”一词，其中关于证人证言的有第78条：“证人当庭作出的证言，经控辩双方质证、法庭查证属实的，应当作为定案的根据。”涉及其他证据的有第107条第1款：“采取技术侦查措施收集的证据材料，经当庭出示、辨认、质证等法庭调查程序查证属实的，可以作为定案的根据。”其余9处规定都针对所有证据种类的质证，如第184条“审判人员可以询问控辩双方对证据材料有无异议，对有异议的证据，应当在庭审时重点调查；无异议的，庭审时举证、质证可以简化”。

《人民检察院刑事诉讼规则（试行）》（以下简称最高检《规则》）中共有6条7处提及“质证”，其中第441条第3款明确提出在询问证人中的质证活动：“对于经人民法院通知而未到庭的证人的证言笔录存在疑问、确实需要证人出庭作证，且可以强制其到庭的，公诉人应当建议人民法院强制证人到庭作证和接受质证。”其他条款都是对于其他证据材料和事实的质证。

---

① 在国际刑事司法准则和英美法系国家刑事司法中与我国“质证”较近的概念有两个，第一个概念是“confrontation”，意为当面对质，重点在于被告人的权利角度，即被告人有权与证人对质。第二个概念是“cross-examination”，直译为交叉询问，即诉讼双方在法庭上对另一方提供的证人进行询问。这二者既有联系又有区别，第一概念中的对质权只是被告人享有，通过被告人对证人对质之实现；第二概念中的交叉询问是对质的方式，即通过交叉询问而实现的。直接询问指诉讼一方对本方提供给法庭的证人进行询问；交叉询问指诉讼一方对另一方提供的证人进行询问。这两种询问的提问规则不同。在刑事诉讼中，控诉方承担举证责任，证明有罪的证人是由控诉方提供的，所以被告人运用交叉询问的概率较大。当然，被告人也可以提出对自己有利的证人，此时，被告人对证人的询问即为直接询问，而控诉方对被告方提供的证人的询问也是交叉询问。

陈光中教授提出："质证是在法庭审理过程中控辩或当事人双方在法官的主持下，采用询问、辨认、质疑、辩驳、核实等方式对证据的效力进行质辩的诉讼活动。"① 从以上解释看，质证不仅指诉讼双方在庭审中对证人的询问，还指对其他证据的核实。从最高法《解释》和最高检《规则》看，对证人证言的质证是通过对出庭的证人进行询问而实现的；对其他证据的质证方式没有明确。对证人证言之外的其他证据的质证也应当通过诉讼双方对与该证据有关的人，特别是收集证据、保管证据、鉴定证据的人进行询问而实现。因为物证本身不会说话，无法对其进行询问，只能对与该证据有关的人进行询问。

从以上关于"质证"概念的辨析，笔者认为刑事诉讼中的"质证"包含了诉讼双方在法庭审理期间对证人的询问，也包含了诉讼双方在法庭上对于提供、收集、保管书证、物证、被告人供述、鉴定意见等证据的人进行询问的活动。据此，在本文中，"质证"指在法官主持下诉讼双方在法庭上对与证据相关的人进行询问，从而对有关证据进行质疑、辩驳和核实的活动。

二、质证是庭审实质化的体现

法庭质证是实现以审判为中心的重要方式和保障，没有法庭质证，庭审实质化就不能实现，以审判为中心也不能落到实处。以审判为中心应当以庭审为中心，庭审应当以质证为中心，因为质证是庭审中最主要的活动，是证明的过程，是判决的依据。

我国的刑事诉讼中证人出庭率很低，许多案件都没有证人出庭，从而法庭审判的关键质证活动常处于虚化状态。推进"以审判为中心的诉讼制度改革"之实现必须使庭审实质化，而庭审实质化的关键是进行法庭质证，质证必须是对提供证据的人进行询问，即证人、鉴定人、侦查人员等必须出庭。

① 参见陈光中主编：《证据法学》，法律出版社 2013 年版，第 292 页。

三、质证是法庭对证据的检验

法庭质证是对审判前收集的证据的检验。审判的作用并非收集证据，而是通过质证对侦查机关和检察机关用于指控的证据进行检验。“建设公正、高效、权威的社会主义司法制度”要求司法应当有“看得见的公正”、“能感受的高效”和“被认同的权威”[①]，所以，法庭对证据的检验应当在法庭上进行，而不应当在法庭之外或由非审判人员进行评判。法庭质证检验证据主要体现在证据的合法性、真实性和关联性方面：

第一，质证检验证据的合法性。检验证据的合法性最常见的是非法证据排除。《刑事诉讼法》第54条规定：“采用刑讯逼供等非法方法收集的犯罪嫌疑人、被告人供述和采用暴力、威胁等非法方法收集的证人证言、被害人陈述，应当予以排除。收集物证、书证不符合法定程序，可能严重影响司法公正的，应当予以补正或者作出合理解释；不能补正或者作出合理解释的，对该证据应当予以排除。”通过法庭质证排除非法证据是非法证据排除规则最典型的模式。[②]《刑事诉讼法》第56条规定：“法庭审理过程中，审判人员认为可能存在本法第五十四条规定的以非法方法收集证据情形的，应当对证据收集的合法性进行法庭调查。当事人及其辩护人、诉讼代理人有权申请人民法院对以非法方法收集的证据依法予以排除。申请排除以非法方法收集的证据的，应当提供相关线索或者材料。”这一条意味着非法证据通过法庭质证的方式排除。排除的程

---

① 参见杨宇冠等著：《公正高效权威视野下的刑事司法制度研究》，中国人民公安大学出版社2013年版，第2页。

② 根据我国《刑事诉讼法》第54条规定：“在侦查、审查起诉、审判时发现有应当排除的证据的，应当依法予以排除，不得作为起诉意见、起诉决定和判决的依据。”据此，我国刑事诉讼中侦查机关和检察机关在非法证据排除中都有重要作用，其中侦查和起诉期间“排除非法证据”实质上是对取证方式和使用证据的限制，与法庭排除非法证据的性质有所区别。参见杨宇冠等著：《非法证据排除规则在中国的实施问题研究》，中国检察出版社2015年版。

序应当首先由被告方提出排除某件证据的申请，法庭如果同意其申请，则由被告方提出排除的理由，由公诉方作出辩解，这个过程实际上也是质证的过程。

第二，质证检验证据的真实性。证据的真实性也称客观性。检验证据真实性的方式之一是排除传闻证据，即通过法庭质证使传闻证据被排除在定案的根据之外，因为传闻的真实性不能得到保证。我国《刑事诉讼法》第59条规定："证人证言必须在法庭上经过公诉人、被害人和被告人、辩护人双方质证并且查实以后，才能作为定案的根据……"根据这条规定，证人在法庭之外所作的证言没有经过法庭质证的不能作为定案的根据，实际上是排除了法庭之外言词的证明力。传闻证据排除的主要原因是其没有经过法庭查实，可能是虚假的或者不真实的。另外，传闻证据排除也因为其没有经过法庭质证，如果直接作为定案的根据就侵犯了被告人的质证权利。

第三，质证检验证据的关联性。关联性"又称证据的相关性，是指证据事实与案件事实存在着客观上的内在联系性，从而能起到证明作用。证据的关联性是由案件本源事实所决定、派生的。犯罪事实总是在一定的时空下发生，并与一定的人、物等外界环境发生作用必然留下相应的印象、痕迹等。这些痕迹和印象可能在诉讼中以不同的方式转化，成为能够证明案件事实的证据"①。审判人员应当通过质证了解证据与待证情况之间的联系，而不是通过法庭之外的其他途径，这才能体现庭审实质化。

四、质证是被告人的合法权利

法庭质证是刑事被告人的合法权利，也是实现司法公正审判的重要保障。我国《刑事诉讼法》第189条第1款规定："……公诉

① 参见陈光中主编：《刑事诉讼法》，北京大学出版社、高等教育出版社2013年版，第161页。

人、当事人和辩护人、诉讼代理人经审判长许可，可以对证人、鉴定人发问。审判长认为发问的内容与案件无关的时候，应当制止。”被告人发问是质证的表现形式。发问必须得到法官的许可并没有否定被告人的质证权，而是使法庭质证有序进行的必要措施。法官主持庭审质证，应当掌握质证的规则、时间、次序，并控制提问的性质，如提问不得侮辱证人尊严，不得违反法律规定，等等。否则，质证将成为无序的状态，被告人的质证权也得不到保障。

国际刑事司法准则中明确规定被告人有权询问证人，法庭质证是公正审判的保障之一。《民权公约》第14条第3款（戊）项规定：受刑事指控者有权“讯问或业已讯问对他不利的证人，并使对他有利的证人在与对他不利的证人相同的条件下出庭和受讯问”。该条款中的“讯问”相当于我国刑事诉讼中的质证。① 联合国人权事务委员会指出：“该规定意在保证被告人在强制获得证人出庭和讯问与交叉讯问任何证人方面，同起诉方具有同样的法律上的权利。”② 联合国通过的《北京规则》第7条规定：“在诉讼的各个阶段，应保证基本程序方面的保障措施，诸如假定无罪、指控罪状通知本人的权利、保持缄默的权利、请律师的权利、要求父或母或监护人在场的权利、与证人对质和盘诘证人的权利和向上级机关上诉的权利。”

以上规定明确将“证人出庭”接受询问列为“正当法律程序”

---

① 《公民权利和政治权利国际公约》有数个不同的中文版本，有些中文版本，如联合国1988年在纽约出版的《人权国际文件汇编》中的《公民权利和政治权力国际公约》第14条第3款（戊）项规定表达不准确：“讯问或业已讯问对他不利的证人，并使对他有利的证人在与对他不利的证人相同的条件下出庭和受讯问。”“讯问”在汉语中是严厉盘问的意思，通常是指司法机关对犯罪嫌疑人、被告进行的盘问，对证人不应当使用“讯问”一词，而应当改为“询问”。“业已讯问对他不利的证人”属于翻译错误。该条款对应的英文本写为：“To examine, or have examined, the witnesses against him.”应为：被告人得“亲自询问或由他人询问对他不利的证人”。参见杨宇冠：《〈公民权利和政治权利国际公约〉中文本问题研究》载《社会科学论坛》2009年第10期。

② 见人权事务委员会第13号一般性意见。

的最基本要求之一。正当程序的主要内容和目的是保障诉讼人的合法权利，这不仅对刑事诉讼的被告人有意义，而且实际上对社会上的每个不特定的人的权利都有保障作用。

五、法官和控辩双方在质证中的地位和作用

在我国刑事诉讼中，法官负责主持质证，诉讼双方通过询问进行质证。庭审质证是一项技术要求极强的诉讼活动。我国刑事诉讼长期以来未形成完备的质证制度，一些法官、公诉人、辩护律师对于质证还比较陌生，完善质证制度需要明确他们在质证中的权利义务，并提高他们的质证能力。

（一）法官在质证中的地位和作用

根据我国1979年《刑事诉讼法》，法官在法庭调查中处于主导地位，负责调查核实证据，主动讯问被告人，询问证人、鉴定人，出示物证，控辩双方的诉讼职能相对较弱。1996年《刑事诉讼法》重新配置了审判阶段控、辩、审三方的关系，在庭审质证中，法官不再承担调查证据的主要责任，而是在法官的主持下由控辩双方进行质证，发挥控辩双方在质证中的主动性和积极性。2012年修改后的《刑事诉讼法》在证人、鉴定人等出庭作证方面增加了许多新的规定，进一步强化了庭审质证的实质性和法官在质证中的主体地位，体现在两个方面：一方面法官作为庭审的主持者，保证质证的依法进行；另一方面，法官本身作为审判者可以直接对证人、鉴定人进行询问。我国法官在质证中具有双重身份，既是主持人又是参与人，作用非常重要，但在操作层面容易使法官角色错乱，尤其是法官在询问证人时可能模糊了法官居中裁判的地位，使其混同于诉讼一方，特别是控诉方的职能。

法官在主持庭审质证时对突发的各种情况通常当时就应当依法作出回应。这就要求法官对法律，特别是程序法、证据法以及质证的各种规定要特别熟悉。为此，各级法院应当对法官进行培训，使其不仅要了解有关质证的法律、法规，还需要提高及时判断的

能力。

（二）检察官在质证中的地位和作用

检察院是我国的公诉机关，担负着提起公诉和出庭支持公诉的任务。起诉活动是启动审判的必要条件，检察官提出证据是质证的前提，检察官询问证人、被害人等活动是质证的体现。在当前以审判为中心诉讼制度改革的背景下，庭审的实质化更要求公诉人能够发挥自身在质证中的积极性和主动性，增强庭审的对抗性，以期更好地发现案件事实，为此，检察官在质证中的主体地位和重要作用需要落实。检察官是法庭质证的主体，其地位和作用主要体现在以下三个方面：

第一，检察官在公诉中应当提出证据和证人，这是质证得以进行的基础和前提；

第二，检察官在质证活动中可以对证据发表意见、进行提问，这是检察官在质证中的重要任务；

第三，检察官针对被告方询问证人中出现的各种问题，承担解释、反驳、说明等工作，这也是法庭质证的重要构成。所以检察官在质证中的主体地位是多方面、多层次的。质证不仅是检察官的权力，而且是检察官的义务和责任所在。

公诉人在质证活动中不仅承担举证责任，包括提出各种证据以备质证，而且也是质证的积极参与者，即需要进行直接询问、交叉询问和再直接询问等任务。这就要求公诉人对法律和证据规则非常熟悉，还必须对本方提供的证据情况极其熟悉，这就需要进行培训才能胜任。

（三）被告人在质证中的地位和作用

法庭的质证活动是证明案件事实的关键，这对于被告人是否有罪起到了极为重要的决定性作用。被告人不认罪，对控诉证据有疑问，控诉方就需要通过法庭质证活动证明其有罪。质证活动为法庭判决提供依据，也是在针对被告人不认罪的情况下判处其有罪的法律要件，是正当程序的重要组成部分。被告人在质证中的地位体现在以下几个方面：

第一，进行质证是被告人的权利。在现代刑事司法中，质证对刑事诉讼的被告方是一项权利，权利可以使用，也可以放弃，所以被告方对于证据可以质证，也可以不质证。如果被告人对证据没有异议，则可以不质证。

第二，被告人是质证的重要参与者。鉴于证据主要是由控诉方提供，所以质证通常是由被告方对控诉证据提出质疑来实现。被告人不仅有质证的权利，也有权利和义务向法庭提供证人。被告方提供证人是其辩护行为的组成部分，在法庭质证中，这些证人经过本方和起诉方的询问，法庭才能判明证言是否可信。①

第三，被告人有权委托辩护人代为质证。由于被告人通常不具备足够的法律知识，更由于其处于被指控的身份，很难有效进行质证，所以被告人需要由其辩护人完成对证人进行质证的任务。

第四，根据《民权公约》第14条第3款（庚）项，被告人有权决定自己是否接受质证。如果在被告人选择不接受询问的情况下，不得强迫其作证和承认有罪（在英美法系刑事诉讼中，被告人接受询问，也称为“作证”）。被告选择接受询问就成为质证的对象。被告人作为质证对象时，被告方的质证活动必须由辩护律师代为进行，因为被告人不能自问自答，这样会导致角色混乱。②

第五，辩护人质证的权利来自被告人，其质证的目的也应当是维护被告人的利益。辩护律师积极参与质证是维护被告人权利的主要手段。这就要求辩护律师精通法律和证据规则，深入了解所代理案件的各种情况，尤其是证据采集过程，还要掌握询问证人的技巧，需要经过培训才能达到。

---

① 参见杨宇冠：《国际人权法对我国刑事司法改革的影响》，中国法治出版社2008年版，第190~222页。

② 笔者通过对英美法系的刑事诉讼的实地考察发现，被告人通常由辩护律师代理，在极少的情况下，被告人拒绝辩护律师，也可以自问自答，但法官通常会劝说被告人接受律师的帮助。

六、法庭质证制度的完善

法庭质证是庭审的中心活动，完善质证制度不是一个简单的技术问题，而是牵涉到刑事司法制度整体完善的问题。法庭质证制度的构建与完善是推进以审判为中心的诉讼制度改革的重要组成部分，也是保障以审判为中心的诉讼制度改革得以实现的关键。法庭质证的完善需要制定质证制度，并且与刑事司法其他有关制度配套进行。

（一）制定质证规则

为保证庭审质证的顺利进行，质证应当有规则。我国目前法律和司法解释关于质证的规定较少，还没有形成系统的质证规则①。笔者认为质证规则至少应当包括下列事项的处理规则：

1）确定需要质证的事项，包括哪些案件需要质证，哪些案件可以不进行质证；还包括具体案件中哪些证据需要质证，哪些证据不需要质证；

2）法官、检察官、被告人及其辩护律师在质证时的权利和义务；

3）证人的权利和义务，尤其是陈述和回答问题时的规矩；

4）质证的程序，包括质证的启动、提问的顺序、对不当提问的反对②、质证终结等活动的规则；

5）质证的效力，包括质证之后相关证据是否采纳之效力③和在应当质证而没有质证情况下对案件的影响。

---

① 关于我国质证的现状和建议可参见王颂勃：《刑事诉讼法庭质证规则研究》，中国人民公安大学出版社 2015 年版。

② “反对”是进行质证一方提出的问题或证人回答时不符合法律和证据规则时，另一方当场提出反对意见，阻止提问和回答该问题的一种方式，法官作为庭审质证的主持人必须对“反对”当场表态。如果反对有效，则该问题或回答不能继续进行，如果反对无效，则可以继续进行。

③ 在英美法系陪审团审判的情况下，质证的效力直接对陪审团判断产生影响。在我国不实行陪审团审判的情况下，法官在质证之后应当说明该证据是否可以采纳。

（二）完善证人出庭制度

党的十八届四中全会《决定》中提出“完善证人、鉴定人出庭制度，保证庭审在查明事实、认定证据、保护诉权、公正裁判中发挥决定性作用”[①]。证人出庭作证是质证得以进行的关键。证人不出庭作证，不仅侵犯了被告人与证人质证的合法权利，而且使整个诉讼过程成为“走过场”，质证实际上是无法进行的。证人出庭作证、接受质询，有利于判明证据的真伪，准确地查明案件事实真相。证人出庭才能使对方有机会向其质证，因此证人出庭作证既是司法程序公正的需要，又是证明犯罪的需要，也是法律赋予被告人与证人对质的权利。我国刑事诉讼中证人出庭率低是一个长期存在的问题。

完善证人出庭作证制度在我国刑事司法中是一个长期而艰巨的任务。2012 年《刑事诉讼法》修改在完善证人出庭制度方面有了长足的进步，明确了证人应当出庭作证的范围（187 条），确立了强制作证制度（188 条），证人保护制度（61 条和 62 条），证人作证的补偿制度（63 条）等，这些规定对于改善我国长期以来证人出庭率过低的现象，提高庭审中质证的质量和效果有很重要的意义。但是，根据笔者对新《刑事诉讼法》生效之后我国部分地区司法实务部门的考察，发现目前刑事案件审判证人出庭率仍然很低，有些刑事诉讼案件甚至没有一个证人出庭。

进一步完善证人出庭作证制度需要侦查和司法机关的共同努力，在切实执行《刑事诉讼法》中证人出庭各项规定的基础上，进一步明确法官和诉讼双方在证人作证中承担的权利和义务、落实证人传唤制度、建立弹劾证人制度、细化免于作证制度和制定询问

---

① 《中共中央关于全面推进依法治国若干重大问题的决定》，载《中国共产党第十八届中央委员会第四次全体会议文件汇编》，人民出版社 2014 年版，第 45 页。

证人规则，等等①。

（三）利用庭前会议制度

新《刑事诉讼法》增加了庭前会议程序。庭前会议可以通过证据开示、确定出庭证人名单和非法证据排除等方面的工作为庭审质证做好充分的准备工作。

首先应当确定哪些案件需要进行庭审质证程序。为此可以在庭前会议中设置被告人答辩程序，在被告人及其辩护人对起诉书指控的犯罪事实和证据不存在异议的情况下，该案件就不需要进行庭审质证。为保证案件公正，主审法官在庭前会议中应当核实被告人认罪的真实性、自愿性，以及充分知悉认罪的法律后果。

其次应当确定哪些证据需要质证。对于被告人不认罪或对证据有异议的案件，可以在庭前会议中决定哪些证据应当质证，诉讼双方异议的证据则不需要质证。完成此工作证据开示是关键。目前的庭前会议中进行证据开示还缺乏法律制度的保障和具体的操作程序，多属于控辩双方在个案中的自发行为。因此，需要建立和完善我国庭前会议中的证据开示制度，这样才能使法官、检察官和被告人及其辩护人有针对性地做好庭审质证准备，这对促进庭审的实质化和提高庭审效率都有十分重要的意义。

（四）实行程序分流制度

在刑事诉讼中，并非每个证据都需要质证，只有诉讼双方，特别是被告方对控诉的证据存在疑问才应当进行质证，如果对证据没有疑问就没有质证的必要，所以，实际上相当一部分证据不需要质证。为了保证庭审质证得以顺利进行，不需要质证的案件应当及时分流。党的十八届四中全会《决定》提出："完善刑事诉讼中认罪

---

① 传唤证人制度、弹劾证人制度、免于作证制度和询问证人方法等详见杨宇冠：《人权法——〈公民权利和政治权利国际公约〉研究》，中国人民公安大学出版社2003年版，第275~288页。

认罚从宽制度。”[①] 这是我国刑事诉讼制度改革的重大举措，对于庭审质证的顺利进行能起到至关重要的作用。

笔者认为，认罪认罚从宽制度的适用范围还可以进一步扩大到除死刑案件[②]之外的所有刑事案件。为此，可以在各个社区设立治安法院，隶属于基层法院之下，并以基层法院的名义处理案件。治安法院可以快速便捷地处理大量不需要法庭质证的案件。治安法院在刑事司法中还可使用处罚令程序，辩诉协商机制，简化侦查和起诉手续，侦查机关在抓捕犯罪嫌疑人之后对于其认罪的轻微犯罪，可直接送交治安法院处理。这样可以大规模地提高刑事诉讼的效率。

刑事诉讼简易程序改革过程中也需要注意公正和效率的关系。[③] 在保证公正的基础上审判机关可以适用多种简化审判的措施。一个案件简化掉质证程序，或者一个案件中的某些证据不需要质证，这些措施并非否定了质证程序，而是保证质证制度得到贯彻执行的必要措施。因为，如果所有的案件中所有的证据都经过质证，司法资源将不堪重负，质证制度不能落实。经过案件分流措施，对不需要进行质证的案件和证据进行科学的分流，才能将有限的司法资源用于保证需要进行质证的案件和有关证据能够在庭审中得到充分质证。

（五）加强律师辩护制度

辩护制度与庭审质证关系十分密切，被告人行使质证权利是辩

---

① 《中共中央关于全面推进依法治国若干重大问题的决定》，载《中国共产党第十八届中央委员会第四次全体会议文件汇编》，人民出版社2014年版，第43页。

② 死刑案件与普通刑事案件在程序方面有一些显著的不同：死刑案件涉及的通常是最严重的犯罪，死刑案件的审判结果关系到被告人的生命；死刑案件中被告人如果被判处死刑，在执行后具有不可逆转性，即使发现错案也无法补救，因此死刑案件的处理应当比普通刑事案件更为谨慎。参见杨宇冠主编：《死刑案件的程序控制》，中国人民公安大学出版社2010年版。

③ 参见杨宇冠、刘晓彤：《刑事诉讼简易程序改革研究》，载《比较法研究》2011年第6期。

护权实行的重要方式，辩护权是被指控者的一项最基本的诉讼权利，是国际人权准则中的重要内容。《世界人权宣言》和《民权公约》中都有明确规定。质证制度的设立是保障辩护权的重要途径，也是法庭质证制度得以实现的重要条件。法庭质证是一项专业性极强的诉讼活动，律师之外的辩护人通常难以胜任。

我国刑事诉讼中还有许多被告人没有辩护律师。在刑事案件的审判阶段，不发达地区只有30%左右的案件有律师介入诉讼，在发达地区，这一数字也仅仅超过50%①。被告人没有律师辩护，质证程序就难以有效进行。推进以审判为中心的诉讼制度改革要求庭审实质化、法庭质证落到实处。为实现此目标，律师辩护缺乏的问题首先应当得到解决。

第四节 刑事上诉程序人权保障机制的完善

刑事上诉程序作为刑事审判程序的一个重要环节，不仅要有效监督刑事一审程序的运作，同时也应当实现对刑事被追诉人的权利救济。与刑事一审程序查明案件事实的职能不同，刑事上诉程序作为刑事第一审程序的救济程序，其程序设置与运作应秉持人权保障本位。刑事上诉程序不应当是对被告人进行再次的完全审判以减少司法错误率，而是在评价一审程序的基础上切实完成对受到不公正审判之被告人的救济。但我国刑事上诉程序人权保障机制的不完善早已为一些学者所诟病，② 具体表现为刑事上诉程序的“虚置化”。

---

① 陈光中：《完善的辩护制度是国家民主法治发达的重要标志》，载《中国法律评论》2015年第2期。

② 易延友教授指出：“第二审程序已经形同虚设，这几乎已经成为刑事诉讼法学界的共识。”参见易延友：《我国刑事审级制度的建构与反思》，载《法学研究》2009年第3期；陈瑞华教授指出：“中国刑事二审程序在事实裁判方面基本上是流于形式的，有关二审开庭审理的制度安排也是形同虚设的。”参见陈瑞华：《侦查案卷裁判主义——对我国刑事二审程序的重新考察》，载《政法论坛》2007年第5期。

从制度层面来看，案件请示报告制度、侦查案卷裁判主义以及发回重审扩大适用是刑事上诉程序“虚置化”的制度内因。从实践层面来看，我国的刑事上诉改判率虽与西方国家并无较大差异，[①] 然而却是人为控制下的“数据模型”。

一、国际准则下被定罪者上诉权的保障

《民权公约》第14条第5款规定：“凡被判定有罪者，应有权由一个较高一级法庭对其定罪及刑罚依法进行复审。”这条规定有两种理解：一是上诉权，指被判定有罪者可以对司法机关的未生效裁判请求再一次审判；二是复审权，指被判定有罪者对司法机关已生效裁判和未生效裁判均可请求再一次审判，并认为上诉权是复审权的下位概念。有关该款内容的具体理解如下：

（一）上诉权主体

《民权公约》特别提出“被判定有罪者”有权使其定罪由较高一级法院复审，在中文语境下即指上诉。突出被定罪人有上诉权并不意味着被判定无罪者、公诉人、自诉人、被害人等不能上诉，而是因为被定罪人的权利需要特别给予关注。《民权公约》仅规定遭受刑事裁判不利影响之人具有上诉权的目的是使上诉权发挥最大效用，避免其被不当滥用，其他诉讼主体是否享有上诉权则由缔约国国内法予以具化。

值得指出的是，“被定罪者”的罪行范围包括所有的犯罪，不限于重罪，也包括轻微犯罪。人权事务委员会第32号一般性意见第45段特别强调，应特别注意“罪行”一词的其他用语，所以保障条款不仅限于最严重的犯罪行为。[②] 因此，即使是法律所规定的轻微犯罪，《民权公约》缔约国也不得基于本国法律对轻微犯罪概

---

① 我国刑事上诉程序的改判率平均为13.73%，资料来源：《中国法律年鉴》，载“全国法院审理各类二审案件情况统计表”（1999年—2014年）。

② 参见联合国人权事务委员会第32号一般性意见，第45段。

念规定之不同而当然把轻微犯罪案件中的刑事被告人排除在上诉权主体之外。

（二）上诉审理法院

上诉审理法院应当是一个较高一级法庭，对“较高一级法庭”的内涵可进行两方面的延伸理解：一是如果缔约国国内法有关于越级上诉的规定，则可直接依据国内法向更高层级法院上诉；如果缔约国国内法有关于多级上诉的规定，则应充分保障上诉权利人向较高一级法院上诉权利的有效性。

值得注意的是，如果初审法院为缔约国国内最高法院，还有无较高一级法庭依法进行复审？人权事务委员会第32号一般性意见对此给予了阐释，违反《民权公约》第14条第5款的情况不仅包括一审法庭判决如果是终审的，而且还包括在下级法院宣布无罪后较高一级法院不能根据国内法复审上诉法院或终审法庭的定罪。当一国的最高法院既是初审法院又是唯一审判法院时，有关缔约国最高法院进行审判这一事实，抵消不了获得较高一级法院复审的任何权利。[①] 由此可见，人权事务委员会认为如果由缔约国国内最高法院作为刑事案件的初审法院，从而导致一审终审，则是违反《民权公约》的。而且在欧洲的许多国家，人们把欧洲人权法院当成最高审级，一国最高司法机构审判的案件还可以向欧洲人权法院申请审核。[②]

（三）上诉审查范围

上诉权利人可以针对定罪和刑罚提出上诉。此处的争议在于对“定罪和刑罚”的界定，是仅限于法律问题？还是法律和事实问题均可？从文义解释的角度而言，定罪和量刑是法院适用刑事法律对被告人予以审判的过程。在这一过程中，不仅需要运用刑事实体法

① 参见联合国人权事务委员会第32号一般性意见，第47段。

② 杨宇冠：《国际人权法对我国刑事司法改革的影响》，中国法治出版社2008年版，第38页。

（即《刑法》）对被告人所涉嫌的犯罪行为予以定性，所需判处的刑罚予以裁断，还必须运用刑事程序法（即《刑事诉讼法》）确保审判程序的公正性。因此，定罪和量刑本身即为实体、程序两方面的结合。

《民权公约》第 14 条第 5 款所规定的较高一级法院复审定罪和判刑的权利，要求缔约国有义务根据充分的证据和法律、定罪和判刑而进行实质性复审，比如允许正当审议案件性质的程序。仅限于复审定罪的形式或法律问题，而根本不考虑事实情况，这并不符合《民权公约》的要求。[①] 上诉程序并非对原审程序的重演或是对案件的再次完全审判，《民权公约》要求的仅是对案件进行实质性审理，而实质性审理应当包括事实、证据和法律问题。

虽然上诉法院的审理范围涵盖了事实认定和法律适用问题，但是该款规定并不涵盖“上诉不加刑”原则。如果较高一级法院详尽审议了对被定罪者的指控，考虑了在审判和上诉时提交的证据，发现具体案件中有足够的归罪证据而证明有罪，就不违反《公约》。[②]

二、我国刑事上诉程序人权保障机制的评价

根据我国《刑事诉讼法》第 222 条之规定，第二审人民法院应当就第一审判决认定的事实和适用法律进行全面审查，不受上诉或者抗诉范围的限制。可见，立法者对刑事第二审程序寄予了厚望，希望通过奉行全面审查原则来发现第一审程序中的事实错误和法律错误，以保障刑事被追诉人的人权和维护司法制度的尊严。但这样的立法设计已经在案件请示报告制度盛行、侦查案卷裁判主义影响、发回重审机制扩大适用的情况下形同虚设。我国刑事第二审程序还有一系列问题需要改进，包括以下三个方面：

---

① 参见联合国人权事务委员会第 32 号一般性意见，第 48 段。

② 参见联合国人权事务委员会第 32 号一般性意见，第 48 段。

（一）案件请示报告制度

案件请示报告制度是指下级人民法院在审理案件过程中，就实体和程序问题向上级法院请示，上级法院作出批复，下级法院以该批复为依据对案件所涉问题进行处理的惯常做法。案件请示报告制度在我国目前的立法文件中并不能找到明确的法律依据，但在司法实践中却十分盛行。案件请示报告制度在我国有其特有的产生背景，是司法体制行政化和法院体制行政化的产物。新中国成立初期，我国的法律依附于政治，司法依附于行政，司法制度便是建立在原有行政体制框架之下的，按照行政机关运作的方式运行，下级法院向上级法院的请示报告便是司法行政化运作方式的具体表现。这种司法行政化运作方式在当时确实产生了一定的积极效应，因为处于社会转型的新中国成立初期基层人民法院法官的法律素养普遍不高，下级人民法院通过案件请示报告制度可以有效地防止司法错误，维护司法权威。在这一意义上，请示报告制度可以弥补下级人民法院法官在事实认定和法律适用方面的不足，并维持整个司法体制的顺利运转。但是随着社会主义法治化进程的推进和社会主义法律体系的完善，基层人民法院法官的法律素养普遍提高，案件请示报告这一制度的使命已经完成，理应退出历史舞台。但鉴于案件请示报告制度能够使下级法院提前获知上级法院对待案件的态度，尤其是重大敏感需要考虑社会效果的案件，因而其已经演变成了下级人民法院法官规避审判责任的一种手段。案件请示报告制度已与我国当前的司法体制“格格不入”。

根据我国《宪法》和《人民法院组织法》的规定，上下级法院之间是监督关系，而非领导关系，下级法院根据上级法院的批复判案的做法不仅违背了法治精神，也导致了我国刑事第二审程序的“虚置化”。既然案件经过请示后最终是按上级法院的意见办理的，那么该案在审结后，当事人再向原审人民法院的上级法院提起上诉审程序，就没有实质意义了，在这“一请示、一答复”之间，法定的上诉审程序实际上已经被虚置，当事人的上诉权遭到剥夺，法定的权利救济途径在案件请示报告制度面前遭到了无法克服的障碍。[①] 刑事审级制度的一个重要功能便是确保司法的公正性，但是案件请示报告制度将上级人民法院对案件的处理态度提前引入到第一审案件的审理过程当中，实质上是变相否定了当事人的上诉权和审级制度的上诉救济机制，因为上级法院也即第二审人民法院并不会轻易推翻自己先前的批复。而且上级法院对案件的批复还违反了公开审判原则和直接言词原则，案件的请示报告一般都是在上下级法院之间秘密进行，案件当事人并不知情，也无法影响诉讼程序的进展和最终的实体裁判结果，实则导致了对刑事被追诉人的秘密审判。上级法院针对请示报告案件所作答复是一种间接审理机制，其并不参与法庭调查和法庭辩论过程，加之现在基层人民法院法官的法律素养已普遍提高，上级法院对案件的批复并不见得比下级法院直接亲自审理更有优势。况且下级法院在请示报告时并不一定会报送案件的全部信息，上级法院在截取的部分案件信息基础上所作的批复便可能具有误导性，从而导致案件裁判的失当或错误。如此，在当今司法制度的背景下，案件请示报告制度不仅导致了刑事第二审程序的“虚置化”，甚至还有人为制造司法错误的嫌疑。

下级法院向上级法院所请示报告的案件类型一般都是重大复杂疑难案件，譬如北京市高级人民法院就曾经规定：“下列刑事一审案件，各级法院收案后三天内，填表（见附件一）并附起诉书一份，分别直接报送我院刑一庭督导组；区县法院的同时抄报市中级法院刑二庭一份，铁路运输法院的同时抄报铁路运输中级法院一份。1. 非法所得 1 万元以上的经济犯罪案件；造成经济 50 万元以上的重大责任事故案件和玩忽职守案件；2. 被告人系县团级以上干部或是中央副部长级以上干部子女犯罪的案件；社会知名人士、少数民族、宗教界上层人士犯罪的案件（被告身份必须核实）；3. 制造、贩卖假药、毒品和有毒食品严重危害人民生命健康的案

---

① 万毅：《历史与现实交困中的案件请示报告制度》，载《法学》2005 年第 2 期。

件；4. 走私、贩卖、传播淫秽录像及其他淫秽物品的案件；5. 中央、市委和最高人民法院交办或指示迅速查处并报告结果的重大案件；6. 其他有重大影响的案件（如破坏选举、煽动群众闹事等在区、县以上地区有重大影响的案件）。”① 在新中国成立初期司法体制行政化和基层法院法官法律素养普遍不高的情况下，通过法院内部间的“请示—批复”的确可以保障法院的审判业务水平和司法体制的顺利运转，这种保障作用主要是从经济文化相对落后的国情和社会主义各项制度根基不牢固的角度而言的。在社会主义法律体系日趋完善的今天，这种制度设计本身是值得考究的。重大复杂疑难案件不一定要请示报告上级法院，根据审判独立和审级独立的要求，下级人民法院应当对自己所管辖的案件独立审理，不受来自立法机关、行政机关以及上级法院的干预。第一审法院一般是在被告人居住地或者犯罪行为发生地，其对案件证据的调查、核实和案件事实的把握、认定具有天然的优势，向上级法院请示汇报可能会得到适得其反的结果。而且现在基层人民法院法官的法律素养普遍提高，一般重大复杂疑难的案件是可以做到准确适用法律的，而且还有刑事上诉救济机制予以保障。即使出现了特别重大疑难复杂的刑事案件，下级人民法院难以处理的，也可以根据我国《刑事诉讼法》第23条之规定，请求移送上一级法院审判。级别管辖权的变通和案件请示报告制度有着本质的区别，在级别管辖权变通下，上级法院变成了第一审法院，若在案件审结后当事人不服裁判结果，还可以再向更高级别的法院上诉，而案件请示报告制度则是变相否定了当事人的上诉权。近些年，司法者已经意识到了案件请示报告制度的弊端，并尝试作出改变。其中，最高人民法院明确提出：“要改革和完善上下级人民法院之间的关系，明确上级人民法院对下级人民法院进行司法业务管理、司法人事管理和司法行政管理方

① 见北京市高级人民法院1987年5月19日发布的《北京市高级人民法院关于修订刑事案件请示报告的通知》，〔1987〕京法高字第77号。

面的范围与程序，构建科学的审级关系。规范发回重审制度，明确发回重审的条件，建立发回重审案件的沟通协调机制。规范下级人民法院向上级人民法院请示报告制度。完善委托宣判、委托送达、委托执行工作机制。”①

（二）侦查案卷裁判主义

侦查案卷裁判主义是我国审判程序长期存在的弊病，也是导致我国刑事第二审程序“虚置化”的原因之一。第一审法院不得不接受检察机关庭后移交的全套侦查案卷笔录，那么，在案件进入上诉审程序之后，二审法院也必然会接触到这些案卷材料。于是，侦查案卷笔录就不仅成为一审法院制作裁判的根据，而且还“长驱直入”，成为二审法院对一审裁判进行事实审查的前提和基础。②侦查案卷是指公安机关或检察院在侦查阶段对证据收集情况所作的书面记录，具体包括被告人供述笔录、证人证言笔录、搜查、勘验、辨认侦查活动记录等。在我国，第二审法院接受的案卷一般包括第一审的证据卷、文书卷、起诉书、庭审记录、判决书、上诉状（抗诉书）。这其中包含信息最多的是证据卷、判决书及庭审记录。③ 就判决书而言，第二审法院参与阅卷法官并不能获取实质性信息，因为我国判决书仅有诉讼参加人基本情况、案件事实和判决结果，缺乏说理性已经是司法实践中不争的事实。就庭审记录而言，一审法院所作的庭审记录只是简单地记录了公诉方所宣读的侦查案卷的卷册、页码，而丝毫没有记载相关的案卷笔录内容。④ 而针对证据卷而言，我国《刑事诉讼法》第 172 条明确规定了公诉

---

① 见最高人民法院 2009 年 3 月 25 日印发的《人民法院第三个五年改革纲要（2009—2013）》的通知，法发〔2009〕14 号。

② 陈瑞华：《侦查案卷裁判主义——对我国刑事二审程序的重新考察》，载《政法论坛》2007 年第 5 期。

③ 林喜芬：《我国刑事审级制度的功能考辨与变迁改良》，载《东方法学》2009 年第 5 期。

④ 陈瑞华：《侦查案卷裁判主义——对我国刑事二审程序的重新考察》，载《政法论坛》2007 年第 5 期。

方应当将案卷材料、证据移送人民法院，这些都是侦查机关的侦查案卷本身。因此，第二审法院所接收案卷材料包含的信息都是建立在侦查案卷基础上的。

根据我国《刑事诉讼法》第 223 条之规定，我国刑事第二审程序有开庭审理和不开庭审理两种方式，其中事实证据异议、判处死刑以及人民检察院抗诉的案件必须开庭审理。《最高人民法院关于适用〈中华人民共和国刑事诉讼法〉的解释》（以下简称为《刑事诉讼法解释》）第 324 条规定，第二审案件依法不开庭审理的，应当讯问被告人，听取其他当事人、辩护人、诉讼代理人的意见。合议庭全体成员应当阅卷，必要时应当提交书面阅卷报告。因此，对于不开庭审理的案件，合议庭实行的是阅卷审查制，但是第二审法院所接收的案卷材料的信息都基本来源于侦查案卷，因此只要侦查案卷没有出现十分明显的矛盾或纰漏，第二审阅卷法官是无法发现第一审程序中的事实认定是否错误的，至多是依据侦查案卷中所描述的事实判断一审法院对案件的行为定性和法律适用是否妥当。这种侦查案卷裁判主义下的刑事第二审不开庭审理的阅卷规则已经导致了第二审全面审理原则的名存实亡，阅卷法官不可能有审查记录在侦查案卷材料以外信息的机会，不论是审查起诉人员、第一审法官还是第二审法官都只能按照侦查人员所“勾勒”的“蓝图”来审查案件事实，进而可能导致冤假错案。

但是《刑事诉讼法解释》第 324 条还规定了不开庭案件应当讯问被告人，听取其他当事人、辩护人、诉讼代理人的意见，这里的讯问被告人、听取意见是否能在一定程度上削弱侦查案卷裁判主义的影响，从而使得第二审法官了解更多有关案件事实的信息。值得注意的是，我国《刑事诉讼法》在 2012 年修改之前针对二审不开庭审理的案件是这样规定的：合议庭经过阅卷，讯问被告人，听取其他当事人、辩护人、诉讼代理的意见，对事实清楚的，可以不开庭审理。刑事诉讼法修改之前的第二审程序是否开庭遵循着“两步式构造”模式，即在阅卷的基础之上再决定是否开庭审理，事实清楚的可以不开庭审理。然而赋予第二审法官在开庭与否问题上较大的自由裁量权造成了司法实践中刑事第二审程序开庭率低的结果。因此，《刑事诉讼法》在2012年修改时便取消了在开庭问题上的“两步式构造”模式，二审开庭与否并不建立在事先阅卷审查的基础之上，而是明确了必须开庭的三种案件类型：即事实证据有异议、判处死刑、人民检察院抗诉。决定不开庭的案件应当实行阅卷审查制，并讯问被告人，听取其他当事人、辩护人、诉讼代理人的意见。但其实这里存在着一个悖论：如果被告人在陈述中或者其他当事人、辩护人、诉讼代理人在意见中提出了新事实、新证据，那么就属于事实证据有异议需要开庭审理的案件类型，第二审法院应当转为开庭审理。如果被告人的陈述和其他当事人、辩护人、诉讼代理人的意见与之前并无二异，那此处做法意义何在？在诉讼参与人都没有提出新事实、新证据的情况下，不可能期待阅卷法官发现第一审程序中的事实认定错误，除非案卷中出现了明显的矛盾或纰漏。因此，阅卷的结果不过是在加强第二审阅卷法官作出维持原判裁定的内心确信，这也便是刑事第二审程序中阅卷审理的“推定法则”。① 此处是在刑事诉讼法修改基础上对原有推定法则的发展。

针对二审开庭审理的案件，侦查案卷裁判主义同样产生了影响，这是因为我国《刑事诉讼法》并没有规定专门的第二审庭审程序，仅在第231条中规定参照第一审程序的规定进行。刑事第二审法院接收的案卷材料和第一审法院接触的案卷材料所包含的信息并无很大差异，而且刑事第二审程序在程序运作上效仿第一审程序，法庭调查、法庭辩论以及最后的被告人陈述也无非是在对刑事第一审程序的重演，刑事第二审程序已经变相成为第二次的“第

① 陈瑞华教授提出不开庭审理程序中的“推定法则”，即在被告人没有提出相反事实和证据的情况下，一律推定一审裁判结论是成立的。参见陈瑞华：《侦查案卷裁判主义——对我国刑事二审程序的重新考察》，载《政法论坛》2007年第5期。

一审程序”。第二审程序参照第一审程序进行的这一规定本身无可厚非，但是在我国审判中心主义诉讼构造尚未建立的情况下，侦查中心主义诉讼构造所带来的弊端仍然会影响刑事第一审程序，导致第一审程序性机制的不完备和证据裁判机制的缺失，而且这种影响还会进一步随着审级层次的提升而加深并致使第二审程序“虚置化”。

（三）发回重审扩大适用

刑事第二审程序除了在程序运作上效仿第一审程序，还有自己独特的程序性制裁机制，主要是为了防范和纠正刑事第一审程序中出现的审判错误和程序错误。但是目前我国刑事第二审程序的制裁机制尚不完善，主要表现为发回重审机制的扩大适用，这直接导致刑事第二审程序陷入了“循环拖延”的怪圈。根据我国《刑事诉讼法》第225条之规定，刑事第二审程序审理之后有三种处理结果：维持原判、改判和发回重审。其中维持原判和改判均发生裁判终审效力，而发回重审则使得案件重新进入第一审法院审理。根据我国《刑事诉讼法》第225条和第227条的规定，发回重审有两种类型，即事实不清、证据不足可以发回原审人民法院重审，以及违反法律规定的刑事诉讼程序应当发回原审人民法院重审。

发回重审机制的扩大适用主要表现在事实不清、证据不足这一种发回重审类型上。首先，应当明晰“事实不清”的范围，学术界对事实不清发回重审中的“事实”存在着不同认识，有人认为是指证明被告人有罪或罪重的事实；有人认为是指证明被告人罪轻或无罪的事实，因为既然规定二审法院可以查清事实后改判，当然是有利于被告人的事实。也有人认为此处的“事实”应指据以定罪量刑的案件事实，它既包括有利于被告人的事实，即无罪、罪轻的事实，也包括不利于被告人的事实，即有罪、罪重的事实。[①] 既

---

① 陈卫东、李奋飞：《刑事二审“发回重审”制度之重构》，载《法学研究》2004年第1期。

然“事实不清”的内涵可能有多种，那么把“事实不清”既可发回重审也可改判的决定权交给刑事第二审法官就不免有扩大其自由裁量权之嫌疑。我们应当看到“事实不清”也是分程度的，有些仅为次要事实不清楚，仅涉及量刑问题而不影响案件定性，此时发回原审法院重新审判无疑会拖延刑事诉讼进程，刑事第二审法官直接予以改判即可。但如果是主要事实不清楚，譬如遗漏了犯罪事实、犯罪嫌疑人或者涉及案件定性的情节模糊不清，此时发回原审法院是有助于查清案件事实的。“事实不清”是发回原审法院重新审判还是直接改判应当有一个界限，这个界限应当由刑事诉讼法明确规定，而不是交给刑事第二审法官来自由裁量。在外界社会舆论以及错案终身追究制度的压力之下，刑事第二审法官便倾向于把可以直接改判的案件发回原审法院重审以规避自己的审判责任。而且大部分情况下刑事第二审法官在判断案件是否属于“事实不清”之前，就已经对案件事实情况有了基本了解甚至是对案件事实已有内心确信，因为只有对比之下才能判断刑事第一审法院对案件事实的认定是否不清。

其次，针对证据不足可以发回原审人民法院重新审判的做法是值得考究的，按照无罪推定原则，对刑事被追诉人的指控证据不足以证明其实施了犯罪行为时应当视其为无罪，即宣告无罪。同样，基于刑事审判证明标准的要求，不论是在刑事第一审程序还是刑事第二审程序中，在发现案件系证据不足时，都理应宣告无罪并释放被告人。进一步说，我国《刑事诉讼法》对刑事第一审程序证据不足的案件也提出了裁判要求，根据第195条之规定，刑事第一审人民法院在发现案件系证据不足时，即应当作出无罪判决。我国上下级法院间是监督关系，第二审法院在发现第一审法院的错误判决时，应该通过直接改判无罪的方式来纠正，而不是把案件再次发回原审法院重审。这一立法设计存在的根本原因是我国尚未完全建立起无罪推定原则以及在司法实践中所秉承的“实事求是、有错必纠”理念。无论是刑事第一审法院还是第二审法院，都是戴着

“有色眼镜”去看待刑事被追诉人，认为证据不足的案件即是刑事被追诉人实施了犯罪行为但有些关键证据还未收集到的案件。而且刑事第二审法院作为上诉法院，其心态是寄希望于发回重审机制以使证据不足的案件在原审法院进行再次审判，以寻求最大限度地降低司法错误率。然而就在上下级法院的推让之间，刑事案件被告人可能又多了几年“牢狱之灾”。应当看到，证据不足的案件本身应该就有两种可能——无罪或有罪，在不能确定的情况下就应当果断作出证据不足的无罪判决以防止诉讼的拖延。

三、我国刑事上诉程序的实证研究

（一）刑事上诉程序的数据考察

从1995年至2001年，全国法院刑事第二审案件的数量从5.4万件增加到9.8万件，2001年至2013年，第二审案件数量从9.5万件缓慢增至10.2万件。从1998年至2013年，全国法院的刑事第二审案件判决比例情况一直较为稳定，其中，第二审案件维持原判率处于70%~75%，第二审案件改判率处于12%~15%，第二审案件发回重审率处于5%~10%，其他处理方式处于5%~10%。[①]与西方国家相比，我国刑事第二审案件平均为13.73%的改判率已属较高，[②]这似乎能说明第二审程序能有效发挥对第一审程序的监督作用。

仅从横向角度上对比中西方刑事上诉程序的改判率还不足以说

① 资料来源：《中国法律年鉴》，载“全国法院审理各类二审案件情况统计表”（1999年—2014年）。

② 统计数据表明，在美国，重罪案件通过上诉获得改判的案件仅占全部案件总数的5%~10%；在联邦巡回法院中获得改判的案件仅占全部案件的10%，其中改判率最低的巡回法院比例为7.4%，最高者为15%。Yale Kamisar, Wayne R. Lafave, Jerold H. Israel & Nancy J. King, Modern Criminal Procedure: Cases-Comments-Questions, 11th ed., Thomson/West, 2005, p.1583. 参见易延友：《我国刑事审级制度的建构和反思》，载《法学研究》2009年第3期。

明我国刑事上诉程序是否被“虚置化”，还必须在纵向维度上对比刑事二审和再审程序的改判率。从1995年至2004年我国刑事再审案件数量从2.2万件下降到0.33万件，2004年之后，刑事再审案件维持在每年3000件左右，1998年至2013年我国刑事再审案件维持原判率从最初的57.46%一直降低并维持在30%左右，改判率则从最初的22.10%一直升高并维持在42%左右。[①] 从再审案件改判率和第二审案件改判率的对比情况来看，我国再审案件的改判率（1998年至2013年再审案件改判率从22.10%升至42%左右）远高于二审案件的改判率（平均为13.73%），在如此之高的再审改判率下很难相信刑事第二审程序的庭审质量，也很难相信我国的刑事上诉程序发挥了有效的监督作用，实现了对刑事上诉人的救济功能。

我国刑事第二审程序平均为13.73%的改判率并不一定就能说明其起到了有效的监督作用，而是要看这些案件被改判的质量。仅仅与西方国家的上诉案件改判作简单比较是不能说明问题的，因为英美法系国家的上诉程序通常是有利于刑事被追诉人的，而我国的刑事第二审程序在检察院抗诉和自诉人上诉的情况下可以加重对刑事被追诉人的惩罚，因此这平均为13.73%的改判率中是包括对刑事被追诉人加重刑罚的改判的，真正有利于刑事被追诉人的改判率不足13.73%。而且在刑事再审程序改判率高达42%的情况下，很难相信二审程序的改判质量，尤其是在案件发回重审一次后仍然证据不足的情况下，刑事第二审法官通常会对案件作出留有余地的改判，这也正是有些冤假错案经过两级法院审理仍然被酿成的原因。

（二）对典型案例的探讨

我国刑事诉讼上诉程序“虚置化”问题可以通过典型案件予以剖析。以念斌案为例，2008年12月，福建省高院以“事实不

---

① 资料来源：《中国法律年鉴》，载“全国法院审理各类再审案件情况统计表”（1999年—2014年）。

清、证据不足”为由将案件发回福州市中院重审；2010 年 4 月，福建省高院二审时，裁定驳回上诉、维持原判，并报请最高人民法院进行死刑复核；在最高人民法院以“事实不清、证据不足”为由裁定撤销原判、发回重审之后，福建省高院也撤销了死刑判决，再次将案件发回福州市中院重审；2014 年 8 月，福建省高院最终作出终审判决，撤销福州市中院判决，上诉人念斌无罪，上诉人念斌不承担民事赔偿责任。观察念斌案中作为上诉法院福建省高院的做法，不难发现在证据明显不足的情况之下，其并没有直接撤销原判、改判无罪，第一次是将案件发回原审法院重新审判，第二次是裁定维持原判并报最高法院核准死刑，第三次仍然是将案件发回原审法院重新审判，最后迫于死刑复核以及社会各界的压力，在历经数次延期审理的二审期限内，才终于宣告念斌无罪。在本案中，作为上诉法院的福建省高院本应当承担对刑事被追诉人权利救济职能，但在“事实不清、证据不足”面前，其倾向于选择回避，也正因为如此，福建省高院用了两年半的时间来宣告无罪。

念斌是不幸的，他先后经历了 8 次审理 10 次开庭，4 次判处死刑立即执行，3 次撤销判决，最高人民法院 6 次批准案件延期审理，其精神之折磨可见一斑。但念斌案又不是孤立的，杜培武案、赵作海案、佘祥林案、张氏叔侄案、聂树斌案、呼格吉勒图案等冤假错案已经佐证了我国刑事上诉程序在人权保障机制上的不完备。

四、我国刑事上诉程序人权保障机制的完善

通过对刑事上诉程序的制度评价及实践数据的分析，不难发现我国刑事上诉程序人权保障机制不完备的症结在于“粗线条的制度设计”和“精良化的数据模型”之间的矛盾。针对刑事上诉程序中的人权保障，应当遵循从制度设计到实践运行逐步完善的过程，而并非置制度设计于不顾，先在数据模型上彰显司法公信力、体现司法权威。案件当事人在已有制度利益得不到满足的情况下，便会屡屡挑战裁判的终局性，选择不断“申诉”、“上访”甚至

“闹访”等做法。

（一）刑事诉讼构造的改革

2014年10月23日《中共中央关于全面推进依法治国若干重大问题的决定》通过，其中明确提出了要推进以审判为中心的诉讼制度改革。具体要求是：确保侦查、审查起诉的案件事实证据经得起法律的检验。全面贯彻证据裁判规则，严格依法收集、固定、保存、审查、运用证据，完善证人、鉴定人出庭制度，保证庭审在查明事实、认定证据、保护诉权、公正裁判中发挥决定性作用。以审判为中心的含义是指整个刑事诉讼程序的核心应当是审判程序，刑事诉讼立法上体现出庭审的实质化，构建起庭审控、辩、审等腰三角形结构和一系列证据裁判机制，司法实践中应当破除侦查、起诉、审判的“流水线型”作业，体现审判的权威性和终局性。推进以审判为中心的诉讼制度改革是司法规律的必然要求，也是改革诉讼构造和庭审结构、提高庭审质量，并保障刑事被追诉人人权的必要途径。

以审判为中心的诉讼制度改革首先要求刑事诉讼构造从“侦查中心主义”向“审判中心主义”过渡。“侦查中心主义”的立法设置必然会弱化审判程序的作用，审判人员所接触的案件信息不可能突破侦查人员所勾勒的“蓝图”，刑事上诉程序作为审判程序的一项重要环节也不可避免地被“虚置化”。在“侦查中心主义”诉讼构造下，对刑事被追诉人定罪和量刑的评价早已在侦查阶段下了结论，整个审判程序不免有“走过场”之嫌。这一点也早已被法院极低的无罪判决率和出现的众多冤假错案所证实。因此，革除“侦查中心主义”的立法设置并建立起“审判中心主义”的诉讼构造不仅是诉讼构造合理化和诉讼规律的必然要求，还具有保障人权上的意义。这将促使包括刑事上诉程序在内的刑事审判程序发挥真正意义上的功能，完成对遭受不公正对待的刑事被追诉人的救济。

（二）刑事庭审结构的改革

虽然我国沿袭的是大陆法系“职权式”庭审结构的立法传统，

但是细观我国刑事诉讼法中关于庭审结构的条文规定，可以发现其已经在原有立法传统的“蓝本”下被本土化改造，表现出“强职权式”特征。以刑事第二审的审理范围为例，《德国刑事诉讼法》第327条规定：“法院的审查仅限于判决被提出异议的范围。”这明显区别于我国刑事诉讼法所规定的第二审程序的全面审查原则。在“侦查中心主义”诉讼构造下赋予刑事第二审法院法官对事实和法律进行全面审查的“强职权”事实上是不可能的，且在此基础上试图通过两级法院的审判即达到真正意义上的“终审”也是不现实的。因此，只有庭审结构进行真正的变革，刑事上诉程序的运行才能高质量地发挥其应有作用。

从比较法的角度而言，英美法系的“对抗式”庭审结构和大陆法系的“职权式”庭审结构均可以借鉴，从法律传统以及法律移植融合的角度而言，大陆法系的职权式庭审结构更符合现实需要。两大法系本身即是一个相互吸收、相互借鉴、相互融合的过程，而且我国目前正积极推行陪审员制度改革，大陆法系抑或是英美法系的庭审结构模式借鉴将成为讨论的一个热点。任何法律制度创设和改革都需要制度根基和文化土壤的支撑，从“强职权式”庭审结构到“对抗式”庭审结构的过渡或许是我国刑事庭审结构的独特变迁之路。

在“对抗式”庭审结构下，既尊重法官对法庭庭审的主导作用，也强调控辩双方的言词辩论，法官的主导重在把握案件的法律适用，而控辩双方的言词辩论重在揭示案件的事实真相。“对抗式”庭审结构内在要求两方面内容：一是完善庭审举证质证规则和证据裁判机制。对于有异议、有影响的证人证言，法院应当安排证人出庭作证，并实行交叉询问。对于确属采用刑讯逼供等非法方法收集的犯罪嫌疑人、被告人供述，应当有效贯彻非法证据排除规则，排除其口供及重复自白。从而使辩护方能够真正影响刑事诉讼程序的进展和案件的最终实体结果；二是限缩刑事上诉程序的审查范围。上诉程序只审查法律适用问题和刑事被追诉人上诉的事实问题。另外，在刑事法庭布局的设置上，应当弱化刑事被追诉人的犯罪标签，解除对被告人的控制器械，允许被告人便装到庭并坐在辩护席上。

第五节 刑事再审程序人权保障机制的完善

刑事再审程序作为刑事审判程序的一个环节，不仅要有效纠正已生效裁判中的错误，更应当实现对刑事被追诉人的权利救济。与刑事上诉程序所肩负监督一审程序运行的职能不同，刑事再审程序作为刑事普通程序的特别救济程序，其程序设置与运作应保持谦抑性。刑事再审程序并非对任何的生效裁判错误都加以纠正以减少司法错误率，而应当在限制重复追诉的基础上切实完成对遭受司法错误裁判的被告人的救济。然而刑事再审程序纠错的“全面化”业已导致其在人权保障机制上的不完备，从制度层面来看，实事求是、有错必纠理念下的重复追诉则是刑事再审程序纠错“全面化”的内在动因。

一、国际准则下一罪不二审原则的保障

《民权公约》第 14 条第 7 款规定：“任何人已依一国的法律及刑事程序被最后定罪或宣告无罪者，不得就同一罪名再予审判或惩罚。”该款所规定权利之性质有两种理解：一是针对“同一罪名”不得再予审判或惩罚；二是针对“同一行为”不得再予审判或惩罚。“同一罪名”指向“同一行为”，判断“同一行为”的通常标准是指第二次审判的指控是否在法律上和事实上与第一次审判中的指控相同。如果相同，则应当禁止。此外，如果一个行为需要具有附加的事实来证明，而另一个则不需要这样的证明，则不适用该原则。无论是大陆法系的“一事不再理”原则，还是英美法系的“禁止双重危险”原则，均是从刑事被追诉人的人权保障的角度出发，防止其因自己的同一行为再次遭受刑事追诉，进而长期处于焦

虑之中，并对公共安全和社会秩序造成潜在的危害。因此，这里的“同一罪名”应当理解为“同一行为”。

（一）一罪不二审的范围限制

一罪不二审原则的保障仅适用于刑事指控，基于同一行为提起纪律诉讼、行政诉讼、民事诉讼并非《公约》所限。基于假借纪律处分之名而对同一行为人进行第二次刑事处罚的可能，必须对“刑事指控”的内涵予以严格界定。欧洲人权法院制定了判断是否存在“刑事指控”的三条标准：（1）国内法上的定性；（2）应受处罚的行为的性质；（3）处罚的严厉程度。法院综合这三条标准，以决定一种处罚是否属于刑事处罚，而不论有关成员国将其称为行政处罚或纪律处罚。①

当然对于“刑事指控”内涵的界定也有例外情形，不遵守一再发出的服兵役令并拒绝者，可构成惩罚同一罪行。如果这一拒绝是出于同一一直不变的良心上的决定。②

（二）一罪不二审的时间限制

《公约》把一罪不二审原则的时间限制在“已依一国的法律及刑事程序被最后定罪或宣告无罪者”。因此，一罪不二审原则的保障限制在刑事裁判生效之后。在禁止重复追诉问题上，两大法系有着自己的不同选择：英美法律的禁止双重危险原则规制的是对刑事被指控人进行两次以上的重复追诉，而不论是否穷尽本国刑事司法救济；大陆法系的一事不再理原则则从维护生效裁判的既判力角度出发，穷尽上诉等刑事司法救济途径后，禁止对刑事被指控人的再次追诉。由此可见，《公约》中的一罪不二审原则更加靠近大陆法系的一事不再理原则。

（三）一罪不二审的例外情形

一罪不二审原则的保障指：在一主权管辖范围内，一个犯罪行

---

① 熊秋红：《解读公正审判权——从刑事司法的角度考察》，载《法学研究》2001年第6期。

② 参见联合国人权事务委员会第32号一般性意见，第55段。

为不能经过两次审判。各缔约国的历史传统、经济文化发展程度、所属法系不同，其风俗习惯、社会观念、法律制度也不尽相同。在一缔约国被认定为犯罪的行为，在另一缔约国可能不视为犯罪。因此，《公约》仅要求各缔约国不得依照国内法对刑事被指控人的同一行为进行两次以上追诉，并不强求各缔约国在某种行为是否构罪上达成一致认识。《公约》并未规定一罪不二审原则的例外情形，但人权事务委员会第 32 号一般性意见阐释不适用该原则的两种例外情形：一是缺席审判的例外，如果缔约国基于国内法对刑事被追诉人进行了缺席审判，则遭受缺席审判而被定罪者有要求重新审判的权利，这不在禁止之列；二是未发现证据的例外，如果在刑事裁判生效之后发现了判处无罪时无法提供或者不了解的证据，则并不禁止此种特殊情况下的重复追诉。①

二、我国刑事再审程序人权保障机制的评价

刑事再审程序作为我国的刑事非常救济程序，其在纠正裁判错误、洗冤错案、维护社会稳定方面发挥着重要作用。刑事再审程序也是审级制度中的最后一道程序，对审级制度的确保司法公正性功能具有保障作用，但是另一方面也冲击着审级制度的确保司法终局性功能。我国刑事再审程序的设置沿袭了大陆法系的立法传统，但是在实事求是、有错必纠理念等国情因素的影响下，表现出纠错“全面化”的特征。

（一）实事求是、有错必纠理念下重复追诉

重复追诉是指在刑事诉讼程序进行过程中由于发生客观阻碍而致使诉讼程序回转，或者刑事诉讼程序已经终结但发现案件生效裁判出现错误，重新对刑事被指控人追究刑事责任的一种做法。就重复追诉本身而言，其对发现案件的事实真相具有促进作用，即通过对同一案件进行反复的侦查起诉和调查核实可以在最大程度上保障

① 参见联合国人权事务委员会第 32 号一般性意见，第 54、56 段。

案件最终裁判结果的实体公正，但是这同时也带来了对裁判终局性的破坏。应当看到，刑事诉讼过程所追求的是案件的法律真实而非客观真实，案件的客观真实只可能被最大限度地接近而不能达到。若允许一味地重复追诉，裁判的终局性效力不仅得不到尊重，法的安定性和整个社会秩序也会毁于一旦。因为重复追诉之下，每个人都会因为自己成为潜在的犯罪嫌疑人而变得恐慌不安。

无论是大陆法系还是英美法系均对重复追诉予以严格控制，也即是一事不再理原则和禁止双重危险原则。大陆法系的一事不再理原则是既判力理论的延伸，对法院已经作出的生效裁判不得再行争议，而在裁判生效之前的刑事诉讼阶段则不受该原则的限制；英美法系的禁止双重危险原则则来源于正当程序理论，禁止对刑事被指控人的同一行为进行第二次的刑事追诉，而不论裁判生效与否。一事不再理原则和禁止双重危险原则在控制重复追诉问题上的不同实则来源于二者设计初衷的不同。一事不再理原则是从维护判决确定性、权威性以及法的安定性角度出发，避免国家对同一事实进行反复多次的起诉、审判和法院对同一事实作出前后矛盾的判决，并实现诉讼的效率价值。禁止双重危险原则则是从限制国家追诉权和保障刑事被追诉人人权的角度出发，事实问题只能由陪审团审理裁决一次，之后的上诉救济程序以及非常救济程序均只能染指法律适用问题，从而避免刑事被指控人因为自己的同一行为而遭受“第二次危险”。这样的设计初衷决定了两大法系在控制重复追诉的例外上有所不同，再审程序是一事不再理原则最为典型的例外，再审程序对事实问题和法律适用问题皆可以重新审理，而且再审程序既可以由控诉方申请发动，也可以由被追诉方申请发动。禁止双重危险原则的例外主要体现在对未决案件的重新起诉和重新审判上，英美法系并没有类似于大陆法系再审程序这样一种系统的错误生效裁判的纠正机制。例如，在美国，被告人在被法院的生效裁判确定有罪之后，还可以向联邦法院申请“人身保护令”或者直接向联邦最高法院申请“调卷令”，从而启动再审程序。而且再审程序的启动只能由法定的极少数例外情形下由刑事被追诉人发起，控诉方无权启动再审程序，即被禁止发起任何不利于刑事被追诉人的再审申请。归结起来，既判力所维护的是法院的司法权威和法的安定性，它在案件的实体真实面临危险时才会中断；而免受双重危险原则则确保被告人不因同一行为而承受生命、自由、财产等被剥夺的双重危险，它所限制的是来自检控方的刑事追诉权，并因被告人提出非常救济的申请而发生例外。①

实事求是、有错必纠是我国长期坚持的司法理念。在此理念之下，对刑事被追诉人的重复追诉便成为必然，这在我国《刑事诉讼法》中的补充侦查制度、撤回起诉制度、发回重审制度以及再审程序中均有所体现。其中，补充侦查、撤回起诉、发回重审固然会导致刑事案件的拖延和诉讼效率的低下，但是其对案件事实真相的发现以及冤假错案的预防是有帮助的。但相比于在案件裁判生效之前运行的补充侦查、撤回起诉和发回重审制度，属于对案件生效裁判进行纠错的再审程序对司法终局性的破坏则显而易见。在我国之前的司法实践中，刑事再审程序对“文革”时期案件的拨乱反正以及冤假错案的纠正发挥了重要作用。刑事再审程序作为错误生效裁判纠正机制的这一设计初衷是符合诉讼原理的，但是对再审程序的具体构建应当把握重复追诉和判决确定性、终局性、权威性的平衡。我国刑事再审的程序构建表现出纠错上的“全面化”特征，这显示了立法者希望通过再审程序达到案件真相大白、不枉不纵的立法寄托，同时也确实拓宽了一些因冤假错案而“锒铛入狱”者的洗冤渠道。这样的立法设计不仅是实事求是、有错必纠的司法理念使然，同时也是在刑事第一审程序不完善、刑事第二审程序被“虚置化”的情况下而妥协的结果，把本应由刑事第一审程序、第二审程序所承担的职能强加给了再审程序。《刑事诉讼法解释》第325条规定，刑事第二审法院发现第一审判处的刑罚畸轻、应当适

① 陈瑞华：《刑事诉讼中的重复追诉问题》，载《政法论坛》2002年第5期。

用附加刑而没有适用的，基于“上诉不加刑”原则的限制，不得直接加重刑罚或者直接适用附加刑，而是在第二审判决、裁定生效后依照审判监督程序予以重新审判。

（二）再审启动不加限制

根据我国《刑事诉讼法》第243条之规定，刑事再审程序的启动有两种：一种是法院主动纠错而启动的再审，另一种是因检察院的抗诉而引发的再审。再审程序的这两种启动理由十分宽泛：各级法院主动启动再审的理由是在认定事实上或者适用法律上确有错误，上级法院启动的再审（最高法院可对各级法院的裁判启动再审）或者上级检察院经抗诉而引发的再审（最高检察院可对各级法院的裁判抗诉而启动再审）的理由均是发现确有错误。相比之下，当事人及其法定代理人、近亲属只能针对已经发生法律效力的裁判向法院、检察院提出申诉，而且申诉必须符合我国《刑事诉讼法》第242条规定的这五种情形方能引发再审。无论是从再审程序启动主体的角度还是从再审程序启动理由的角度，我国刑事再审程序的启动都不免有恣意化的嫌疑。

综观世界各国刑事再审启动模式，概括起来主要有以下三种：第一种模式是法院启动型，采取这种类型的国家有法国、德国和日本。检察机关、当事人及其代理人等，如果对生效裁判不服，只能向法院提出申诉，申请法院再审，但是当事人的申诉并不能直接引起刑事再审，而只有经过法院的审查，认为申诉符合法律规定的启动再审的条件时，才能由法院决定启动刑事再审程序。第二种模式是法院和检察院并行启动型，采取这种类型的国家有中国和俄罗斯。这种类型的国家十分强调维护国家法律的统一实施，为此设立了检察院作为国家的法律监督机关，以监督法律的正确统一实施。如果当事人对生效的裁判不服，既可以向法院申请再审，也可以向检察院申请抗诉，法院或检察院审查认为符合刑事再审条件的，都可以决定启动刑事再审程序。第三种模式是特殊机构启动型。在英国，为了保证启动刑事再审程序的公正性，对法院裁判进行有效的监督，议会设立了刑事案件审查委员会（Criminal Cases Review Commission，CCRC），专门负责对法院的刑事生效判决是否公正进行审查，并决定是否启动刑事再审审判程序。[①] 我国刑事再审启动模式属于第二种，但法院和检察院能够主动启动再审程序的立法设计一直饱受学术界诟病。针对法院主动启动的再审，其违反了法院中立之要求，法院作为司法机关应当对追究被告人的刑事案件不告不理，在没有检察院的抗诉或者刑事被追诉人申诉的情况下不应主动发起再审程序。而且，法院通过启动再审程序并推翻自己先前作出的生效裁判既损害了裁判的既判力，同时也削弱了法院的权威。公民对法院裁判的遵守以及对法治的信仰均来自法院权威的树立，法院在同一刑事案件上前后矛盾的做法显然不能满足公民对司法权威的合理期待。针对检察院经抗诉而必然引发再审的立法设计也是值得推敲的。检察院再审抗诉的对象是法院已经发生法律效力的裁判，这与刑事第一审程序检察院起诉必然启动审判程序，以及刑事第二审程序检察院抗诉必然启动上诉审程序是不同的，因为后者发生在法院裁判尚未发生法律效力之前。应当看到，刑事再审程序牵涉到对刑事被指控人的重复追诉、裁判的既判力、司法的终局性和法的安定性等问题，因此再审程序是否启动本身即应当成为一个单独的审查程序，也就是说，再审审查程序应当有自己的独立价值，且和再审程序是两个并列的程序。再审审查程序是已生效裁判案件得以重新审判的必要前提，检察院的抗诉所必然引发的是再审审查程序，然后由法院审查并决定是否对案件进行重新审判。

除刑事再审程序启动主体上的恣意化外，再审程序的启动理由也为裁判已生效案件的重新审判打开了方便之门。法院、检察院启动再审的理由是已生效裁判的认定事实错误、适用法律错误或者确有错误，如此含糊不清的法律措词实则给了法院、检察院在启动再

---

① 参见邓思清：《完善我国刑事再审启动程序之构想》，载《当代法学》2004 年第 3 期。

审程序上很大的自由裁量权。因此，理论上法院、检察院在启动再审程序上是“畅通无阻”的，甚至是因为已生效裁判出现瑕疵或者轻微错误。而反观申诉申请再审的情形，则必须满足法定的五种情形之一，[①] 这种在刑事再审启动权上不对等的立法设计实则会导致再审程序启动的不利于刑事被追诉人化。尽管法院、检察院所主动启动的再审既可以是有利于刑事被追诉人的，也可以是不利于刑事被追诉人的，但是因为有案件当事人及其法定代理人、近亲属申诉渠道的存在，在刑事被追诉人及其家属没有积极行使申诉权的情况下，法院、检察院一般不会主动审查已生效的裁判是否错判或者量刑是否过重，除非案件裁判出现明显的矛盾或纰漏。如此，刑事案件被害人及其家属申诉所引发的再审以及法院、检察院主动启动的再审均是指向加重刑事被追诉人刑罚的。

（三）再审类型不加区分

刑事再审程序类型的不加区分是再审程序纠错“全面化”特征的另一误区，即在实事求是、有错必纠的司法理念下，刑事再审程序的启动是以已生效裁判是否出现错误为标准，而不加区分有利于被告人的再审和不利于被告人的再审。其实，理应区别看待通过再审程序纠正已生效裁判的错误和对刑事被追诉人进行两次以上惩罚这两个问题。启动再审程序并纠正生效裁判的错误所关注的是法的安定性和法的正当性的平衡问题，如果在个案中，后者的分量更为重要，则需要牺牲判决的确定性、终局性、权威性并重新审判以保证判决结果的公正性，反之亦然。而衡量是否应当纠正生效裁判

---

① 我国《刑事诉讼法》第242条规定了因申诉而重新审判的情形，即案件当事人及其法定代理人、近亲属的申诉符合下列情形之一的，人民法院应当重新审判：（一）有新的证据证明原判决、裁定认定的事实确有错误，可能影响定罪量刑的；（二）据以定罪量刑的证据不确实、不充分、依法应当予以排除，或者证明案件事实的主要证据之间存在矛盾的；（三）原判决、裁定适用法律确有错误的；（四）违反法律规定的诉讼程序，可能影响公正审判的；（五）审判人员在审理该案件的时候，有贪污受贿，徇私舞弊，枉法裁判行为的。

错误的标准不应当然适用于对刑事被追诉人进行两次以上惩罚这一问题，是否应当对刑事被追诉人进行两次以上惩罚或者说在刑事再审程序中是否可以加重对刑事被追诉人的处罚应当关注的是国家追诉权的限制、人权保障和刑罚权实现之间的平衡。如果在个案中，后者的分量更为重要，则应允许国家公诉机关对刑事被追诉人重复追诉以保障刑罚权的实现，达到犯罪预防的目的，稳定社会秩序，反之亦然。但可以肯定的是，对刑事被追诉人进行两次以上惩罚的标准要高于纠正已生效裁判错误的标准。

以德国为例，再审程序分为有利于被告人和不利于被告人的再审两种情形，① 启动不利于被告人的再审程序比有利于被告人的再审程序的条件更为苛刻。不仅如此，世界范围内的许多国家都已经确立“再审不加刑”的原则，《德国刑事诉讼法》第373条规定：“在重新审判中，应当是或者维持原来判决，或者撤销原判对案件另作裁决；仅由受有罪判决人，或者为了他的利益由检察院或者他的法定代理人提请申请的时候，对于原判决在法律对行为的处分种类、刑度方面，不允许作不利于受有罪判决人的变更。”②《法国刑事诉讼法》第622~626条规定，只要判决一经生效，即使是事实上有罪的人被错误地无罪开释，也不得对这一错误的无罪判决进行任何变更；但如果无辜的人被错误地判刑，即便判决已经生效也可

① 针对对判决有重要影响的书证被证明是伪造的；证人或鉴定人故意或过失作虚假的证词；参审的法官、陪审法官犯有与案件有关的违反职责的犯罪。在这三种情形下既可以启动有利于被告人的再审也可以启动不利于被告人的再审。针对被作为刑事判决基础的民事判决已经被撤销；被作为判决依据的法律或法律解释已经被联邦宪法法院宣布为违宪时；判决生效之后发现了对被告人有利的新事实或新证据。在这三种情形下只能启动有利于被告人的再审。而针对被判无罪被告人在法院或法院之外作了令人相信的实施了犯罪的自白；根据刑罚处罚令作出的简易刑事判决生效后，发现了新的事实或证据。在这两种情形下只能启动不利于被告人的再审。宗玉琨译注：《德国刑事诉讼法典》，知识产权出版社2013年版，第249~254页。

② 宗玉琨译注：《德国刑事诉讼法典》，知识产权出版社2013年版，第254页。

对这种错误进行举证。[①]《日本刑事诉讼法》第452条规定：“在再审中，不得宣告重于原判决的刑罚。”[②] 而在英美法系国家，因为禁止双重危险原则的限制，禁止刑事指控机关发动任何形式的再审程序，被告人也只能在极少数的例外情形下申请启动再审程序，譬如通过人身保护令、调卷令、禁审令、履行职务令等方式。因此，无论是从再审程序的启动上看，还是从再审程序重新审理后的裁判结果上看，对已生效裁判结果的纠正和对刑事被追诉人进行两次以上惩罚都是遵循着不同的标准的，且对已生效裁判结果的纠正并不必然带来对刑事被追诉人的第二次惩罚或者加重惩罚。这或许对尚未区分再审类型及尚未完全确立起再审不加刑原则的我国具有启发意义。[③]

三、我国刑事再审程序的实证研究

(一) 刑事再审程序的数据考察

我国全国法院刑事第一审案件数量逐年增长，1995年为49万件，2013年则增长至95万件。[④] 从1995年至2001年，我国全国法院刑事第二审案件的数量从5.3万件增长到9.8万件，2001年至2013年，第二审案件数量从9.5万件缓慢增至10.2万件。[⑤] 而

---

① [法] 贝尔纳·布洛克：《法国刑事诉讼法》，罗结珍译，中国政法大学出版社2009年版，第559~560页。

② [日] 松尾浩也：《日本刑事诉讼》，丁相顺译，中国人民大学出版社2005年版，第302页。

③ 我国《刑事诉讼法解释》第386条规定，“除人民检察院抗诉的以外，再审一般不得加重原审被告人的惩罚”。从该条规定来看，在人民检察院抗诉而启动再审的情况下，可以加重原审被告人惩罚。即使是法院主动启动的再审或者申诉符合法定条件而启动的再审，如果重新审理之后发现被告人的犯罪性质恶劣、社会危险性很大，也依然会加重原审被告人的刑罚。因此，我国尚未完全确立起再审不加刑原则。

④ 资料来源：《中国法律年鉴》，载“全国法院审理刑事一审案件情况统计表”(1996年—2014年)。

⑤ 资料来源：《中国法律年鉴》，载“全国法院审理各类二审案件情况统计表”(1996年—2014年)。

从1995年至2004年我国刑事再审案件数量则从2.2万件下降到0.33万件，2004年以后，刑事再审案件数量维持在每年3000件左右。[①] 从刑事再审案件数量和刑事第一审、第二审案件数量的对比情况来看，1995年至2004年，我国刑事第一审、第二审案件的数量一直在增长，而我国刑事再审案件的数量却一直在减少，刑事再审案件数量占刑事第一审案件数量的比例从4.45%降低到0.52%，再审案件占二审案件的比例也从40.90%降低至3.46%。如此之大差别的数据是不符合司法实践运行规律的。而且，在1995年至2001年间我国有关审判程序的法律制度并无变化，因此这样的数据不可能是刑事第一审案件的裁判正当性充足和第二审程序发挥了有效监督作用所致，而可能是人为抑制刑事再审案件数量的结果。近些年，我国的上访率一直居高不下，据估算全国每年有近十万人次到京进行上访，出现了“信访洪峰”。[②] 信访人群的大量增加也从侧面印证了刑事案件再审率的人为抑制结果，不满已生效裁判而又不能通过申诉引发再审程序的案件当事人只能通过上访等一些法外途径来寻求救济。

由此可见，在1995年之前我国的刑事再审程序在司法实践中是扩大运行的，这一情况可以从1995年之前刑事再审案件数量居高不下的数据中反映出来。但是从1995年之后，刑事再审案件的数量却不合乎规律地减少，这说明司法者已经意识到再审程序对司法终局性和权威性的冲击，从而有意地控制再审案件的数量以维护判决的确定性、终局性、权威性和法的安定性。由此不难发现我国刑事再审程序立法设计和实践运行的不匹配现状，这种现状并非司法规律使然，而是人为抑制的结果。

---

① 资料来源：《中国法律年鉴》，载“全国法院审理各类再审案件情况统计表”（1996年—2014年）。

② 参见公益中国网2014年5月26日报道：当前信访体制改革的探索与思考。http://gongyi.china.com.cn/2014-05/26/content_6934407.htm.

(二) 对典型案例的探讨

聂树斌案件已经在刑事司法学术界和实务界引起了较大反响，自从2005年王书金承认自己为“聂案”的真凶之后，有关聂树斌案件原审判决的质疑越来越多，然而聂案的洗冤之路却异常坎坷。2013年9月27日在“真凶”出现后的第八年，河北省高院驳回王书金的上诉，再次裁定维持原判。2014年12月12日，最高人民法院指令山东省高院对聂案进行复查，2015年6月、9月、12月以及2016年3月，经最高人民法院批准，聂案复查期限四次被延长，直至2016年6月最高法院依法提审聂案。从时间维度来看，自从“真凶”出现后至2013年历经八年时间，案件方启动再审，且再审裁判结果为维持原判。从2014年12月12日最高人民法院指定异地复审至2016年3月聂案复审期限第四次被延长，历经一年多时间案件仍未启动再审，直至最高法院提审案件。这已足以反映出司法系统对待冤假错案平反的态度十分谨慎，百密而不容有一疏。从组织利益维度来看，聂案业已经历过一次河北省高院的再审，但却仍是维持原判这也足以反映在司法责任终身追究制度之下，法院都不愿承认自己判错了案，组织利益困境是司法系统平反冤假错案的较大阻碍。也正是基于此种原因，最高法院提审聂案正式启动刑事再审程序。

对冤假错案的平反彰显了党和国家对错误刑事司法裁判纠正和人权保障的重视，也反映出司法机关对树立司法权威，维护司法确定性、终局性、权威性的信心。但聂案也同样折射出我国冤假错案平反难的现状。在呼格吉勒图案中，呼格吉勒图从被逮捕至判决死刑仅用了61日，但在真凶出现后的第九年，案件才得以启动再审并改判无罪。赵作海、张氏叔侄、杜培武无一不是经历数年“牢狱之灾”、几番波折才得以启动再审程序并被无罪释放。无论是冤死的聂树斌、呼格吉勒图还是最终得以重见天日的赵作海、张氏叔侄、杜培武，他们均被平反并获得了国家赔偿，或虽尚未平反，但已可见“昭雪”之曙光。不幸的是，他们的洗冤之路漫长而坎坷，且被平反的直接原因都几乎近似“奇迹”的出现，不是被害人归来就是案件的真凶再现。

刑事诉讼所遵循的思路应当是：对刑事被追诉人的定罪处罚慎之又慎，而对冤假错案的平反则应有利于被错判人。原本正常的逻辑被颠倒，这显示出司法者对待冤假错案平反的谨慎态度和刑事再审程序纠错难的实践现状，也从更深层次反映出实事求是、有错必纠理念下立法设置的裁判错误标准和实践运行的绝对客观真实标准的矛盾现象。

四、我国刑事再审程序人权保障机制的完善

实事求是、有错必纠理念下的重复追诉已经成为刑事再审程序回归人权保障本位的最大障碍。再审程序启动的不加限制已经导致再审追诉的恣意化，而再审类型的不加区分同样导致再审程序不利于被告人化。因此，我国刑事再审程序人权保障机制的完善应当遵循限制重复追诉的立法设计改造与司法责任观念的转变相结合的路径。

（一）再审启动的限制

法院主动启动再审及检察院经抗诉而必然引发再审均不符合诉讼法理。首先，作为司法机关的法院应当消极中立，不可未经告诉而主动为之。法院已生效裁判系其先前行为，基于裁判权威的树立、公民法治的信仰之要求，法院不可主动作出前后矛盾的司法裁判。其次，检察院经抗诉而必然引发再审的立法设计同样值得考究。作为刑事控诉机关的检察院，如其抗诉必然引发再审，则不仅进一步加剧控辩双方地位上的不平等，也必然使已定案的刑事被告人长期处于不安和焦虑当中，因为随时可能启动不利于己的刑事再审程序。在刑事再审程序的启动上，检察院和被告方理应作为两个平等主体，如发现已生效裁判出现错误，均可向法院提出再审的申请，然后由法院审查决定是否启动再审。

（二）再审类型的区分

刑事再审程序应当划分为两种类型：一是有利于被告人的再审；二是不利于被告人的再审。再审类型划分的目的即为限制不利于刑事被指控人的重复追诉行为，并进而推动人权保障本位的回归。再审类型划分的设计思路是最有利于被错判人化：针对有利于被告人之再审，若已生效裁判的事实认定不清或证据不足，即应撤销已生效裁判并释放被告人，杜绝以寻求案件绝对事实真相为由长期羁押被告人；针对不利于刑事被告人的再审，则应首先厘清其所具备的两项职能，一是纠正已生效的错误裁判，二是对刑事被告人的重新追诉。若已生效裁判事实认定没有错误，仅为法律适用错误，则再审程序只能纠正生效裁判的错误，而不得寻求对被告人的加重处罚，法院不能让被告人为自己的审判错误“埋单”，此即再审不加刑。当然，若出现了新事实、新证据并足以证明刑事案件被告人实施了之前已被指控过的犯罪行为，则既允许在再审程序中纠正错误的生效裁判，也允许对被告人予以加重处罚。

（三）责任观念的转变

再审难以改判与我国的司法责任制有关。在现有的司法体制下，如果再审改变了一审或者二审的判决，原审案件则被认为是错案，办案人员可能受到责任追究。为了完善再审制度，司法责任终身追究制不应僵硬实施，司法人员是否担责的唯一评判标准便是其诉讼行为是否严格依照刑事诉讼法进行。若严格依照法定程序进行，即使最后被证明为错案，司法人员也不应承担责任。在刑事诉讼过程中，不论是公安司法机关工作人员还是刑事诉讼参与人，他们彼此“对话”的唯一工具就是法律。错案可能会产生，但绝非人为原因所致；同样错案的纠正也要依靠法律，绝非追究司法人员之责任就能解决。如此，司法独立才能得以真正落实，审判质量才能得以保证，公民法治信仰才能得以树立。

第四章　辩护与人权司法保障

刑事司法是国家行使刑罚权，追诉犯罪的活动。随着人权保障理念在刑事司法领域的不断发展，刑事司法的现代化在传统打击犯罪、保护社会的价值追求之上，又增添了保障人权的价值。一方面要求办案机关严格遵守法律规定，依法办案，不得对犯罪嫌疑人、被告人及其他诉讼参与方的合法权益造成不当侵害或者限制。另一方面要求在刑事诉讼过程中赋予处于弱势地位的犯罪嫌疑人、被告人一系列权利，加强对其合法利益的维护，使其与追诉机关形成平等对抗，保证刑事诉讼的实体公正与程序公正。而在犯罪嫌疑人、被告人享有的一系列权利中，辩护权贯穿诉讼始终，是刑事被追诉人最重要的诉讼权利，是刑事被追诉人积极参与诉讼活动保护自身权益不受非法侵犯的基础。有学者指出："如果没有辩护权，被追诉者其他的程序性人权就会失去存在的意义和价值。"① 落实人权的刑事司法保障就是要不断深化并完善辩护权的行使，使辩护权发挥其真正的效用。

第一节　辩护对人权司法保障的作用及国际标准

刑事辩护是根据事实和法律，在实体上提出证明被追诉人无罪、罪轻、减轻或免除其刑事责任的意见和理由，并在程序上保障被追诉人所享有的合法权益免受不公正侵犯的活动。辩护制度并非自古就有，而是随着刑事司法制度的不断发展而确立的。在当今法

① 韩德培主编：《人权的理论与实践》，武汉大学出版社 1995 年版，第 778 页。

治国家，刑事辩护制度已经成为各国刑事诉讼制度的重要组成部分，其实行状况也在很大程度上反映了一个国家刑事诉讼民主化、法制化的发展程度，是刑事司法文明的风向标。《民权公约》第14条规定："被告人有权出席受审并亲自替自己辩护或经由他自己所选择的法律援助进行辩护。"保障犯罪嫌疑人、被告人辩护权的行使是国际司法准则的要求，各国都应尽一切努力完善本国法律实现这一标准。

现代刑事辩护制度以律师的帮助为核心。随着刑事诉讼程序日益复杂多变，要求诉讼参与各方专业化程度不断增强，这使得被追诉人面临着难以逾越的知识、技能障碍。虽然各国刑事诉讼法都承认刑事被追诉人自行辩护的权利，但是刑事被追诉人所处的地位使得其自身难以完成自我辩护的目的。犯罪嫌疑人、被告人往往被采取强制措施，人身自由受到限制，不可能亲自进行事实调查和证据收集活动。加之身为直接利害关系人，被追诉人很可能处于恐惧、愤怒的情绪中，难以客观冷静地应变。现代刑事法律日益专业化，成文法典、附属刑法、诸多判例等内容复杂，非专业人员难以准确把握，若没有专业律师的帮助，辩护目的很难实现。辩护律师具有专业的知识和丰富的技能经验，可以较好地维护刑事被追诉人的合法权益。法治国家在保障辩护权时着重强调辩护律师各项权利与作用的发挥，获得律师帮助是刑事被追诉人最重要的诉讼权利。辩护律师在人权刑事司法保障方面发挥着重要作用，维护着公民合法利益，制约公权力的行使，推动诉讼公正的实现。

一、辩护权维护被追诉人的合法利益

在法治社会中，律师的作用主要体现在对公民私权利的维护，使得无罪之人不受刑事追究，有罪之人不受过当的处罚，并在整个刑事诉讼过程中保障犯罪嫌疑人、被告人的权益不受非法侵犯。刑事辩护将《宪法》中的人权保障任务在司法层面加以落实，转化为现实中有依据、可具体操作的规则。

（一）对实体性权利的维护

刑事诉讼是国家针对个人发动的追诉，其过程和结果直接涉及对犯罪嫌疑人、被告人基本实体性权利的限制甚至剥夺。首先，为了保证诉讼的顺利进行，在法定情形下为了防止被追诉人逃逸或者隐藏毁灭证据，影响证人作证等，侦查机关须对被追诉人的人身权利或财产权利进行限制，如将犯罪嫌疑人、被告人羁押在特定场所，强行查封、扣押其财产或者涉案财产等。其次，整个刑事诉讼活动也是国家刑罚权的行使过程，其最终目的是确定被追诉人是否有罪以及应当判处何种刑罚。而刑罚的结果必然会涉及被追诉人人身自由、财产自由甚至生命权。一旦发生错误或者不公正的处理，将产生难以挽回的后果。刑事辩护是一种防御性的权利，辩护律师可根据事实和法律，在实体上提出证明被追诉人无罪、罪轻、减轻或免除其刑事责任的意见和理由，阻却有罪或者罪行严重指控的成立。从而保证公民生命权、自由权、财产权和名誉权等基本权利，以及人格尊严免遭公权力的不当干涉或者侵害。

（二）对程序性权利的维护

刑事诉讼由不同的阶段构成，每一个诉讼阶段都有不同的诉讼任务。辩护活动在各个阶段的侧重也有所不同。在开庭审理前和判决作出后，辩护律师的工作重心在于犯罪嫌疑人、被告人程序性权利的维护上。任何一个人在因涉嫌犯罪而被侦查机关第一次采取强制措施之日起，就应有获得律师帮助的权利。律师可以会见犯罪嫌疑人、被告人，当面了解案件情况，解释相关法律问题，告知犯罪嫌疑人、被告人所享有的诉讼权利，听取其对案件事实和法律问题的意见；在与犯罪嫌疑人、被告人商议过后，可以为其申请取保候审，或者对强制措施的违规适用，超期羁押等问题提出解除申请；在英美等国家律师还可以在讯问、辨认、搜查、检查时在场，监督侦查行为的合法性，并与有关部门交换意见；对于侵犯犯罪嫌疑人、被告人合法权利的行为，辩护律师可以代理申诉、控告或者提出辩护意见。即使在审判程序结束后，被告人也可以要求律师帮助其上诉或者申诉等。

（三）辩护权的内容

辩护权的内容是辩护人在司法实践中行使权利的具体途径。根据我国刑事诉讼法，辩护权人所享有的权利主要包括以下方面：1. 与在押的犯罪嫌疑人、被告人会见、通信的权利，并向犯罪嫌疑人、被告人了解情况；2. 摘抄、复制案件的诉讼文书和相关证据材料的权利；3. 经证人或者其他有关部门和个人的同意，向他们收集有关证据材料的权利，或经人民检察院、人民法院批准，可向被害人方了解情况收集证据的权利；4. 申请有关司法机关调去证据的权利；5. 向侦查机关、公诉机关了解情况的权利；6. 对于错误适用强制措施或者强制措施超期适用的，请求解除强制措施的权利；7. 在羁押必要性表审查和审查起诉阶段向检察机关发表意见，在法庭审判阶段对案件事实和证据发意见的权利；8. 在法庭审理过程中发问、质证的权利；9. 向法庭上出示证据，要求有利于被告人的证人出庭作证的权利；10. 代理控告、上诉、申诉的权利。

二、辩护权与司法权的关系

古代专制社会实行有罪推定，刑讯逼供和司法擅断盛行，刑事被追诉人的基本权利和人格尊严经常遭受肆意践踏，得不到应有的保障。在纠问制诉讼中，控诉主体与审判主体合二为一，辩护活动没有存在和发挥作用的空间。现代刑事诉讼辩护职能独立于侦查、公诉和审判，形成了控辩平等、控审分离、审判中立的诉讼格局。辩护职能存在于诉讼的各个阶段，并影响着公权力的行使。我国正大力推进“以审判为中心”的诉讼制度改革，构建新型的诉辩关系和审辩关系是未来改革的重点。樊崇义教授认为新型的“诉辩关系”、“审辩关系”是：“彼此尊重、平等对待、相互支持、互相监督、正常交往，良性互动。”①

（一）辩护对侦查活动的作用

刑事案件发生以后，基于趋利避害的本能，犯罪嫌疑人有可能采取隐匿、毁灭、伪造证据等非法手段，企图逃脱法律的制裁。如果这一时期不能及时有效地收集和确定案件的相关事实材料和证据来源，就会给案件的侦破带来巨大的困难。所以“在价值目标上，审判更强调公正性，而侦查偏重求真性”②。侦查机关拥有强大的司法力量，在收集证据侦破案件的过程中，为了追求取证效率，容易导致对犯罪嫌疑人、被告人合法权利的忽视。

当人身自由遭到限制或者剥夺时，犯罪嫌疑人自身也很难采取有效手段用法律来维护自身的合法权益，收集、保全相关侦查人员非法取证行为的证据。“现代法治国家的刑事诉讼法不能允许以不择手段、不问是非以及不计代价的方法来发现真实”③。为了避免侦查权的滥用，最直接有效的方法就是在侦查阶段吸收侦查机关以外的人员参与。侦查阶段律师的介入，可以遏制非法取证行为的发生。既保障了刑事被追诉人的权利，又能防止非法取得的证据产生不利影响，维护实体公正和程序公正。

（二）辩护对公诉活动的作用

公诉职能与辩护职能对立，在刑事诉讼中平等武装、平等对抗。公诉机关代表国家行使控诉职能，就刑事被追诉人的犯罪行为向法院提起诉讼，旨在使刑事被追诉人受到法律的制裁。辩护律师代表犯罪嫌疑人、被告人履行辩护职能，针对公诉机关的指控，反驳指控事实和证据不成立，并提出有利于己方的事实和主张，维护

---

① 樊崇义：《以审判为中心需正确理解分工配合制约原则》，载《检察日报》2015年9月16日第003版。

② 陈光中、汪海燕：《〈侦查阶段律师辩护问题研究〉——简论修订后的〈律师法〉实施问题》，载《中国检察官》2010年第9期。

③ 林钰雄：《刑事诉讼法》（上册，总论篇）中国人民大学出版社2005年版，第11页。

被追诉人合法的程序性利益，免受刑事追诉。

检察机关代表国家行使公诉权，辩护律师代表个人行使辩护权，二者应当具有平等的诉讼地位。《刑事诉讼法》在赋予侦查机关调查案件事实、收集犯罪证据职责的同时，也保障辩护律师会见、阅卷和调查取证等权利，为控辩双方充分做好庭前准备创造制度基础。根据我国《刑事诉讼法》规定，在审查起诉阶段，检察机关审查案件事实材料，辩护律师可以就案件事实是否清楚，证据是否充分发表看法。在检察机关进行羁押必要性审查时，也应当听取犯罪嫌疑人及其辩护人的意见。法庭审理时，不论是公诉方还是辩护方，均有权利提出证据，讯问被告人、询问证人和鉴定人。公诉方向法庭提交的所有物证、书证、证人证言、被告人供述、鉴定结论、勘验笔录，均需要接受辩护律师的质证。必要的时候辩护律师还可以申请重新鉴定或者勘验。法庭对于案件事实问题、法律问题和量刑问题的判断，建立在控辩双方的充分辩论之上。辩护人积极参与案件办理，充分发挥辩护作用可以在公权力与私权利之间建立起有效的制衡机制，防止公权力造成的伤害和冤假错案的产生。督促检察机关认真切实履行客观性义务，制约司法人员依法行使职权。

（三）辩护对审判活动的作用

刑事审判是人民法院在控辩双方和其他诉讼参与人的参加下，依照法定的程序对于被提交审判的刑事案件进行审理并作出裁判的活动。审判活动的进行受到辩护权的影响。联合国《民权公约》第 14 条规定了任何被刑事追诉的人都“应当有适足的时间和便利准备其辩护”，这是公正审判所应达到的最低标准之一。在开庭之初，法官须确保犯罪嫌疑人、被告人知晓其依法享有辩护权。辩护律师对于审判组织是否合法，法庭是否拥有管辖权，审判人员是否属于回避范围等有权利提出异议。另外，如果辩护律师提出相关线索证明侦查人员采用刑讯逼供等非法手段取得的犯罪嫌疑人、被告人供述或采用暴力、威胁等非法手段取得的证人证言、被害人陈述的，法官应停止法庭调查，立即启动非法证据排除程序，调查证据取得的合法性。

刑事诉讼中法官对案件裁判结果的形成必须以事实为基础，以法律为根据，应当考虑辩护方的意见。辩护律师通过会见犯罪嫌疑人、被告人，查阅证据材料，询问证人及相关办案人员，申请证人出庭作证，最大限度地提出有利于犯罪嫌疑人、被告人的辩护意见。庭审中，在法官的主持下，控辩双方分别在法庭上提出证据、质疑反驳控方证据，发表观点和意见。控辩双方在直接言词的基础之上进行对抗。法官只有在充分听取诉讼各方意见的基础之上形成心证，才能对案件事实和证据作出判断。并且法官应在最终的判决结果中，对相关的辩护意见作出一定的回应。辩方意见可以对案件实体性结果产生影响，庭审得以实质化，才是以审判为中心原则的贯彻和落实。

三、辩护有助于诉讼公正的实现

司法公正是实体公正和程序公正的统一。刑事被追诉人实体性权利在得到强调的同时，其诉讼权利也理应受到重视。辩护律师参与刑事案件的办理有助于实体公正和程序公正的实现。

（一）对实体公正的影响

实体公正包括案件事实真相的发现和对实体法的正确适用。律师通过在审前程序作用的发挥，积极调查取证，增强了证据收集的全面性。虽然我国刑事诉讼要求追诉机关既要收集对犯罪嫌疑人、被告人不利的事实和证据，也要求呈现对犯罪嫌疑人、被告人有利的事实和理由，但是由于诉讼职能的限制，追诉机关往往更倾向于追求惩罚犯罪，偏重有罪证据的收集，容易忽视犯罪嫌疑人、被告人无罪、罪轻、减轻或者免除处罚证据的收集。辩护律师站在刑事被追诉者的角度，不仅可以弥补侦查、公诉机关证据收集的不足，还可以监督公权力机关收集证据的合法性与真实性。辩护律师通过会见当事人，可以了解侦查机关讯问犯罪嫌疑人、被告人时，是否存在刑讯逼供等非法取证行为，犯罪嫌疑人、被告人供述是否自愿等。如果存在非法取证的情况，辩护律师可以及时申请排除。

辩护律师通过在法庭上反驳追诉机关的指控，对公诉方提出的证据进行质证，提出有利于辩方的事实和依据，有助于还原案件事实真相。随着控辩双方庭上举证、质证活动的深入，案件事实将会更加清晰，证据之间的关系也会逐渐明朗。最后，辩护活动也有利于抑制法官的随意性，有助于法律的正确适用，使法官秉公办案，不徇私枉法。法官通过直接听取控辩双方的意见，兼听则明形成内心确信，审判结果必须基于庭审活动而作出，加强了对事实和证据认定的公开性与透明性。律师还可以对法官违反法定程序审理案件的行为提出纠正申请，对于案件审理结果的异议也可以通过上诉、申诉等方式进行。

（二）对程序公正的影响

程序性正当是指刑事诉讼程序符合法律规定，与诉讼结果有利害关系或者可能因该结果蒙受不利影响的个人都有机会参与到诉讼中，并且有机会反驳不利于自己的指控，提出有利于自己的事实和主张。程序正义是审判活动和审前活动均必须遵守的规则，其核心是对诉讼参与人特别是犯罪嫌疑人、被告人的权利给予应有的尊重和保障。美国联邦最高法院将正当法律程序（due process）分为实体性正当和程序性正当。[①] 联合国《民权公约》第 14 条确立了一系列刑事被追诉人所应享有的“最低限度程序保障”，丰富了公正审判和程序正义的内涵。

获得律师的有效帮助是实现程序正义的重要指标。程序正义要求建立并加强被追诉人的辩护权，构建控辩平等、控审分离的刑事司法秩序。在理性的司法环境中，审判者兼听则明，有助于防止武

① 美国《联邦宪法》第 5 条和第 14 条修正案确立了“正当法律程序”（due process）条款，规定“任何权益受判决结果影响的当事人有权获得法庭审判的机会，并且应被告知控诉的性质和理由……合理的告知、获得法庭审判的机会以及提出主张和辩护等都体现在‘程序性正当程序’之中”。构成了对程序正义观念的承认和保障。

断、偏颇的审判结论。程序正义要求诉讼各方积极有效地参与诉讼，尤其是面临被定罪风险的犯罪嫌疑人、被告人应当有充分的条件和机会来陈述自己的意见和理由。只有在辩护律师的帮助下，辩护权才能更充分、更加实质性地发挥作用，否则刑事被追诉人的参与就不具有实际上的意义。

四、国际刑事司法准则中辩护的标准

刑事辩护国际准则是世界各成员国在刑事司法领域都应遵守的最低限度标准，其源自联合国及其他国际组织在《世界人权宣言》的基础上先后制定并通过的一系列国际人权公约及刑事司法文件。《民权公约》是国际公认的刑事司法人权保障标准的联合国重要文件，受到了国际社会的普遍认可和尊重，对所有缔约国更具有法律效力，对非缔约国也产生了深远影响。其中第14条规定了关于公正审判国际标准的具体内容和要求，对世界各国的刑事立法与司法产生了深远影响。根据《联合国宪章》、《世界人权宣言》、《民权公约》等联合国文件中的基本法律原则，联合国通过了《关于律师作用的基本原则》[①]（*Basic Principles on the Role of Lawyers*）（以下简称《基本原则》）。《基本原则》是针对律师职业活动所制定的专门文件，以协助各会员国促进和确保律师发挥正当作用，并应提请律师以及其他人如法官、检察官、行政和立法机关成员以及一般公众予以注意。以上法律文件共同对刑事辩护活动提出了最基本要求。

（一）刑事被追诉人有权获得律师帮助

“在现代刑事司法中，被告人得到律师帮助的权利不仅为现代各国的刑事司法制度所认可，也得到联合国的确认，成为多个国际

---

① 该文件由第八届联合国预防犯罪和罪犯待遇大会于1990年8月27日至9月7日在古巴首都哈瓦那通过，全文共29条。中文版本见杨宇冠等：《联合国刑事司法准则》，中国人民公安大学出版社2003年版，第375~382页。

公约所确立的刑事司法制度基本准则。"[①]《世界人权宣言》第11条第1项规定："凡受刑事追诉者，在未经获得辩护上所需的一切保证的公开审判而依法证实有罪以前，有权被视为无罪。"在"辩护上所需的一切保证"中，主要是指获得律师的帮助的权利。《民权公约》第14条第3款（丁）之规定："出席受审并亲自替自己辩护或经由他自己选择的法律援助进行辩护"肯定了受到刑事追诉者享有辩护权。《基本原则》第1条规定："所有的人都有权请求由其选择的一名律师协助保护和确立其权利，并在刑事诉讼的各个阶段为其辩护"；第11条第1款规定："被拘留人应当有权为自己辩护或者依法有律师协助辩护。"联合国《囚犯待遇最低限度标准规则》（*Standard Minimum Rules for the Treatment of Prisoners*）第93条规定："未经审讯的囚犯为了准备辩护而社会上又有法律援助，应准申请此项援助，并准会见律师，以便商讨辩护。"[②]如果没有律师的帮助，被追诉人就不可能与刑事追诉方对等地享有诉讼权利，充分有效地实现自己的辩护权。在律师的帮助下，诉讼权利才能更好地实施，刑事被追诉人才能跨越专业和技能上的障碍，避免合法利益受到侵害。此外获得律师帮助的权利，应当是有效的，如果辩护无效，则是对辩护权的架空。

（二）及时告知被追诉人逮捕或者指控事实

《民权公约》第14条第3款规定："在判定对任何人提出的任何刑事指控时，人人完全平等地有资格享受以下的最低限度的保证，（甲）迅速以一种他懂得的语言详细地告知对他提出的指控的性质和原因。"刑事案件发生之后，侦诉查机关调查案件事实，收集相关证据材料，达到法定起诉标准时，才可对犯罪嫌疑人提出指

① 杨宇冠：《刑事司法中被告人获得律师帮助权的国际标准及其正当性》，载《律师辩护制度研究》，中国检察出版社2007年版，第13页。

② 该文件由第一届联合国预防犯罪和罪犯待遇大会于1955年8月30日通过，共95条，全文见杨宇冠等：《联合国刑事司法准则》，中国人民公安大学出版社2003年版，第450~470页。

控。刑事辩护的产生以存在相应的刑事指控为前提，如果没有指控或者不了解指控事实及原因，辩护活动就无法展开。律师辩护的所有活动都必须围绕着刑事指控的事实和证据进行。刑事辩护就是针对案件事实问题、程序问题、法律问题提出无罪、罪轻或者减轻的辩护意见。

要求侦诉机关及时告知刑事被追诉人逮捕或者指控的事实是为了保证其了解掌握指控的内容，便于开展防御。如果被追诉者不能详细地了解被指控的具体情况，将无法为自己辩护和委托律师协助辩护做好准备。《民权公约》要求对被追诉人“须以其知晓的语言迅速地告知指控的性质和原因，并且告知的内容应当尽可能地详细”也是为了确保被追诉人及时地、不受拖延地知晓被指控的事实，作好相应的准备，并在刑事诉讼中保护自身的合法利益免受不当侵犯。

（三）被告人及其律师在法庭上享有举证和质证的权利

《民权公约》第 14 条规定：“（戊）询问或业已询问对他不利的证人，并使对他有利的证人在与对他不利的证人相同的条件下出庭和受询问。”在法庭审理过程中，被告人及其律师有权对控方所举的证据在事实上和法律上能否成立表明自己的态度和意见，质询、质疑、进行反驳、否定控方指控的事实和提出的证据。尤其是对于不利于自己的证人出庭作证时，被告人及其律师可以当面质疑证人证言，对于证人的作证资格，证言关联性和证明力等方面发表意见。

根据无罪推定原则的要求，被告人及其辩护人虽然不承担证明自己无罪的举证责任。但是如果为了追求尽快摆脱刑事追诉的需要，也有权利向法庭就有利于自己的相关意见举证，包括使对被告人有利的证人出庭作证的权利，或者要求侦控机关出示其已经获得的对被告人有利的证据材料。审判机关及应当充分保障被告人及其律师举证、质证的权利。不仅允许他们向法庭举证，还应当保证对被告人有利的证人获得与对被告人不利证人相同条件下作证的权利。

（四）政府提供法律援助制度

刑事诉讼的过程和结果均可能使被追诉人遭受剥夺自由、财产乃至生命等各种刑罚的限制或者严厉制裁。为了在实体上保障被追诉者的生命权、人身自由权、财产权等基本权利免受不当剥夺，在程序上监督和制约国家机关公权力的行使过程，国家应当确保律师对刑事被追诉人提供帮助。尤其是那些因为经济困难等原因无法得到律师有效帮助的被追诉者，国家更应当使其平等地受到保护。法律援助制度是各国政府在刑事司法领域应当肩负的责任，对此联合国许多刑事司法文件中都规定了法律援助制度，要求各国确保刑事司法活动中的所有人受到平等和公平的对待，使得公民不分贵贱、种族、职业都可以获得公正平等的司法保护。

《民权公约》第 14 条第 3 款（丁）规定：“出席受审并亲自替自己辩护或经由他自己选择的法律援助进行辩护；如果他没有法律援助要通知他享有这项权利；在司法利益有此需要的案件中为他指定律师提供法律帮助，并且在他没有能力支付律师费用情况下，免除他的费用负担。该款是受到刑事指控者获得辩护权和获得法律援助权的直接规定。”《基本原则》第 6 条规定：“任何没有律师的人在司法需要情况下均有权获得按犯罪性质指派给他的一名有经验和能力的律师，以便得到有效的法律协助。如果他无足够力量为此服务支付费用，可以不交费。”

《民权公约》第 14 条第 3 款（丁）中规定了只有在“司法利益需要”的前提下才可以提供。但是《民权公约》对“司法利益”的概念没有进一步的详细规定。“在实践中，通常可以根据刑事指控的性质、案件的严重程度、可能判处的刑罚以及受到刑事追诉者的个人情况作为确定提供法律援助的标准。”① 当然不同的国家有

① 顾永忠：《刑事辩护——国际标准与中国实践》，北京大学出版社 2012 年版，第 71 页。

不同的国情和司法实践状况，对于“司法利益需要”可以有不同的标准，但是对于未成年人、怀孕妇女、精神智力有障碍或者可能被判处重刑特别是可能判处死刑的人，政府应当为其提供法律援助。

（五）律师职业要求

律师是一个专业性极强的职业，需要深厚的法律知识和精湛的辩护技能才能较好地完成。接受委托的律师首先应当拥有执业资质，还必须具有一定的实践经验，才能展开有效的辩护活动，维护被指控人的合法权益。刑事被追诉人通常面临着生命权、财产权、人身自由权被剥夺或者限制的情况，辩护律师具有较高的专业素养才能为当事人提供较好的法律服务。《基本原则》第9条要求：“各国政府、律师专业组织和教育机构应确保律师受过适当的教育和培训，具有对律师的理想和道德义务以及对国内法和国家法所公认的人权和基本自由的认识。”第24条规定：“律师应有权成立和参加由自己管理的专业组织以代表其自身利益，促进其不断受到教育和培训并保护其职业的完善。”刑事辩护的国际准则中对于律师职业资格的要求是非常必要的。但是各国也可以根据本国的不同国情决定该资质的培养方法和获取的方式。

第二节　我国辩护制度人权保障功能的实践

2012年新《刑事诉讼法》的修改在保障人权方面有很大的进步。首次将“尊重和保障人权”写入了刑事诉讼法的任务之中，并对犯罪嫌疑人、被告人的辩护权进行了更为明确、具体的完善。我国2012年新《刑事诉讼法》对法律援助进行了较大修改。将我国法律援助的适用阶段从原先的审判阶段提前到了侦查以及审查起诉阶段，填补了以前侦查阶段和审查起诉阶段犯罪嫌疑人无法取得法律援助的空白。新《刑事诉讼法》对法律援助方式作出了重大调整，相较于过去规定由国家机关直接为其“指定承担法律援助义务的律师”，新法规定对于符合法定法律援助情况的案件，“公安机关、人民检察院、人民法院应当通知法律援助机构指派律师为犯罪嫌疑人、被告人提供法律援助”，明确了“三机关”的通知义务。除扩大法定法律援助的适用对象范围之外，新《刑事诉讼法》还规定了申请获得法律援助的制度，对于不属于法定法律援助条件的案件，犯罪嫌疑人、被告人本人或其近亲属可以向法律援助机构提出申请，对于符合法律援助申请条件的，法律援助机构应当派律师为其提供辩护。

但是从司法实践的状况来看，刑事辩护率仍然过低，法律援助制度效果不佳；审前程序中律师的权利和作用受到限制，影响辩护职能的发挥；律师职业保障问题突出，需要从实体和程序两个角度进行立法完善；辩护质量不高，应大力推行有效的辩护制度。

一、刑事法律援助制度效果不佳

刑事诉讼的过程和诉讼结果均可能造成对刑事被追诉人的人身自由、财产自由甚至生命权利等的限制和剥夺。被追诉人往往缺乏相关法律知识和素养，加之身陷囹圄，自由受到一定限制，更无法保障自己的合法权利，所以辩护权的行使主要是依靠辩护律师的帮助。而我国当前司法实践中最突出的问题就是被告人获得律师辩护率很低，实践中多数的被告人还处于无辩护人的状态。这使得保障刑事被追诉人辩护权的各项措施成了无源之水，辩护制度起不到应有的作用。

法律援助是依法治国的重要措施，是政府主导下保障贫困当事人可以有效行使辩护权等其他诉讼权利的基础，是人权司法保障的重要组成部分。虽然2012年新《刑事诉讼法》在长期以来司法实践中诸多问题基础上，对法律援助制度进行了大幅度的修改，对犯罪嫌疑人、被告人合法权利的保障方面具有一定的推动作用，彰显了法律面前人人平等和司法的公正、高效、权威。但总体上看，法律援助的实践状况对刑事辩护率的提高仍十分有限，还存在法定适用范围过窄，援助人员不够，法律援助经费不足，法律援助质量不高，缺乏司法监管等其他问题，制约了法律援助制度的人权保障效果。

（一）法律援助范围过窄

根据国际刑事司法准则，只要犯罪嫌疑人、被告人无力聘请律师，就应当有权获得免费的法律援助，国家应当制定相应的法律给予其制度保障与实际支持。《民权公约》第 14 条规定刑事诉讼的被指控人应当："有相当时间和便利准备他的辩护并与他自己选择的律师联络；出席受审并亲自替自己辩护或经由他自己所选择的法律援助进行辩护；在司法利益有此需要的案件中，为他指定法律援助，而在他没有足够能力偿付法律援助的案件中，不要他自己付费。"《德国刑事诉讼法典》第 140 条规定了办案机关必须确保最低刑为 1 年或者 1 年以上自由刑的犯罪嫌疑人拥有辩护人参加诉讼。[①]《日本刑事诉讼法典》第 36 条规定"被告人由于贫困或其他事由不能选任辩护人时，法院依据被告人的请求，应当为其选任辩护人"[②]。可以看出，一些现代法治国家的刑事法律援助适用率高，基本可以普及所有可能判处 1 年以上有期徒刑的犯罪嫌疑人、被告人。当前我国刑事诉讼辩护率不到 30%，[③]，除去犯罪嫌疑人、被告人自行委托辩护人的案件，法律援助案件占整个刑事诉讼案件总数的比例还当减少。法律援助适用率较低的主要原因是立法规定范围过窄，法定法律援助案件在整体刑事诉讼案件中只占很少的比例。

---

① 《德国刑事诉讼法典》，李昌珂译，中国政法大学出版社 1995 年版，第 66~67 页。

② 《日本刑事诉讼法》，宋英辉译，中国政法大学出版社 2000 年版，第 11 页。

③ 见《辩护人妨害作证罪束缚刑辩律师手脚》，载《法制日报》2011 年 8 月 8 日。其中全国律师协会刑事专业委员会秘书长韩嘉毅接受采访时指出："各种统计数据表明，当前我国刑事案件辩护率不到 30%，如果这一数字低于 10%，我国的刑事辩护制度就相当于一种摆设。"

我国2012年新《刑事诉讼法》扩大了法定法律援助的主体适用范围，在原来“盲聋哑人、未成年人、可能被判处死刑的人的案件”基础之上增添了“尚未完全丧失辨认或者控制自己行为能力的精神病人的案件和当事人可能被判处无期徒刑的案件”，使得更多的刑事被追诉人可以获得辩护律师的帮助。然而有学者统计：“被告人是盲、聋、哑人，或者是尚未完全丧失辨认或控制自己行为能力的精神病人在刑事案件中所占比例不足1%；可能被判处死刑或者无期徒刑的情况不到5%；未成年人犯罪案件只占7%；因被告人提出申请而获得法律援助的案件只有2%~3%左右”。[①] 可见法定法律援助范围只能覆盖刑事被追诉人中的一小部分，而绝大多数经济困难无力负担律师费用或者只能承担部分律师费用的刑事被追诉人被排除在法律援助范围之外。虽然我国新《刑事诉讼法》规定了申请法律援助制度，但根据相关司法解释规定符合城市最低生活保障标准才能通过许可。由此可以看出法定法律援助适用案件在整个刑事诉讼案件中只占一小部分，酌定法律援助案件标准太过严苛，立法规定范围过窄，从根本上限制了刑事犯罪嫌疑人、被告人获得法律援助的比例，导致实践中出现了大部分刑事被追诉人没有律师帮助的现象。

（二）法律援助人员、经费不足

法律援助事业的发展一方面需要在立法上给予良好运行的制度保证，另一方面必须在国家财政收入上给予大力的经济支持。在一些发达国家和地区，“法律援助经费在财政支出中所占比例一般在1%~0.1%之间，英国法律援助经费大约占整个中央财政支出的1%左右，荷兰的比例为法律援助经费只占全部的1%，丹麦该项数据比例为0.5%，日本为0.11%，而我国法律援助经费只占财政收

① 陈永生：《刑事法律援助的中国问题与域外经验》，载《比较法研究》2014年第1期。

入的0.0122%”[①]。“我国法律援助制度自1994年建立以来发展相对缓慢，究其原因主要是法律援助的经费得不到保障”[②]。面对刑事案件数量大并且逐年上升的态势，法律援助经费不足的状况更加严峻。“根据相关数据显示，在被调查的26个地区中，2011年、2012年和2013年的法律援助经费总额呈现逐年增长的趋势，但各地增长不均衡，有的地区甚至出现了负增长。从刑事诉讼审判阶段法律援助律师的补贴标准来看，2011年26个地区补贴平均额是397.22元，2012年是680.56元，虽有所提高，但是增长幅度并不大，补贴数额偏低。”[③] 实践中过低的法律援助补贴往往无法满足办案律师的成本费用，更不用说办案律师异地会见、调查取证的情形。另外法律援助补贴只包括“差旅费、交通通信费、文印费、调查取证费等”，均为法律援助案件的成本费用，并不包含律师办理案件投入的智力服务报酬。这些不合理的因素影响着承办律师办案的积极性，也进一步影响着办案质量。未来国家应当继续加大对法律援助事业的财政支持，提高法律援助案件办案补贴，合理设定办案补贴构成，从而促进法律援助效果的发挥。

（三）法律援助质量不高

实践中一些法律援助律师办案不尽职尽责，敷衍走过场的情形也时有发生。法律援助过程缺乏司法考核监督，部分律师不认真阅卷，也未曾会见犯罪嫌疑人、被告人，在不了解案件情况的前提下在法庭上说几句套话、空话便草草了事完成援助，不能提出有价值的辩护意见，无法确实保障犯罪嫌疑人、被告人的合法利益。这样的办案方式大大削减了法律援助制度的设置意义，辩护权的作用没

---

① 陈永生：《刑事法律援助的中国问题与域外经验》，载《比较法研究》2014年第1期。

② 杨宇冠、陈子楠：《完善我国法律援助制度若干问题研究》，载《理论学刊》2015年第1期。

③ 顾永忠编著：《中国刑事法律援助面临的机遇、挑战与对策》，中国政法大学出版社2015年版，第122~123页。

有得到发挥，犯罪嫌疑人、被告人的利益得不到有效的维护，也造成了国家司法资源的浪费。

二、审前阶段律师权利行使困难

审前程序是个相对封闭的阶段，辩护律师要想在审前阶段履行职责、发挥效用，为审判作准备提出被告人无罪、罪轻或者减轻、免除其刑事责任的材料和意见必须以对案件事实具有知情权为前提，否则难以实现有效的辩护。而辩护律师在审前阶段了解案件事实和相关材料的主要途径就是会见犯罪嫌疑人、被告人听取其对事实和证据的意见，查阅相关案卷材料以及询问办案机关相关情况，自行调查取证或者申请相关机关帮助调查取证。在此基础上辩护律师才能提出辩护意见反驳刑事指控，与控方展开平等的对抗。会见权、阅卷权、调查取证权是刑事辩护律师履行其职能所必需的基本执业权利，但长期以来“会见难、阅卷难、调查取证难”的状况限制着律师在审前阶段作用的发挥。一方面立法规定层面的缺失对律师权利行使方式缺少明确的规定，另一方面在执法过程中一些司法机关办案人员为辩护权的行使人为地增添了一些障碍。对此2012年新《刑事诉讼法》对律师会见、阅卷等问题进行了较大幅度的修改，在一定程度上缓解了律师“辩护难”的困境，但新诉讼法实施以来实践中又暴露出了一些新的阻碍。

（一）会见权的新障碍

2012年新《刑事诉讼法》规定除“三类案件”之外，辩护律师持有“三证”便可以会见犯罪嫌疑人、被告人，同时明确了看守所48小时安排会见的义务。但是新《刑事诉讼法》对会见的时间、次数以及方式却未作出规定。于是一些地区看守所出现了“要求律师会见必须事先进行预约，或者在法定三证之外对律师会见附带其他限制条件；尤其是指定居所监视居住案件，因办案机关不通知家属和律师监视居住的地点，造成律师无法及时会见被监视居住的犯罪嫌疑人，或者会见时办案机关派员在场进行监视、监听”[①] 的情况，变相对律师会见权进行不合理的限制。另外，新《刑事诉讼法》只规定了辩护律师有权要求会见犯罪嫌疑人，而对于犯罪嫌疑人要求会见辩护律师的权利并未明确说明。会见权源于犯罪嫌疑人、被告人的辩护权，律师受到委托代为处理案件，为了更好地完成保障刑事被追诉人权益的职责，刑诉法赋予了律师一系列权利，这些权利的终极目的都应该是为犯罪嫌疑人、被告人服务。对于嫌疑人、被告人是否有会见律师的需要，律师在看守所外并无从把握，事实证明单靠律师的主动会见常常难以满足委托人的法律服务需求。“在押的委托人一旦遇到侦查人员违法取证、管教民警纵容同监室人员虐待或者有关部门威胁、利诱犯罪嫌疑人、被告人改变口供或者推翻口供等情形，只有获得及时会见辩护律师的机会，才能与律师进行必要的法律咨询，协调诉讼立场，避免作出不明智的观点改变。”[②] 对于上述情况，律师在监所之外是很难及时掌握或者预料到的，只能通过赋予在押委托人主动要求会见律师的权利，来确保律师对相关事项的知悉。

（二）阅卷范围受到限制

阅卷权是刑事辩护律师履行其职能所必需的基本执业权利，是知悉控方指控事实和证据，展开平等对抗的重要条件。我国新《刑事诉讼法》第 37 条规定：辩护律师自移送审查起诉之日起可以向犯罪嫌疑人、被告人核实有关证据，但是在此前的侦查阶段辩护律师是否享有此权利法律并未明确说明，实践中也存在很大争议。虽然《刑事诉讼法》第 36 条规定：辩护律师在侦查期间可以向侦查机关了解犯罪嫌疑人涉嫌的罪名和案件有关情况，提出意见。但实践中律师却难以向侦查机关了解案件相关情况，办案人员

---

① 韩旭：《新刑事诉讼法实施以来律师辩护问题实证研究——以 S 省为例的分析》，载《法学论坛》2015 年第 3 期。

② 陈瑞华：《刑事辩护的几个理论问题》，载《当代法学》2012 年第 1 期。

不予合作或者互相推诿，拒绝履行介绍案情的义务的情形时有发生。再如《刑事诉讼法》规定“案件侦查终结移送审查起诉时，公安、检察机关应当将案件移送情况告知犯罪嫌疑人及其辩护律师”，然而一些地区“办案机关对案件进度及其移送情况普遍不履行告知义务，主要依靠辩护律师自行打听”[①]。辩护律师在侦查阶段无法通过正常途径了解案件相关情况，严重影响了律师作用的发挥，也使得一些律师律怠于在侦查阶段行使辩护权。

另外，律师能否向犯罪嫌疑人、被告人出示复制的案卷材料核实相关证据的问题也在实践中产生了争议。司法实务中办案机关为了防止犯罪嫌疑人、被告人翻供、串供而禁止辩护律师在审前阶段将同案犯罪嫌疑人、被告人的供述和其他证人证言向犯罪嫌疑人、被告人核实。辩护律师只能向犯罪嫌疑人、被告人核实实物类证据。一些办案机关为了追求办案效率，防止被追诉人翻供从而不准许核实言词证据的做法反映出一些办案人员将犯罪嫌疑人、被告人当作“言词证据的提供者”而不是一个独立的诉讼主体，损害了犯罪嫌疑人、被告人合法正当的辩护权基础，违背了程序正义的理念。犯罪嫌疑人、被告人在庭前知悉与案件相关的指控事实与证据信息是进行自行辩护的必要条件，辩护人阅卷之后向犯罪嫌疑人、被告人核实相关卷宗信息也是履行辩护职责的内在要求。唯有被告人的知情权得到保障，被告人与辩护律师才能就辩护思路进行较好的沟通与协商，刑事辩护制度的意义才能得以实现。

（三）调查取证权的缺位

2012年新《刑事诉讼法》第41条继续沿用了辩护律师自行调查取证和申请调取证据的规定。但是实务中一直备受争议的侦查阶段律师是否享有调查取证权的问题仍然没有解决。2012年新《刑事诉讼法》的一大亮点就是明确了辩护律师在侦查阶段的辩护人

---

① 韩旭：《新刑事诉讼法实施以来律师辩护问题实证研究——以S省为例的分析》，载《法学论坛》2015年第3期。

身份问题，调查取证权作为辩护律师固有的一项权利也理应适用于侦查阶段。然而也有实务部门认为第41条规定的自行取证和申请调取证据的批准机关为人民检察院和人民法院，根据诉讼进程，分别是审查起诉阶段和审判阶段，所以法律暗含律师调查取证活动应当限定在审查起诉和审判阶段，侦查阶段律师的调查取证权没有制度保障基础。

尽管法律规定了自行取证和申请取证互为补充，但实践中当两种取证手段皆无法行使的时候，法律却并未提供任何救济途径。辩护律师自行调查不具有国家强制力，面对被调查单位和个人无故拒绝或者不配合的情况，辩护律师没有任何强制性手段。被调查者的意愿直接决定了律师自行调查取证权是否可以实行。虽然辩护律师可以申请人民检察院、人民法院收集调取证据，或者申请人民法院通知证人出庭作证，从形式上弥补了自行取证的不足。但实践中面对律师的申请，检察院、法院还要进行严格的审查，该证据是否与本案相关，证人是否能够提供相关的案件事实等，这些复杂的审查过程最终导致司法机关对于律师的申请不予理会，律师难以成功说服司法机关帮助调取证据的情况普遍发生。

调查取证权作为辩护律师在庭前发现案件真相、调查案件事实、收集有关证据的最主要途径，应当是律师在侦查阶段的工作重心，赋予辩护律师在侦查阶段的调查取证权符合国际上的通行做法。当律师的调查取证权受到不合理的限制时，需要相关司法机关的救济与保障，未来立法应当更加明确调查取证权的行使方式、权利边界以及救济措施，为律师在侦查阶段履行调查取证权扫清障碍。

三、律师职业保障不力

联合国《律师作用的基本原则》（以下简称《基本原则》）要求各国政府应当确保建立良好的律师职业环境和相应的保障机制使律师独立不受干涉，可以有效履行职责。该《基本原则》第16

条要求："各国政府应确保律师：1. 能够履行其所有职责而不受到恐吓、妨碍或不适当的干预；2. 能够自由地同其委托人进行磋商；3. 不会由于其按照公认的专业职责、准则和道德规范所采取的任何行动而受到或者被威胁会受到起诉或者行政、经济或其他制裁。"第17条规定："律师如因履行其职责而使其安全受到威胁时，应得到当局给予的充分保障。"此外，第20条和第22条分别规定了律师职业的刑事、民事豁免权，以及律师和当事人的会面内容均属保密，从而确立了律师的作证豁免权。律师的职业豁免和作证豁免是律师职业伦理的要求，是律师取得当事人信赖的基础，也是律师行业赖以生存的前提。律师只有独立行使辩护权才能更好地维护刑事被追诉人的利益，实现人权保障职能。

（一）实体性分析

我国《刑法》第306条、《刑事诉讼法》第42条以及《律师法》均作出相关规定，对辩护律师在代理案件过程中"毁灭、伪造证据、帮助当事人毁灭伪造证据、威胁引诱证人违背事实改变证言或者作伪证，教唆当事人翻供、串供、作伪证"的行为予以规制。《刑法》第306条和《刑事诉讼法》第42条之规定原本是用来规范律师职业行为，却在司法实践中常常成为威胁律师职业保障的工具。有学者指出："据统计，全国律协接到的维权案件中，律师涉及妨碍证据罪、伪证罪的占80%。"①

辩护人在会见犯罪嫌疑人被告人后，犯罪嫌疑人、被告人在法庭上翻供的情况能否追究律师《刑法》第306条和《刑事诉讼法》第42条的责任？从实体法上说，《刑法》第306条规定的辩护人诉讼代理人毁灭证据、伪造证据、妨害作证罪在客观方面要求辩护律师、代理人帮助当事人进行实体意义上的证据伪造，该证据必须是直接指向罪与非罪的实体性结论的，而非程序性、法律性的证据

① 顾永忠、程滔等著：《刑事诉讼法治化与律师的权利及其保障》，中国人民公安大学出版社2010年版，第159~160页。

线索之伪造，因为证据线索并不能直接指向实体性的结果。辩护律师解释非法证据排除的内容从而“导致”犯罪嫌疑人、被告人编造被刑讯逼供的经过，其目的并不是为了向法庭提供诬陷栽赃讯问人员刑讯逼供罪的实体证据，而是旨在揭示自己于侦查阶段口供的非自愿性与非真实性。该口供是否真能够顺利排除还得依赖于法院启动非法证据排除程序后的结果，并不会因犯罪嫌疑人、被告人非法证据线索的提出就必然引发自己无罪或者侦查人员刑讯逼供罪的结果。即便不存在刑讯逼供的事实，辩护律师在向犯罪嫌疑人解释非法证据排除程序和法律结果后，犯罪嫌疑人、被告人向法院申请启动非法证据排除，也必须提出相关线索和材料，由法院决定刑讯逼供行为是否存在可能性，从而决定是否启动非法证据排除程序。辩护人、诉讼代理人在非法证据排除程序中积极行使辩护权与帮助犯罪嫌疑人被告人辩护人毁灭、伪造证据的行为还是有很大差异的。

（二）程序性分析

为了防止侦控机关滥用权力对律师进行打击报复，2012 年新《刑事诉讼法》规定：“对辩护人涉嫌犯罪的，应当由办理辩护人所承办案件的侦查机关以外的侦查机关办理。”原办案机关的“整体回避”制度有助于律师伪证案件的公正办理，但在具体办理细节上法律规定还有待进一步明确。根据 2013 年 1 月 1 日生效的《最高人民法院、最高人民检察院、公安部、国家安全部、司法部、全国人大常委会法制工作委员会关于刑事诉讼法实施中若干问题的规定》第 10 条：“辩护人涉嫌犯罪的，应当依照侦查管辖分工进行审查后认为符合立案条件的，应当按照规定报请办理辩护人所承担的侦查机关的上一级侦查机关指定其他侦查机关立案侦查，或者由上一级侦查机关立案侦查，不得指定办理辩护人所承办案件的侦查机关的下级侦查机关立案侦查。”在我国的刑事司法体系中，侦查机关上下级和检察机关上下级是领导与被领导的关系，本身就存在一定的利益关联。若上级机关处理律师涉诉案件难免会出现偏袒之嫌，处理结果也难以令公众信服，同时我国级别管辖有严格的标准和界限，将未达到上级机关处理标准的案件交由上级处理增添了上级机关的工作负担。

有学者指出："为了达到从轻、减轻处罚的结果或者受到控诉方'立功'的引诱，被追诉人有时不惜揭发辩护律师曾帮助或者教唆自己串供。此举甚至还有可能导致追诉机关利用犯罪嫌疑人、被告人立功轻判心理，'引导'其检举甚至捏造律师的串供行为。允许、要求甚至鼓励犯罪嫌疑人、被告人举报、告发自己的辩护律师，给本就行进艰难中的律师业蒙上一层阴霾，实在是律师不能承受之重。"① 另外"有些侦控机关只要认为辩护律师、代理人有伪证或者妨碍作证的行为就立即对相关律师进行立案调查，这样的处理方式不仅有"报复律师"的嫌疑，还有可能损伤当事人的利益"②。对于辩护律师是否有帮助伪证和妨碍作证行为的认定，也不能仅凭借侦查、公诉机关一方的意见加以认定，还要根据法庭调查被告人翻供或者证人改变证言内容的真伪性来判断。如果根据证据材料，法庭对翻供内容或者证人证言加以认定，就不应该追究律师的任何刑事责任；倘若法庭经过审查，认定的事实与翻供事实或者证人证言不一致，才有可能追究律师的责任。

第三节　人权司法保障视野下刑事辩护制度的完善

一、继续完善法律援助制度提高刑事辩护率

党的十八届四中全会《中共中央关于全面推进依法治国若干

① 汪海燕：《律师伪证刑事责任问题研究》，载《中国刑事法杂志》2008年第2期。

② 汪海燕：《律师伪证刑事责任问题研究》，载《中国刑事法杂志》2008年第2期。

重大问题的决定》提出“完善法律援助制度，扩大援助范围，健全司法救助体系，保证人民群众在遇到法律问题或者权利受到侵害时获得及时有效法律帮助”。法律援助制度是“在政府主导下，贫困当事人的诉讼权利保障，尤其是刑事被告人获得有效辩护权利的基本权利，是人权司法保障的重要组成部分，是依法治国的重要措施”①。虽然2012年新《刑事诉讼法》对法律援助制度有较大的修改，但司法实践表明随着经济的不断发展，对法律援助的需求也日益增加，法律援助范围过窄、经费与人员不足、方式单一、质量不佳等问题依然存在。继续完善法律援助制度，能使更多的刑事被追诉人获得律师帮助从而有效地行使辩护权是实现“法律面前，人人平等”原则和公正审判的要求，也是维护社会稳定，促进司法文明的有力保障。

（一）扩大法律援助范围与人员数量

目前我国刑事法律援助对象范围过窄，法定法律援助范围在整个刑事案件中所占甚微，而酌定法律援助案件标准太严苛，从根本上限制了刑事犯罪嫌疑人、被告人获得法律援助的比例，导致绝大多数经济困难无力负担律师费用或者只能承担部分律师费用的刑事被追诉人被排除在法律援助范围之外，无法获得律师的帮助。在法治发达国家，基本可以保障每一位犯罪嫌疑人、被告人获得律师的帮助，甚至在英、美等国家达到了没有律师诉讼活动就无法进行的地步，美国联邦最高法院曾经指出“辩护律师是必需品而非奢侈品”②。未来我国在立法上应当继续扩大法律援助范围，使更多的刑事被追诉人尤其是人身自由可能受到限制或者剥夺的刑事被追诉人及时获得律师的帮助。同时，开发多种渠道丰富法律援助服务人员队伍。目前我国法律援助服务参与主体主要是国家设立的法律援

① 杨宇冠、陈子楠：《完善我国法律援助制度若干问题研究》，载《理论学刊》2015年第1期。

② Gideon v. Wainwright, 372 U.S. 335, 344 (1963).

助机构工作人员、社会律师以及服务志愿者等。面对日益增长的法律援助需求，可以规定国内所有注册的职业律师义务承担一定时间或者数量的法律援助服务案件，或者鼓励法学院校符合一定资质的师生、退休法官或检察官等曾经从事司法工作的人员参与到法律援助服务的队伍中等。

（二）提高法律援助办案质量

司法实践中一些法律援助律师办案不尽职、不尽责，走过场的情形时有发生。这样的办案方式大大削弱了法律援助制度的设置意义，辩护权的作用没有得到发挥，犯罪嫌疑人、被告人的利益得不到有效的维护，也造成了国家司法资源的浪费。究其原因，一是因为长期以来法律援助律师补助太低，只能勉强涵盖办案成本但并不包括律师的智力服务，加上工作环境较差、社会地位较低，极大地挫伤了律师的工作热情与积极性。二是法律援助律师队伍人员数量紧张，队伍能力良莠不齐。当前法律援助律师主要是法律援助机构的律师和社会律师两类，且以年轻律师居多，相对缺乏办案经验，职业能力和对犯罪嫌疑人、被告人的帮助能力也相对有限。而办案经验丰富的资深律师又较少参与法律援助案件。三是法律援助过程缺乏司法考核监督，致使法律援助案件质量得不到应有的保障。

未来在大力扩充法律援助案件数量的同时也应当确保法律援助服务的质量。第一，未来国家应当继续加大对法律援助事业的财政支持，提高法律援助案件办案补贴，合理设定办案补贴构成，除了涵盖律师交通、复印等成本费用还应当包括律师的智力付出等，从而激发法律援助律师的服务热情。改善法律援助律师的工作环境，树立法律援助律师的职业荣誉感。第二，提高法律援助服务人员的责任意识，认真阅卷和会见犯罪嫌疑人、被告人，充分做好庭前准备工作，提出有价值的辩护意见，确实保障犯罪嫌疑人、被告人的合法利益。杜绝重形式、走过场、敷衍了事的现象发生。第三，增强法律援助案件的监督管理，确立法律援助奖惩机制，定期对法律援助服务人员进行业务培训与考核。对于多次出现考核不合格、重大业务过失或者严重不负责任等情况的法律援助服务人员，应当取消其服务资格。

（三）建立法庭值班律师制度

为了丰富法律援助方式，笔者建议建立法庭值班律师制度，即在全国所有的法院，特别是承担大量审判任务的各基层法院设立值班律师，为没有律师的被告人提供免费的、及时的、专业的律师帮助，特别是保障在开庭审判时所有的被告人都有律师代理。这种方法可以彻底改变司法实践中辩护率不高的问题。

目前我国已在多地区建立了由政府财政出资，指派律师在公安、法院等部门值班，免费为当事人提供法律咨询、代理等法律服务的试点，并取得了一定经验。但是从实践经验来看还有很多值得改进的部分。当前我国值班律师的工作通常限于开展法律援助宣传咨询，受理法律援助申请，诉前调解代理、未成年人被讯问时律师到场、刑事速裁案件被告人辩护等。未来应当在全国范围内进一步扩大值班律师的作用，在法院派驻专业的值班律师，为所有的犯罪嫌疑人、被告人提供法律服务。保障犯罪嫌疑人审前阶段的权利，为被告人出庭辩护，代理上诉、申告等。

在全国推广法庭值班律师制度要解决好资金和人员配置的问题。法庭值班律师的设立应受到国家法律援助经费的拨款，目前法律援助经费主要是依靠国家财政拨付，未来可以考虑向社会募集资金，缓解法律援助经费的压力。此外，还可以通过法律援助公益捐款等不同形式，扩大法律援助经费的来源，提高法庭值班律师的待遇补贴标准，确保法庭值班律师制度的设立。

在经济欠发达的西部地区，法律援助经费不足，律师人员数量紧缺的问题更为突出。以青海省为例，青海省“每年刑事法律援助案件需求量约3000件，但每件700~900元的刑事案件补贴标准已经难以适应当前的形势，严重影响了律师办案的积极性和质量”。“同时律师、法律援助专业人员分布很不均衡，全省80%以上的律师资源集中在西宁、海东这两个地区，其余地区律师资源十分缺乏，还有14个县无律师。”[①] 未来国家应当给予更多的政策和经济支持，适当降低西部地区法庭值班律师资格准入门槛，吸引西部地区甚至全国更多的律师加入服务队伍。国家可加强国家的财政支持，在经济发达地区设立西部法律援助基金，协助西部地区法庭值班律师制度的建立。

二、保障律师在审前程序中的权利与作用

长期以来，辩护律师在审前阶段的权利和作用问题备受争议。根据刑事诉讼原理与司法实践，不同的诉讼阶段具有不同的特征与工作重心，但是作为一项贯穿刑事诉讼始终的权利，辩护权的功能与地位并不该因为在审前程序从而受到过分限制。1996年的《刑事诉讼法》将律师介入刑事诉讼的时间提前到了侦查阶段，为律师参与审前程序提供了法律基础。但辩护律师在审前阶段的作用仅限于“提供法律咨询，代理申诉、控告，申请取保候审”。2012年新刑诉法明确了律师“辩护人”的诉讼地位，为辩护律师在审前阶段作用的发挥提供了新的契机。未来还应继续扩大辩护律师在审前阶段的权利保障，尤其是在减少会见障碍，完善调查取证权，扩大阅卷权范围，确立律师在场制度等方面。

（一）减少会见障碍

我国《刑事诉讼法》第33条规定：犯罪嫌疑人自被侦查机关第一次讯问或采取强制措施之日起，有权委托辩护人；侦查机关在第一次讯问犯罪嫌疑人或者对犯罪嫌疑人采取强制措施的时候，应当告知犯罪嫌疑人有权委托辩护人。按照法律规定，辩护律师在接受委托之后应当尽早会见犯罪嫌疑人，了解其被讯问和被采取强制措施的理由，以及相关案件情况。并在第一时间向犯罪嫌疑人解释有关法律问题的规定，向犯罪嫌疑人详细说明其享有的各项权利。

① 东科：《青海省刑事法律援助工作调研报告》，载《刑事法律援助实施情况总结研讨会论文集》，中国政法大学诉讼法学研究院2014年9月。

尤其是要让犯罪嫌疑人了解刑事诉讼法中不得强迫自证其罪原则，尽可能增强犯罪嫌疑人对非法证据排除规则的认识。当发生侦查人员违法取证时，提高犯罪嫌疑人、被告人的法律意识保留证据或者线索，以便提出排除非法证据的申请。

会见权是律师在审前了解犯罪嫌疑人、被告人相关情况的最直接有效手段。看守所不得随意对律师会见次数、时间、预约等问题增添不合理的障碍。会见过程应当具有私密性，在会见过程中不得有侦查人员在场或者录音录像。我国《刑事诉讼法》第 37 条第 3 款规定："危害国家安全犯罪、恐怖活动犯罪、特别重大贿赂犯罪案件，在侦查期间辩护律师会见在押的犯罪嫌疑人，应当经侦查机关许可……"律师要求会见特别重大贿赂案件的在押犯罪嫌疑人的，侦查机关应当及时审查予以答复，如果"有碍侦查"等情形消失，应当尽快通知看守所和辩护律师，安排会见。基于公共利益或者特定"有碍侦查"的原因，可以对会见权进行一定的限制，但是并不能因此而剥夺律师会见犯罪嫌疑人的权利。"立法可以通过推迟会见时间、限制会见次数、变通会见方法"① 进行处理，但是在侦查终结前，律师要求会见的，侦查机关必须给予会见的机会及保障，以保障犯罪嫌疑人最基本的防御权的实现。

（二）完善调查取证权

我国《刑事诉讼法》规定律师享有自行调查取证权和申请调取证据的权利，但二者均必须依赖于被调查对象的同意和检察机关、审判机关的许可、帮助才能实现。若被调查对象无故拒绝配合或者司法机关消极不作为，律师的调查取政权则无法行使。因为律师不具有国家行政或者司法的权威性，所以调查取政权只是不具有任何强制力的"申请调查取证权"而已。在审前阶段，律师向被害人了解情况不仅需要获得被害人的同意还需要获得相关司法机关的许可，在审判阶段，辩护律师向法庭申请证人出庭接受询问和质

① 闵春雷：《论侦查程序中的会见权》，载《当代法学》2012 年第 1 期。

证，须法院认为有必要证人才应出庭。对于司法机关而言并无必须同意的义务，实践中律师向侦查、检察或审判机关调取证据，要求相关证人出庭接受询问的申请，经常得不到支持，甚至在驳回申请的时候没有明确的理由和证据。

虽然新《刑事诉讼法》明确了侦查阶段律师的辩护人地位，但是对于律师在侦查阶段是否享有调查取证权的问题还应当更加明确，以填补立法上的空白。在证据收集的关键阶段，如果律师无法参与，就只能提请侦查机关收取相关证据，若侦查机关怠于收集，律师便无能为力。另外，司法实践中侦查机关为了防止犯罪嫌疑人、被告人串供、翻供便不允许律师会见在押的证人的情形时有发生。在押的证人也属于律师调查取证的对象，法律并无禁止律师与在押证人的会见，不能因为证人特殊就变相剥夺律师的调查取证权。法律规定律师可以申请人民检察院、人民法院帮助调取证据。面对律师的申请，检察院、法院还要进行严格的审查。例如，该证据是否与本案相关，证人是否能够提供相关的案件事实等。但是对于审查的标准和细则法律却没有进一步规定。未来相关司法解释应当进一步规定，检察机关和审判机不予调取证据的标准，以及明确对于影响案件事实和法律适用的证据应当予以调取的规定。

（三）扩大阅卷权范围

根据《刑事诉讼法》第36条规定，辩护律师可以在审查起诉阶段和审判阶段进行阅卷，但实践中阅卷范围都受到了较大的限制。刑事辩护律师在审查起诉阶段一般只能看到反映涉嫌罪名的拘留证、逮捕证、搜查证等采取强制措施和侦查措施的诉讼文书及鉴定材料。而对于反映案件情况，对案件事实有更多证明意义的立案决定书、起诉意见书、批准逮捕书、立案决定书等重要证据，办案机关很少向律师提供。既然法律明确了审查起诉阶段律师的阅卷权，检察机关就应当在法律原意之上，允许辩护律师查阅所有案卷材料。《刑事诉讼法》第38条规定，辩护律师自人民受理案件之日起，可以查阅、摘抄、复制本案所指控的犯罪事实的材料。“所指控的犯罪事实的材料”一般指控诉犯罪的指控书和相关证据目录、证人名单以及主要证据复印件及照片。律师不论在审前起诉阶段还是在审判阶段，都只能看到对犯罪嫌疑人、被告人不利的材料。与侦查机关相比，律师的调查能力与调查资源有限，检察机关移送案件材料时，也应包括对犯罪嫌疑人、被告人有利的证据材料。

另外，对于重大、复杂、社会影响力较大的案件，案卷材料往往有几十甚至上百卷，需要律师花费很多时间和精力去研究。但是在审查起诉和审判阶段律师往往只有几天的时间阅卷，时间紧迫，不利于律师较好地挖掘辩护资源，实现有效辩护。2012 年新《刑事诉讼法》要求检察机关向法院移送案件时，应当移送全部案卷材料，保障辩护律师的阅卷权利。同时立法应当对阅卷的时间和地点进行更合理的规定，给予辩护律师充分的阅卷和准备时间，以及便利的复印、摘抄条件，减少不必要的阅卷障碍。

（四）确立律师在场制度

律师在场权是律师独立参与刑事诉讼的一项重要权利。根据不同的诉讼阶段，律师在场权有广义和狭义之分。广义的律师在场权是指“侦查、起诉和审判三个阶段中，侦查人员、检察人员以及审判人员对犯罪嫌疑人、被告人进行讯问、勘验、搜查、扣押和询问时，辩护律师都有权到场并为其当事人提供法律帮助”；狭义的律师在场权指“自犯罪嫌疑人第一次受到讯问直至侦查终结，侦查机关每一次对犯罪嫌疑人进行讯问，律师均有权在场”。[①] 虽然我国目前还没有规定律师在场权，但在辩护制度较为发达的西方法治国家，律师在场权已经发展为是正当程序的应有之义。律师通过行使在场权可以及时介入刑事诉讼，了解案件情况，为当事人提供法律帮助，遏制非法取证行为。

鉴于我国目前的司法实践状况，可以初步在侦查、审查起诉和

---

① 屈新：《论辩护律师在场权的确立》，载《中国刑事法杂志》2011 年第 1 期。

审判阶段中对于被追诉人讯问程序建立律师在场制度。讯问时律师在场可以弥补犯罪嫌疑人对自身诉讼权利认识的不足，可对侦查人员的非法取证行为及时制止，对侦查人员、检察人员或者审判人员的不当讯问提出异议。律师向办案机关指出程序违法行为的纠正意见，或者向检察机关控告侦查机关违法取证行为等，这些辩护意见都需要相应的证据材料加以证明和支撑。只有讯问时律师在场才能在第一时间了解案件情况，为更有效地行使辩护权打下良好的基础。

同时应当明确在场律师的权利界限。在场律师不得随意打断办案人员的发问，代替回答问题，也不得暗示或者影响犯罪嫌疑人、被告人的回答。对了解的案件情况在场律师应当予以保密，不得随意泄露。除刑讯逼供或者严重损害犯罪嫌疑人、被告人利益的违法办案行为之外，在场律师对于办案人员的纠正意见应当在讯问结束后指出，以确保讯问合理、有序地进行。

三、实行有效辩护提升辩护质量

有效辩护原则是辩护制度发展到一定阶段的产物，是司法文明与进步的体现。刑事辩护制度是为保障犯罪嫌疑人、被告人权益设立的，目的在于使刑事被追诉人获得有利的诉讼结果。有效性作为刑事辩护制度的生存之本，是辩护制度继续得以发展的前提。《关于律师作用的基本原则》在阐述其宗旨时指出："充分保护人人都享有的人权和基本自由，无论是经济、社会和文化权利或是公民权利和政治权利，要求所有人都能有效地得到独立的法律专业人员所提供的法律服务。"第2条规定："各国政府应确保向其境内并受其管辖的所有的人，不加任何区分，提供关于平等有效地获得律师协助的迅捷有效的程序和机制。"美国联邦最高法院从《美国宪法第六修正案》中解释出"有效辩护"（effective assistance of counsel）的规则，并适用到一系列判例中。[①] 对于有效辩护的违反，可以引起上诉程序、撤销原判、发回重审。

（一）有效辩护的意义

有效辩护原则是现代刑事诉讼的重要标志之一，它坚持人权保障与正当法律程序的价值目标，强调辩护的实质性与有效性，被指控者在诉讼过程中不仅享有辩护权，而且辩护还应当充分且有效。一般来说，有效辩护原则主要包括以下内容：首先，被追究者在刑事诉讼中享有充分的辩护权，在诉讼的任何阶段，有权依法自我辩护、选任辩护人代为辩护或获得指定辩护；其次，被追究者有权选择适格的辩护人为其辩护，这种选任权利应当得到有效的保障。再次，辩护人应当尽职尽责地为被追究者提供辩护服务，如果辩护人无法提供有效的辩护，被追究者有权拒绝。最后，国家机关及其工作人员有保障被追究者获得充分辩护的义务，应当为被追究者自我辩护、辩护人辩护的开展依法提供充分的便利条件，在作出处分时应当认真听取并吸收辩护方的意见。

有效辩护的首要内涵就是保障犯罪嫌疑人、被告人在诉讼过程中应当享有充分的辩护权，或者允许犯罪嫌疑人、被告人聘请合格的，能够有效履行辩护义务的辩护人为其辩护，在审前阶段、审判阶段甚至执行阶段提供法律帮助。与法治发达国家相比，我国律师的职业门槛较低。不管是否是法学专业出身，只要通过律师资格考试即可获得律师职业资格。

辩护的有效性要求律师队伍必须具有足够的人数，国家还要给予一定的财力支持，保证犯罪嫌疑人、被告人无力支付聘请律师的费用时，政府能为他们提供免费律师。辩护律师要有良好的职业道德和敬业精神，捍卫法律尊严，维护社会公平和正义。律师必须熟练掌握相关法律知识和辩护技能，具有精湛的执业能力。通过熟练运用专业技能和技巧，才能最大限度地维护被追诉人的合法权益。

---

① Strickland v. Washington, 466 U. S. 668(1984).

（二）充分的庭前准备

为了保证进行有效辩护，辩护人应当及时会见犯罪嫌疑人、被告人，了解情况，与委托人商议辩护策略。仔细阅卷，熟悉案情，向有关机关了解案件和证据情况，必要时进行庭前的证据交换。辩护律师应积极调查取证，确定物证、书证、证人证言、犯罪嫌疑人、被告人供述的证明力与证据来源的合法性。积极参加庭前会议，尤其是要排除非法证据或者申请证人出庭作证时，应当向法庭说明情况。

联合国人权事务委员会曾对秘鲁的一个上诉案件通过意见。在该案中，被告人的辩护律师在开庭前一天因为种种原因不能出庭，被告人临时更换律师，而新律师由于不了解案情，开庭时匆匆离场，最终被告人获得不利判决。联合国人权事务委员会指出，秘鲁法院违反了被告人应获得相当的时间和便利来准备辩护的权利，秘鲁法院应当对该案重新审理。[①]

（三）称职的法庭辩护

有效辩护或辩护的有效性是指犯罪嫌疑人、被告人特别是辩护律师提出的正确的辩护意见或主张被办案机关接受或采纳，在实体上或程序上作出了对犯罪嫌疑人、被告人有利的诉讼决定。具体而言，实体上的有效性主要指辩护方围绕犯罪嫌疑人、被告人是否构成犯罪以及应否承担刑事责任这一问题提出的有关证据或辩护意见，符合案件事实或符合刑事实体法的规定，被办案机关接受或采纳，使犯罪嫌疑人、被告人获得无罪、罪轻、减轻或者免除刑罚等有利的处理决定。程序上的有效性则是指辩护方在诉讼过程中，针对侦查、检察、审判机关在诉讼中存在的程序违法行为，提出异议要求纠正并获得解决的有利结果。

我国进行“以审判为中心”的诉讼制度改革，要求实行证据

① 转引自顾永忠主编：《刑事辩护技能与技巧培训学习指南》，法律出版社2010年版，第36页。

裁判制度。实践中辩护律师“举证难”、“质证难”的问题非常突出。辩护律师要在法庭上申请对辩方有利的证人出庭作证有时面临双重困难，一方面源自证人害怕被犯罪嫌疑人、被告人等打击报复从而拒绝出庭作证；另一方面“在我国当前的实践中，只要证人提供了有利于辩方而不利于控方的证据，不管证据与案件事实是否相符，只要在客观上使控方对案件的追诉出现障碍，侦控机关就可能对证人采取追诉手段”①。保障证人出庭，尤其是有利于犯罪嫌疑人、被告人的证人出庭是确保律师举证权利的必要手段。另外，对于我国证人出庭率极低的状况，律师在法庭上往往没有质证对象，尤其是在非法证据排除程序中侦查办案人员经常用情况说明代替出庭接受质证。律师在法庭上的提问有时可能会被法官随意制止，对于重要证据不能进行一证一质，使得律师的质证权流于形式。

称职的法庭辩护一方面需要辩护律师具有较高的职业素质，另一方面也要求法庭审判具有实质化，辩护意见对案件结果具有影响力。未来强化律师在庭审中的作用，首先应当保障律师的举证权和质证权。建立传闻证据规则，除法定情况外，对于未到庭的证人证言，鉴定人笔录、勘验笔录均不得以宣读的方式代替相关人员出庭作证。法官只有在充分听取诉讼各方意见的基础之上形成心证，才能对案件事实和证据作出判断。并且在最终的判决结果中，法官对相关的辩护意见应当作出一定的回应。辩方意见对案件实体性结果产生影响，庭审得以实质化，才是以审判为中心的贯彻和落实。

四、完善程序性辩护

传统的刑事辩护偏重于实体性辩护，主要围绕犯罪事实是否成立，构成要件能否满足，以及应当判处何种刑罚等问题进行。随着

① 顾永忠、程滔等著：《刑事诉讼法治化与律师的权利及其保障》中国人民公安大学出版社 2010 年版，第 151~152 页。

刑事司法领域人权保障的不断发展，程序公正的意识深入人心，辩护方对于侦查机关、检察机关甚至审判机关办理案件过程中严重违反程序法的行为提出激烈的抗辩。程序性辩护从传统的辩护理论中脱颖而出，“走出了法庭，走向审判前的阶段，贯穿于刑事诉讼的全过程”①，形成与实体性辩护并重的格局。辩护方可以就相关办案程序的合法性提出异议，旨在宣告相关侦查人员、检察人员或者审判人员的程序性违法行为无效，使得犯罪嫌疑人、被告人被侵害的合法利益得到救济。

程序性辩护在美国被誉为“最好的辩护”，并广泛应用于刑事诉讼中，是追求程序性正义的体现。程序性辩护的发展在很大程度上可以防止虚假、歪曲的证据成为审判定案的依据，维护实体公正。目前我国程序性辩护还处于初级阶段，法律认可支持的程序性辩护种类过少，大量的程序性违法行为没有纳入司法审查的范围中。我国实务部门对程序性辩护也缺乏足够的认识，致使实践中程序性辩护的“成功率”不高。同时一些辩护律师过度放大程序性瑕疵，滥用程序性辩护，拖延审判效率，浪费司法资源。未来要完善辩护权必须不断发展程序性辩护理论，扩充合法的程序性辩护理由，正视程序性辩护的特点与诉讼价值。

（一）扩展程序性辩护内容

根据我国刑事诉讼法的相关规定，辩护方就程序违法性提出异议可导致相关诉讼违法行为无效、可撤销的法定理由主要有两类。一类是非法证据排除申请。根据《刑事诉讼法》相关规定：“当事人及其辩护人、诉讼代理人有权申请人民法院对以非法方法收集的证据依法予以排除。申请排除以非法方法收集证据的，应当提供相关线索或者材料。”第二类是一审严重违反法定程序，申请撤销原判发回重审制度：“第二审人民法院发现第一审人民法院的审理有

① 顾永忠等著：《刑事辩护——国际标准与中国实践》，北京大学出版社2012年版，第245页。

下列违反法律规定的诉讼程序的情形之一的，应当裁定撤销原判，发回原审人民法院重新审判：违反本法有关公开审判的规定的；违反回避制度的；剥夺或者限制了当事人的法定诉讼权利，可能影响公正审判的；审判组织的组成不合法的；其他违反法律规定的诉讼程序，可能影响公正审判的。”而对于那些严重侵犯公民宪法性基本权利的程序违法行为，如超期羁押，滥用强制措施，对辩护权的剥夺，侦查机关滥用侦查权等行为还没有纳入程序性辩护的轨道中。未来对于公民人格尊严、个人隐私、通信和住宅隐私、辩护权等基本权利应该在程序性辩护中给予更多的保护。

（二）把握程序性辩护的特点与诉讼价值

程序性辩护并不是从实体的角度寻找案件事实是否成立、证据是否充分的理由，而是根据程序法确立的规则，指控司法机关的诉讼行为违法，要求宣告该行为无效，撤销诉讼行为的结果。程序性辩护将国家办案机关的诉讼行为纳入了司法体系，要求对相关办案行为的合法性进行审查，督促国家机关依法办案，纠正违反法定程序侵犯公民合法利益的行为。虽然我国《宪法》、《刑事诉讼法》等明确地规定了侦查、检察和审判机关办理案件的职责与权限，也早已设立了三机关之间以及各机关内部相互制约与监督的机制，但是仅仅依靠公权力之间的“自我约束”难以杜绝违法行为。“通过程序性辩护活动，被告人及其辩护人可以最大限度地促使那些实施违法行为的机构受到程序内的制裁，从而在客观上剥夺违法者从其违法行为中所获取的不正当利益。”① 程序性辩护是在程序法的框架内自我完善、自我保护、自我救济的机制。

长期以来受“重实体、轻程序”观念的影响，一些办案机关为了追求案件真实而牺牲犯罪嫌疑人、被告人的合法权益从而造成冤假错案的例子依然存在。尤其是在封闭的审前程序中，由于缺乏必要的司法审查与监督，犯罪嫌疑人、被告人的合法权利受到很大

① 陈瑞华：《程序性辩护之初步研究》，载《现代法学》2005 年第 2 期。

的威胁。虽然我国现已确立了侦查阶段律师的辩护人地位，但实际情况表明除了为审判进行实体性的准备，律师在审前阶段的作用甚微。侦查中违法取证、滥用刑事强制措施、超期羁押、律师基本职业权利被不当限制甚至剥夺等现象严重影响了司法的公正与权威。程序性辩护弥补了审前阶段律师作用的不足，使辩方从以前消极的“防御”姿态转为积极的“发动进攻”，从被动地提出抗辩理由到主动控告国家机关程序违法。程序性辩护的发展为拓宽刑事辩护范围和辩护途径，积极发挥辩护作用，更加有效地保障刑事被追诉人人权开辟了新的疆土。

五、正视律师的职业定位

司法实践中律师职业困难重重，一方面表明立法、司法层面对辩护权的保障还有待提高；另一方面与长期以来社会各界对律师职业定位缺乏理性认识有关。辩护律师往往被扣上“为罪犯开脱”的帽子，律师的辩护活动不仅会遭到来自社会大众的非议，还会遭到司法办案人员设置的重重障碍。理性看待律师的职业定位，需要立足律师职业角色在我国的发展，树立“无罪推定”理念，推动律师豁免权制度的确立。

（一）律师职业定位的演变

律师制度是法治社会和市场经济发展之下的产物，我国对于律师的职业定位问题也经历了不同的历史阶段。改革开放之前，从经济基础到法治建设都彰显出浓厚的国家本位色彩。个人利益服从集体利益和国家利益，对保障个人权益尤其是犯罪嫌疑人、被告人的权益相对淡漠。辩护律师常常处于被排斥的地位，不可能与控诉方地位平等。1980 年初国家恢复律师制度以后，律师由国家专门设立与管理，一定意义上增强了控辩双方的对抗。但是根据 1980 年 8 月五届全国人大常委会第十五次会议通过的《中华人民共和国律师暂行条例》第 1 条规定：“律师是国家的法律工作者，其任务是对国家机关、企事业单位、社会团体、人民公社和公民提供法律帮助，以维护法律的正确实施，维护国家、集体的利益和公民的合法权益。”将律师的职业定位为“国家法律工作者”，律师有着同公、检、法人员同样的地位，着重服务于国家和集体利益，包括公民的合法利益。在以辩护人的身份协助司法机关办案的角色定位之下，律师是国家机关依法查办案件的帮助人，“不可能也没有意识站在与公诉机关真正对抗的角度去全力维护被告的合法权益，因此也难以取得委托人的信任”①。

随着改革开放的深入，律师的地位及职业定位也不断发生变化。各地律师事务所从原来的国有逐渐向合伙所有制转变。1996年颁行的《律师法》脱去律师“管理者”的外衣，将律师从“国家工作人员”定位变成“依法取得律师执业证书，为社会提供法律服务的社会人员”，强调律师的社会服务性。2007年新修订《律师法》再次把律师的职责改为“为当事人提供法律服务”，要求“律师应当维护当事人的合法权益，维护法律的正确实施，维护社会公平和正义”。至此还原了律师职业伦理的本质，更加科学、合理地实现了律师职业从“为官服务”到“为民服务”的回归。确立了在法治社会中，律师的作用主要体现在对公民私权利的维护，制约监督公权力的行使。律师行使辩护权使得无罪之人不受刑事追究，有罪之人不受过当的处罚，在整个刑事诉讼过程中保障犯罪嫌疑人、被告人的权益不受非法侵犯。这不仅有利于纠正人们长期以来对律师职业的错误认识，也有助于增强律师职业群体的责任感、荣誉感和使命感。

（二）树立无罪推定理念

要正视律师的职业定位首先要确立无罪推定理念。在现代法治社会，无罪推定是国际社会普遍承认的原则。《民权公约》第14条第2款规定：“凡受刑事控告者，在未依法证实有罪之前，应有

① 田文昌：《关于律师职责定位的深层思考》，载《中美“律师辩护职能与司法公正”研讨会论文集》2003年9月，第393~398页。

权被视为无罪。”联合国人权事务委员会指出：“假定被告无罪，证明指控的责任将落在原告身上，被告则假定是无辜的。指控若未得到确实证明不得假定被告有罪。此外，假定无罪的规定还包含获得该项原则所规定的待遇的权利。因此，所有公共当局不应对审判结果作出任何预料。”① 无罪推定原则确立了刑事被追诉人诉讼主体的地位，是犯罪嫌疑人、被告人享有辩护权利的前提。刑事被追诉人只有被假定无罪，其享有的辩护权及其他各种诉讼权利才具有正当性，可以形成与公诉方对抗的局面。无罪推定原则要求证明刑事被追诉人有罪的责任由公诉方承担，且要达到法定的证明标准，辩护方不承担证明自己无罪的责任。当公诉方无法达到“事实清楚，证据确实、充分，排除合理怀疑”的证明标准时，刑事被指控人无罪。在无罪推定原则之下，辩护方的证明活动是一项权利而不是义务。辩护方可以积极主动地向法庭提出证明自己无罪、罪轻、减轻或者免除处罚的事实依据和材料，反驳公诉方的指控，但不承担任何证明失败的不利后果。

（三）建立律师职业豁免权制度

在西方国家律师拥有一定的“豁免权”。这里的“豁免权”，是关于民事责任和刑事责任的免除。律师的职业豁免分为律师作证豁免权和言论豁免权。因法律保障犯罪嫌疑人、被告人与律师的交谈内容的秘密性，从而免除辩护律师的作证义务。言论豁免一般发生在此言论依法构成违法犯罪时，由于其行为主体具有特定身份，而且行为又是在其执行身份角色的过程中实施的，因此不承担民事、刑事责任。根据我国《律师法》第 37 条规定：“律师在执业活动中的人身权利不受侵犯，律师在法庭上发表的代理、辩护意见不受法律追究。但是发表危害国家安全、恶意诽谤他人、严重扰乱

---

① 见联合国人权事务委员会（Human Rights Committee）第 13 号一般性意见第 7 段（1984）。联合国人权事务委员会是联合国《民权公约》的监测机构，由 18 名个人专家组成，主要负责审议公约成员国的报告，接收投诉来文，发表关于该公约的评论。

法庭秩序的言论除外”。但是必须承认，我国律师职业豁免制度的确立和研究均属于初级阶段。虽然2012年新刑事诉讼法也肯定了律师在法庭上的言论豁免，但是在侦查阶段、审查起诉阶段均没有涉及。

实践中，辩护律师在侦查阶段会见犯罪嫌疑人的过程是否享有豁免权备受争议。一些司法办案人员为了防止律师教唆犯罪嫌疑人翻供、串供现象的发生，提出对律师会见犯罪嫌疑人的过程进行录音录像。根据律师职业豁免的要求，“辩护律师不论跟犯罪嫌疑人、被告人说了什么，也不论犯罪嫌疑人、被告人在与辩护律师会见之后，态度上发生了什么变化，律师都不受法律追究，尤其是不受刑事追究”①。犯罪嫌疑人、被告人与辩护律师基于互相信任建立委托关系，其谈话内容的秘密性是辩护活动的伦理基础，除一些极端的法定状况之外，不应当作为法律调整的对象。一些侦查办案人员希望用录音录像制度来查办和确认辩护律师实施教唆或者劝说犯罪嫌疑人、被告人翻供的行为，进而追究辩护律师刑事责任的做法是对辩护权的变相剥夺。在刑事诉讼各个阶段建立律师职业豁免制度，是对律师基本权利的保障，有利于辩护权的长远发展和人权司法保障任务的实现。

---

① 洪道德：《刑辩律师享有豁免权》，载《北京青年报》2001年8月13日。

第五章　不强迫自证其罪与无罪推定

不强迫自证其罪原指在审判时不强迫被告人在法庭上作不利于自己的陈述，现在已经发展成在整个刑事诉讼的各个阶段不强迫犯罪嫌疑人和被告人作不利于自己的陈述，特别是在讯问的时候。讯问通常指刑事诉讼中的侦查人员、检察人员对犯罪嫌疑人、被告人进行的有关他是否犯罪及有关情节的问话。在讯问过程中，犯罪嫌疑人、被告人通常处于警方的控制之下，其自由已经被剥夺，在讯问期间保障不强迫自证其罪的权利有着极为重要的意义。

2012 年《刑事诉讼法》第 50 条规定："审判人员、检察人员、侦查人员必须依照法定程序，收集能够证实犯罪嫌疑人、被告人有罪或者无罪、犯罪情节轻重的各种证据。严禁刑讯逼供和以威胁、引诱、欺骗以及其他非法方法收集证据，不得强迫任何人证实自己有罪。必须保证一切与案件有关或者了解案情的公民，有客观地充分地提供证据的条件，除特殊情况外，可以吸收他们协助调查。"其中"不得强迫任何人证实自己有罪"通常称为"不强迫自证其罪"，是国际刑事司法准则的要求，是世界许多国家宪法或刑事司法所遵循的基本原则之一。我国《刑事诉讼法》增加不强迫自证其罪条款，意义重大，不仅是在刑事司法领域内与国际接轨的需要，更重要的是为我国刑事司法人权保障提供了重要的法律依据。新刑事诉讼法实施了近三年，这个条款执行状况还需要进一步落实，其中很重要的是使法学界，特别是实务界了解不强迫自证其罪的含义和落实方式。

第一节　不强迫自证其罪的解析

不强迫自证其罪的原则很早之前就出现在一些国家的宪法性文件之中。1776 年《弗吉尼亚权利宣言》第 8 条规定：“在所有判处死刑或刑事的诉讼中，被告有权要求知道他被控罪的原因和性质，有权与控诉者及证人对质，有权提出于己有利的证据，有权要求由他居处附近的公正的陪审团参加的迅速审判，未经该陪审团一致同意不得判为有罪；不得强迫他提出于己不利的证据；除了国家法律或其同等的公民的裁判外，任何人的自由不应受到剥夺。”[①] 1791 年美国《人权法案》第 5 条规定：“在任何刑事案件中不得强迫任何人证明自己有罪。”英国《1898 年刑事证据法》第 1 条第 2 款规定，禁止起诉人对被告人不提供证据进行评论。[②] 第二次世界大战之后，不强迫自证其罪原则被采纳到一些国际公约和国际文件之中，成为一项国际准则。

一、不强迫自证其罪的国际法规定

不强迫自证其罪是一项国际公认的人权和刑事司法准则。《民权公约》第 14 条第 3 款规定了在对任何人提出任何刑事指控时，人人完全平等地有资格享受以下最低限度的保证，其中第（庚）项规定：“不被强迫作不利于他自己的证言或强迫承认有罪（Not to be compelled to testify against himself or to confess guilt）”。第 14

---

① 《弗吉尼亚权利宣言》（*Virginia Declaration of Rights*）由乔治·梅森拟写并交弗吉尼亚议会于 1776 年 6 月 12 日通过。这份对个人基本权利的文件被美国和许多国家采纳，其中许多重要内容被联合国《世界人权宣言》和《公民权利和政治权利国际公约》采纳。该《宣言》中文版本引自董云虎编著：《人权基本文献概览》，辽宁人民出版社 1994 年版。

② 转引自中国政法大学刑事法律研究中心编译：《英国刑事诉讼法（选编）》，中国政法大学出版社 2001 年版，第 15 页。

条主要是讲被告人在面临法庭审判时的权利的，该条中“不强迫自证其罪”的条款指在审判期间不强迫被告人作不利于自己的证言[①]。

联合国人权事务委员会在第13号评论中对不强迫自证其罪作了如下说明：“在考虑该项保障时，（公约）第7条和第10条第1款应谨记在心。为了强迫被告人供认或作不利于己的证言，违反上述规定的方法经常被使用。法律应规定依靠上述方法提供的证据或者任何其他强迫方式是统统不能接受的。”[②]《民权公约》第7条是关于禁止酷刑的，第10条是关于被监禁人的待遇的。在现代社会，在法庭上公然使用酷刑的可能性不大，酷刑主要发生在监禁的时候，因此，人权事务委员会的这条意见可以看成把“不强迫自证其罪”的原则扩大到了法庭审判之外的刑事诉讼阶段。

联合国人权事务委员会在有关罗马尼亚的评论中在涉及这个问题时指出：“委员会还关注在立法中未规定违反公约第7条而取得的被告人的陈述无效。成员国应当通过适当的立法使国家承担证明刑事诉讼中被告人的陈述是根据其自由意志所作出的，并规定违反公约第7条所取得的被告人陈述被排除。”[③] 虽然这是关于罗马尼亚的意见，但对其他国家执行公约也有参考意义。

由于不强迫自证其罪与沉默权有紧密联系，对沉默权的限制也是对不强迫自证其罪的限制。联合国人权事务委员会在对英国《1994年刑事审判与公共秩序法》中对沉默权作出的限制作出了评

① 在英美法系国家，被告人在法庭上陈述也叫“作证”（testify）。

② 该评论所提及的公约第7条规定：“任何人均不得加以酷刑或施以残忍的、不人道的或侮辱性的待遇或刑罚特别是对任何人均不得未经其自由同意而施以医药或科学试验。”第10条第1款规定：“所有被剥夺自由的人应给予人道及尊重其固有的人格尊严的待遇。”

③ 原文为英文，见 HRC Comments on Romania, see (1999) UN doc. CCPR/C/79/Add. 111。

论："委员会关切地注意到《1994年刑事审判与公共秩序法》的条文[①]中……有关可以从刑事被告人的沉默中得出对他不利的推论违反了公约第14条的规定，尽管在立法和司法中有不少保障。"[②]

国际刑事法院规定了不强迫自证其罪。《罗马规约》第55条在关于刑事诉讼调查期间的个人权利方面规定："（一）根据本规约进行调查时，个人享有下列权利：1. 不被强迫证明自己有罪或认罪；2. 不受任何形式的强迫、胁迫或威胁，不受酷刑，或任何其他形式的残忍、不人道或有辱人格的待遇或处罚。"另外，国际刑事法院《程序和证据规则》第75条还规定："对于到本法院出庭的证人，属于被告人配偶、子女或父母的，分庭不能令其作出任何可能归罪于被告人的陈述。但证人可以选择作出这种陈述"。虽然这一规定的法理根据是家属的免于作证的特权，但也可以理解是把"不强迫自证其罪"的原则从被告人延伸到了被告人的家属。

《美洲人权公约》第8条第2款第（7）项也规定被告人"有权不得被强迫作不利于自己的证言，或被迫服罪"，第3款明确规定："只有在不受任何强制的情况下，被告供认有罪才算有效。"

---

① 英国《1994年刑事审判与公共秩序法》第34、35、36、37条规定了对沉默权的限制。其大意是：如果被告人在讯问或被指控时没提供他在法庭审理时赖以进行辩护的任何事实，可以从被告人没有提供上述事实中作出适当的推论（34）；在法庭审理中，当公诉方举证完成后，被告人如果保持沉默不愿意辩护，法庭或陪审团可以从中作出适当的推论（35）；如果被告人被捕时在其身上或身边发现与犯罪有关的物品或痕迹，而被告人拒绝解释，可以从其没有或拒绝解释中作出适当的推论（36）；如果被告人在犯罪现场或特定的地点被发现，警察有充分的理由相信他出现在该地点可以归于他参与了犯罪并要求其解释，可以从被告人没有或拒绝解释中作出适当的推论（37）。该法律的中文版本由罗国良译，杨宇冠校，载《英国刑事诉讼法（选编）》，中国政法大学出版社2001年版，第549~578页。

② 原文为英文，见 HRC Comments on the UK, see (1995) UN doc. CCPR/C/79/Add. 55。

二、不强迫自证其罪含义分析

在英美法系国家，被告人在法庭上接受询问也称为作证（testify）。作证通常须到证人席上宣誓以后才可以陈述。在履行宣誓作证的仪式之后，证人（包括作证的被告人）就必须回答问题，如果不回答，则会受到藐视法庭之处罚；如果不如实回答，则会受伪证罪之处罚；如果如实回答，又可能证明自己有罪。因此，除为辩解之目的外，被告人作证很有可能使他自己处于非常不利的境地。不强迫自证其罪的原则原来指法庭不强迫被告人作对自己不利的证言或陈述，只适用于审判阶段，现在也适用于审前阶段，包括侦查人员和检察人员不得强迫犯罪嫌疑人或被告人作不利于自己的陈述。不强迫自证其罪的原则通常从犯罪嫌疑人被限制人身自由时开始，包括在侦查和起诉阶段都不得强迫犯罪嫌疑人或被告人向司法人员作出不利于自己的陈述。如果陈述人不是在法庭上或其人身自由没有处于执法人员的控制之下，则不适用这条规则。现代刑事诉讼十分重视法庭审判前程序，而且法庭上的规则对于审前程序会产生很大的影响，法庭可以通过证据的采信和排除使侦查程序和起诉程序必须遵守法庭的要求。因此，不强迫自证其罪的原则虽然原是法庭规则，但现在已经普遍适用于刑事司法的各个阶段，包括在侦查阶段、起诉阶段和审判阶段不强迫被告人坦白犯罪或作有罪答辩，尤其是指在侦查阶段的讯问中不强迫其陈述。在这个意义上，“不强迫承认犯罪”和“不强迫自证其罪”基本上是同一个意义。

强迫承认有罪与强迫作不利他自己的证言有区别。承认有罪通常简称为供述。有罪供述必须具备下列因素：（1）必须是完整地承认犯罪，并不意味着供述必须很长。如果案情简单，供述也相应简单。（2）必须包括犯罪的事实和其中的重要构成。（3）供述必须能证明犯罪本身而不需要再进行推论。不强迫自证其罪或作不利于被指控人自己的证言，不一定是让该人完全承认犯罪，也可以是当事人关于任何犯罪的片断陈述或可能间接导致他有罪的陈述，包括强迫其作不利于自己的陈述和交出可能用于证明其有罪的证据。

在刑事诉讼中，不强迫自证其罪的权利属于被指控人的权利，在有些国家，如美国，也称之为反对自我归罪的权利（the right against self - incrimination）。从权利属性上分析，权利可以放弃。如果犯罪嫌疑人、被告人放弃不强迫自证其罪的权利并不意味着办案人员可以对他实施强迫手段证明自己有罪，而是他主动认罪。通常只要其自愿作证或回答问题就意味着他放弃了这个权利。但是，在必要时办案人员应当证明被指控人是自愿和明智地放弃这种权利主动供述。所以，在英、美等国，办案人员在讯问之前首先必须告知被指控人有不被强迫自证其罪的权利，并且还应告知被指控人如果自愿供述，可能用于对他不利的证明。这些告知有严格的要求，被指控人自愿供述时应当签署声明表示他已经知悉有关权利并在理智的情况下放弃有关权利。

在审前的讯问中，犯罪嫌疑人放弃权利后进行陈述的过程中，他可以随时表明不再陈述，即不可以强迫其继续陈述，但已经陈述的部分作为合法证据是可以采纳的。但是在法庭审理过程中，只要被告人开始回答问题，即意味着他放弃了不强迫自证其罪的权利，就必须回答随后所有的问题（由法官裁定不回答的除外），作证的中间不能引用不强迫自证其罪权拒绝回答其中的一些问题。

不强迫自证其罪也适用于证人，在证言可能导致证人自己有罪的情况下，证人可以引用不强迫自证其罪的权利保护自己，拒绝透露有关事实。对于证人，不强迫自证其罪的权利不仅适用于刑事诉讼，而且适用于各种司法的或行政的听审，或者任何在比较正式的情况下要求某人作证的情况。所谓可能导致他有罪意味着：如果证人回答了某个问题，该回答将直接或间接地意味着该人有罪。

不强迫自证其罪的权利不延伸到任何民事责任的范围，如果证人（包括被告人）回答的问题可能导致承担民事责任，不得以不强迫自证其罪为由拒绝回答。但是，如果回答可能导致同时承担刑事责任和民事责任，他可以根据不强迫自证其罪的权利拒绝回答。

自证其罪的问题并不是说所有回答都能直接说明该人有罪，只要他的回答表明他与犯罪有关的证据锁链中的任何环节有牵连即可。如果回答与犯罪没有牵连，或者不存在被刑事指控的危险，则他不能以不强迫自证其罪为由拒绝作证。例如，如果回答的问题虽然牵涉到某个犯罪事实，但已经过了追诉期，则不适用不强迫自证其罪的原则。如果他就某件指控已经被宣布无罪，根据禁止双重危险的原则，他不可能就该刑事案件再被指控和审判，则也不存在不强迫自证其罪问题，从而也可能强迫该人回答与该案情有关的问题；如果他被免除指控，则也可以强迫其作证。

行使不强迫自证其罪的权利有多种方式，最常见的是运用沉默权和任意自白规则。不强迫自证其罪是一个总体原则，而沉默权和任意自白规则是实现这个原则的方法。联合国《民权公约》中并没有直接规定沉默权。联合国《少年司法最低限度标准规则》[①] 第7.1条规定中少年在刑事司法中的权利，其中包含了沉默权："在诉讼的各个阶段，应保证基本程序方面的保障措施，诸如假定无罪、指控罪状通知本人的权利、保持沉默的权利、请律师的权利、要求父亲或母亲或监护人在场的权利、与证人对质的权利和向上级机关上诉的权利。"

第二节　强迫自证其罪行为的构成

强迫自证其罪是指国家执法或司法人员及其指使或在其默许下使用各种直接的或间接的身体或心理压力的形式，包括刑讯逼供、恐吓、威胁以及以强加司法治裁等方式，迫使犯罪嫌疑人或被告人提出可能导致证明自己有罪的证据，这就包括强迫其作有罪供述和强迫其交出与犯罪有关的证据。

---

① 《联合国少年司法最低限度标准规则》（北京规则）由联合国大会1985年11月29日第40/33号决议通过。

一、强迫自证其罪的表现

不得强迫自证其罪的关键在于对强迫的理解。因为强迫自证其罪的方式很多，不可能一一列举，以下论述其中最主要的形式：

（一）酷刑

酷刑可能是一种实体的刑罚，也可能是在诉讼过程中取得证据的方式。就后一种目的而言，它是强迫自证其罪最明显和最恶劣的方式，通常称为刑讯逼供。联合国《禁止酷刑和其他残忍、不人道或有辱人格待遇或处罚公约》①（以下简称《禁止酷刑公约》）第1条对酷刑作出了解释："酷刑是指为了向某人或第三者取得情报或供状，为了他或第三者所作或涉嫌的行为对他加以处罚，或为了恐吓或威胁他或第三者，或为了基于任何一种歧视的任何理由，蓄意使某人在肉体或精神遭受剧烈疼痛或痛苦的任何行为，而这种疼痛或痛苦是由公职人员或官方身份行使职权的其他人所造成或在其唆使、同意或默许下造成的。因法律制裁而引起或法律制裁所固有或附带的疼痛或痛苦不包括在内。"根据这个定义，酷刑必须是蓄意形成痛苦，如果是疏忽大意造成人的痛苦不算酷刑；没有造成痛苦也不能认为是酷刑。

（二）残忍、不人道或有辱人格的待遇

其他残忍、不人道或有辱人格的待遇或处罚有各种形式，很难下一个定义，联合国公约中没有解释，因为如果采取列举法，无法穷尽一切可能的方法。但这方面并非无章可循，联合国在刑事司法和保护人权方面制定了一系列的最低标准，如《执法人员守则》②、

---

① 《禁止酷刑和其他残忍、不人道或有辱人格待遇或处罚公约》是联合国大会于1984年12月10日第93次会议通过的。根据该《公约》第27条第1款于1987年6月26日生效。截至目前（2015/6/9）该《公约》已有158个国家批准。中国于1988年10月4日批准该公约。

② 《执法人员守则》是联合国大会于1979年12月17日第106次会议通过的。

《保护所有遭受任何形式拘留或监禁的人的原则》[①]、《囚犯待遇最低限度标准规则》[②]、《少年司法最低限度标准规则》等，对犯罪嫌疑人、被告人和囚犯施加不符合这些标准的待遇则可能被认为是其他残忍、不人道或有辱人格的待遇或处罚。例如，《囚犯待遇最低标准规则》规定：男犯和女犯、少年犯和成年犯、未经审判的囚犯和已决犯应当分开关押；囚室和犯人的服装应当符合卫生和生理需要，以维持清洁和体面；饮食应当及时和有营养；纪律和秩序不应超过安全看守和集体生活的需要；禁止体罚和暗室禁闭；戒具如手铐、铁链、脚镣、拘束服永远不得作为惩罚的用具；未经审判的囚犯如果服装清洁，应准穿自己的衣服；如着监狱服装也应与已决犯不同；等等。不符合这些最低标准的做法可能被认为是不人道的待遇，故意以这些不符合标准的关押方法以迫使被关押人招供，则构成强迫自证其罪。

从不强迫自证其罪的角度来看，区分酷刑和其他残忍或非人道待遇的意义不大，因为，任何强迫，哪怕并没有造成痛苦，也都是应当禁止的；而造成痛苦的行为不仅与不强迫自证其罪原则相冲突，而且违反了其他的国际准则。

（三）其他强迫自证其罪的方式

强迫自证其罪的方式可以是无限的，不可能逐一列举，只能反过来说明，即凡是非自愿的供述都可以归入强迫自证其罪之中。但是，有时候一个人表面上是自愿供述的，但考察他所处的环境，就可以发现非自愿的因素，特别是在一个人处于失去自由的关押之中，虽然没有存在酷刑，也不存在其他残忍或不人道的待遇，但他处于监禁之中时，无疑在心理上有巨大压力，这时候，如果反复讯

---

① 《保护所有遭受任何形式拘留或监禁的人的原则》是联合国大会于 1988 年 12 月 9 日第 76 次会议通过的。

② 《囚犯待遇最低限度标准规则》是第一届联合国预防犯罪和罪犯待遇大会于 1955 年 8 月 30 日通过的。

问，或长时间地讯问，很可能会使他违心地作出供述，所以，必须对关押犯罪嫌疑人或被告人的条件和时间有严格的限制。按照不强迫自证其罪的原则，应当告知犯罪嫌疑人、被告人具有这个权利，只有在他明确表示放弃这个权利时才能进行讯问；在讯问过程中，当他表示不愿意陈述时，讯问应当停止。因为，一个人在不愿意陈述时，仍然对他讯问不停，无疑是强迫他陈述。如果关押本身之目的就是为了给被关押人造成精神上的痛苦，以便使他在精神不能承受时认罪，则仍然是一种强迫自证其罪的行为。所以，如果只规定不强迫自证其罪，而没有规定不强迫讯问和不因取得口供之目的而关押，则不强迫自证其罪和沉默权都是没有意义的。《民权公约》第 9 条规定：等候审判的人受监禁不应作为一般规则，但可规定释放时应保证在司法程序的任何其他阶段出席审判，并在必要时报到听候判决。据此，审前关押的目的只是为了保证使犯罪嫌疑人或被告人准时出席审判和执行判决，而不应当是为了获取他的口供。

在司法实践中，为了防止犯罪嫌疑人继续犯罪或威胁证人或毁灭证据而关押是可以的，但仅仅为了获取口供而关押，则违反了不强迫自证其罪的原则。由此也可以看出，联合国刑事司法准则之间是有机联系的，它是一个体系，如果只取其中某一条而不采用另外的规定，则不能达到预期的效果。

二、不强迫自证其罪与相关概念的关系

不强迫自证其罪需要有具体措施加以保障，其中最常见的是沉默权和任意自白规则，这三者是紧密相连的，有些国家法律或司法实践中并不突显不强迫自证其罪，而是直接使用沉默权或任意自白规则。笔者认为不强迫自证其罪的外延比沉默权和任意自白规则更大，不强迫自证其罪是沉默权和任意自白规则的根据，在言词证据上表现为被指控人有沉默权和行使任意自白规则的权利，但是还包括不强迫被指控人交出能够证明其有罪的其他证据。

（一）不强迫自证其罪与沉默权的关系

联合国《民权公约》以及其他一些联合国人权公约中并没有直接规定沉默权，但有关于“不强迫自证其罪”的规定。再往前溯源，美国《权利法案》中也没有直接规定沉默权，但有“不强迫自证其罪”的规定。因为“不得强迫自证其罪”包含了沉默权，或者说从“不强迫自证其罪”原则中可以得出被告人有沉默权的结论。因为既然不强迫自己证明自己有罪，犯罪嫌疑人就应当有权保持沉默。事实上，许多国家都以规定被告人有沉默权的方式落实“不强迫承认有罪”的原则。因为既然允许犯罪嫌疑人沉默，就不能强迫其开口或作书面供述。但是，“不强迫承认有罪”的范围远远不止于有“沉默权”。沉默权只是对审问和讯问而言，即被告人对讯问可以保持沉默，而“不强迫承认罪”还包括其他一些实现的方式。例如，不得强迫自行交出犯罪证据、不强迫作有罪答辩，甚至不强迫被告人提供法医检验样本①，等等。

沉默权原来也是法庭上的规则，即被告人在法庭上可以保持沉默②。经过发展，现在已经从审判时保持沉默的权利发展到审前沉默的权利，而且在现代更着重于审前的侦查阶段，即嫌疑人、被告人在面临警察讯问时的沉默权。根据不强迫自证其罪的原则，面临审讯的人应当有权保持沉默。沉默权有四个要素：沉默权的主体是犯罪嫌疑人、被告人；沉默权保障的义务主体是追诉者，即警察、检察官和法官；沉默权的范围是有罪、无罪和罪行轻重等；沉默权的表现方式是缄口不语。

---

① 关于法医检验样本，各国规定有所不同，有的根据样本的隐私性等级的不同采用不同的批准手续采样。

② 据孙长永先生考证，沉默权最先是在英国普通法中产生和发展起来的，它在英国法中的正式确立是在18世纪末期至19世纪初，如在1838年一份判决意见中就已经指出：治安法官在讯问嫌疑人之前应当警告嫌疑人“不论他想说什么，都将被记下来，并且可能在审判中用作不利于他的证据”。见孙长永：《部分国家国内法与国际法上的沉默权制度概述》，载《沉默权问题研究》，陈光中主编，中国人民公安大学出版社2002年版，第493~494页。

沉默权既然是一种权利，那么使用这种权利就不应当有不利的后果，否则就不能算作权利，因此，从沉默权又可以推导出“不能因为沉默而得出对被告人不利的推论”的原则。沉默权的表述和实施情况在各国也不一致，有的国家规定得很严格，如美国刑事诉讼中强调陈述的自愿性，甚至达到了嫌疑人有权决定是否接受警察的讯问，如果他不同意讯问，警察就不可以进行讯问。有的则不甚严格，如英国，嫌疑人、被告人虽然有沉默权，但在某些情况下，法官和陪审团可以从他行使沉默权中得出对他不利的推论。

（二）不强迫自证其罪与任意自白规则的关系

任意自白规则（voluntary）应当称为“自愿自白规则”，但一个词中有两个“自”读起来不太顺畅，所以通常称“任意自白规则”，其含义是被告人的陈述必须是出于自愿的才可以用为证据，否则不能在法庭审理中采纳。不强迫自证其罪规则在言词证据方面的表现是任意自白规则。其逻辑关系是：因为不能强迫，所以陈述必须是任意的。但任意自白规则在言词证据方面的内涵比不强迫自证其罪的规则更为细致，不强迫自证其罪只是规定了不能强迫，任意自白规则还包含了讯问犯罪嫌疑人、被告人应当事先得到被讯问人的同意，如果不同意就不符合自愿的要求，从而其供述不能被法庭采纳。

任意自白规则与沉默权很相似，但任意自白规则的含义也比沉默权更多。沉默权只是面对讯问保持沉默，而任意自白规则要求在自白前给予被告人以警告：即必须告知被告人有沉默权，他不需要回答任何问题，如果他回答，他的陈述或行为将可能被用作对他不利的证据。由任意自白规则还发展到：在被告人自愿接受警察询问的情况下，警察才可以询问，警察在未给警告前不能主动询问被告人有关案件的情况；如果被告人不愿意接受警察的询问，则询问必须立即停止。这些都已经超出了沉默权的范围，而且有些过分保护犯罪嫌疑人的权利，不利于侦查的及时进行。

第三节　不强迫自证其罪与无罪推定

“不强迫自证其罪”与无罪推定有紧密的关系，是落实无罪推定的具体措施，而无罪推定是不强迫自证其罪的根据。

一、无罪推定的含义和理解

无罪推定是现代刑事诉讼的基石，已写入联合国人权和刑事司法文件以及世界许多国家的宪法性法律中。无罪推定不仅是刑事诉讼中被告人的权利，也是社会上每一个人的权利，是一种待遇；承担保障无罪推定权利的责任主体是国家及其司法人员。

（一）无罪推定的渊源

无罪推定思想的产生已经有200多年。1764年意大利法学家贝卡利亚在他的不朽名著《论犯罪与刑罚》中率先明确提出了无罪推定的思想，他说：“在法官判决之前，一个人是不能被称为罪犯的。只要还不能断定他已经侵犯了给予他公共保护的契约，社会就不能取消对他的公共保护。”①

1789年《法国人权宣言》第9条规定：“任何人在宣判有罪之前应当视为无罪。”②

1895年美国联邦最高法院通过案例明确宣布了无罪推定：“有利于被告人的无罪推定原则是无可置疑的法律，是带有公理性质的和最基本的，它的执行是我国刑事司法最根本的内容。”③

联合国成立之后，在人权和刑事司法的文件中一再确认无罪推定的原则，使其成为国际人权和刑事司法准则的重要内容。《民权

① ［意］贝卡利亚：《论犯罪与刑罚》，黄风译，中国大百科全书出版社1993年版，第45页。

② 此处是笔者根据《法国人权宣言》之英文本译成，其英文为：“Every man is supposed innocent until having been declared guilty.”

③ 见Coffin v. U.S.，156 U.S. 432（1895）。

公约》第 14 条第 2 款规定："凡受刑事控告者，在未依法证实有罪之前，应有权被视为无罪。"这是著名的无罪推定在《公约》中的体现。这条规定的直接渊源是联合国于 1948 年制定的《世界人权宣言》第 11 条："凡受刑事控告者，在未经获得辩护上所需的一切保证的公开审判而依法证实有罪以前，有权被视为无罪。"

联合国人权事务委员会指出："对保护人权十分重要的假定无罪的规定，含义常常不甚明确，在某种情况下可能变成无效。基于无罪推定，对控诉的举证责任由控方承担，对疑案的处理应有利于被指控人。在对指控的证明达到超出合理怀疑的程序之前，不能推定任何人有罪。而且，无罪推定暗含着被指控的人享有按照这一原则对待的权利。因此，所有的公共当局都有义务不得预断审判结果。"① 值得注意的是，这里要求"所有的公共当局"（all public authorities），指政府的所有部门，而不仅仅是法院，都有此义务。这样，如果成员国的任何政府机构在法院判决之前预先断定一个人有罪，都是违反《公约》规定的。

除了在《民权公约》中有明确规定外，联合国制定的其他人权和刑事司法文件也多次重申无罪推定，例如，1985 年联合国制定的《少年司法最低限度标准规则》（北京规则）第 7.1 条也规定："在诉讼的各个阶段，应保证基本程序方面的保障，诸如假定无罪……的权利。"《联合国保护被剥夺自由少年规则》第 17 条规定："被逮捕扣押的少年或待审讯（'未审讯'）的少年应假定是无罪的，并当作无罪者对待，应尽可能避免审前的拘留的情况，并只限于特殊情况。"

一些国际组织和国家在宪法性文件中也明确写入了无罪推定的内容，如 1950 年签订的《欧洲人权公约》第 6 条规定："凡受刑事控告者，在未依法证实有罪之前应有权被视为无罪。"1982 年制

① 人权事务委员会第 13 号一般意见第 7 段。参见杨宇冠：《人权法》，中国人民公安大学出版社 2003 年版，第 257 页。

定的《加拿大权利和自由宪章》第11条规定被告人："在由独立的、不偏袒的法庭举行公平的公开审判依法证明有罪之前，应推定为无罪。"

（二）无罪推定的要素

无罪推定是一项概括性的原则。现代刑事诉讼中的侦查制度、起诉制度和审判制度中许多规定都是基于无罪推定制定的。根据无罪推定的原则，产生了一系列的刑事诉讼规定，至少包含以下四个方面：

1. 犯罪嫌疑人、被告人不承担证明自己无罪或有罪的责任；

2. 证明有罪的责任由指控方承担；

3. 证明应当达到法律规定的程度，如果不能达到该程度，不能确定任何人有罪；

4. 任何公众部门不得在审判机构宣判被告人有罪之前，预断被告人有罪。

以上无罪推定包含的四个要求又产生或者证明了一系列刑事诉讼规则的必要性和合理性。例如，从"犯罪嫌疑人、被告人不承担证明自己无罪或有罪的责任"可以推导出不得强迫犯罪嫌疑人和被告人自证其罪。

二、无罪推定的权利和义务主体

无罪推定不仅是被告人的权利，而且是社会上每一个人的权利，保障这项权利的义务主体是国家，特别是司法机构和其工作人员。

（一）无罪推定的权利主体

无罪推定首先是刑事诉讼中被告人的一项权利。但从更广义的角度看，它是社会上的每一个人的权利。任何人在没有被判处有罪之前，都应当有权被推定为无罪。如果实行有罪推定，任何人都将生活在危险之中，都可能随时被要求表明自己是清白的。这样，社会秩序将无法维持。

由无罪推定原则可以得出证明一个人有罪必须经过法律正当程序的结论，即有一个证明和审判的过程。在这个过程之中，不能事先确定被告人有罪，否则全部刑事审判将失去意义，人的基本权利得不到保障，社会仍然会陷入混乱之中。

刑事诉讼中的被告人也是社会的一分子，他（她）与社会上的普通公民的区别在于其面临刑事指控，所以他（她）对无罪推定的权利要求更为直接。在刑事诉讼中，被告人面临有罪指控，首先要明确由谁来证明指控正确的问题。无罪推定表明：被告人没有责任证明自己有罪，而是享有以无罪的人对待的权利。

（二）无罪推定的义务主体

权利和义务是同时存在的，既然无罪推定是每个人，特别是被告人的权利，就必须有人承担保障这项权利的责任。这项责任的承担者就是社会的管理者，即国家，通常表现为国家的司法机构和人员。国家应当保证在法律中明确规定无罪推定，在司法中执行无罪推定。由于司法人员代表国家执法，所以执行无罪推定的原则要求在审判者最终定罪之前应当推定被告人无罪，只有在控诉方证明有罪的程度达到法律规定的标准时，审判人员才能判决被告人有罪。不仅如此，无罪推定还对起诉人员、侦查人员以及所有的公共机构有约束力，即他们在审判机构最终判决有罪之前，不能把犯罪嫌疑人和被告人当作有罪的人来对待。

从证明责任分配的角度分析，“谁主张，谁证明”是一项由来已久的法律原则，是人类经验的总结，如果提出主张的人不承担证明责任，而由没有提出主张的人来证明，显然是极不公平的，这不仅会产生大量不负责任的主张，也极有可能无端地给无辜的人强加无理的负担，社会秩序也不能维持。在刑事诉讼中侦查人员和起诉人员提出犯罪嫌疑人、被告人有罪，应当由控诉方证明，而不应当由被告方证明。

从证明方法的难易程度分析，人们的常识表明：证明“有”，即事物的存在，比证明“无”要容易得多。只要举出一个事例就能证明某事物存在，而证明“无”，则要穷尽一切可能性，有时候甚至是无法做到的。在有罪和无罪的问题上也是一样，要证明有罪，只要提出证据证明某人进行了某项犯罪行为；而证明无罪，则要求排除当事人参与犯罪的一切可能性，这是极为困难的。因此，由指控有罪一方证明被告人有罪比让被告人证明自己无罪更加合理和有效。

三、无罪推定与认识论

我国的刑事司法中遵循实事求是的指导思想。实事求是与无罪推定并不冲突。实事求是要求一切从实际出发，在刑事诉讼过程中，实际情况是犯罪嫌疑人、被告人还没有被定罪，他（她）的无罪身份并没有改变，因此应当将其当作无罪的人对待。

（一）侦查起诉活动与无罪推定

无罪推定是犯罪嫌疑人和被告人的一项权利，要求在最终判决之前将其当作无罪的人对待，强调的是一种身份和待遇。无罪推定并不是要求侦查人员、检察人员认为或相信犯罪嫌疑人和被告人无罪，所以，参加办案的人员，以及社会上的任何人都可以认为犯罪嫌疑人和被告人有罪。不仅如此，随着刑事诉讼的向前推进，侦查人员在侦查结束移送起诉时必须认为或相信犯罪嫌疑人有罪，检察人员在向法院起诉时应当确信被告人有罪。美国刑事司法中奉行无罪推定，但并不妨碍侦查人员和司法人员对案件有不同的认识。在美国的诉讼中，随着诉讼阶段的向前进展，侦查和司法人员对于案情有不同的认识要求说明了实行无罪推定与司法人员对于案情的认识程度是两个不同的概念。但是，在法院依法判决被告人有罪之前，尽管侦查人员和检察人员、被害人、证人或社会上的任何人相信或确信被告人有罪，这种确信都不能作为确定被告人有罪的依据，不能将被告人当作有罪的人对待。

（二）审判活动与无罪推定

审判人员在诉讼认识论方面应当与侦查人员和起诉人员有所区

别。审判人员在审理案件的过程中不能先入为主地认为被告人有罪，而应当首先推定被告人无罪，要求起诉方证明，达不到证明程度则应当判无罪，达到证明程度则应当判有罪。这是因为审判工作应当是被动的，而不是主动的；而侦查和起诉是主动的，而不是被动的，所以应当采取不同的推定方式。

侦查人员和起诉人员在心理上和工作程序或方式上应当假定被告人有罪，绝不意味在待遇方面他们可以把犯罪嫌疑人和被告人当成有罪的人对待，即不能以侦查行为或起诉行为以及诉讼过程中的强制措施当作有罪的确认和惩罚，侦查和起诉工作过程中视需要所采取的限制人身自由或干涉个人财产或隐私的措施应当是临时性的，而不是确定被侦查和起诉人有罪身份的，是非惩罚性的，而不是惩罚性的，是不得已而采用的，而不是常规采用的。侦查人员和起诉人员在任何阶段提出对被告人的有罪主张只是要求法院判处被告人有罪，而不是宣布或决定被告人有罪，因此并不能改变犯罪嫌疑人和被告人的无罪身份。

第四节　无罪推定与我国刑事诉讼

在法治社会，确定一个人有罪必须有实体法的根据，即该人违反了刑法的规定，还要有程序法的根据，即根据程序法确定该人有罪必须经过正当的法律程序。在认定一个人有罪之前，该人的无罪状态并没有改变。有罪决定也只能由法院来作出。按照现代诉讼法的原理，除法院之外，任何个人、组织都无权对一个人作出有罪的结论。从理论上讲，法院对刑事诉讼中的嫌疑人或被告人的最终判决有两种可能性，一是有罪，二是无罪。在判决之前要作无罪推定的原因是：第一，犯罪嫌疑人、被告人可能就是无罪的，如果作有罪推定，把他当作罪人看待，就会冤枉好人；第二，犯罪嫌疑人、被告人是否有罪应当由法院通过法律程序来决定，而诉讼的过程正是这种决定的过程，在最终决定之前，被告人并没有被确定有罪，从而其无罪的身份还没有改变；第三，即使法院判决被告人有罪的可能性极大，有罪也应当通过判决和处以相应的刑罚进行处罚，而不应当以诉讼过程本身作为处罚的方法。所以，在法院判决生效之前，嫌疑人或被告人是不能被称为罪犯的，也不应该当作罪犯对待。

一、无罪推定在我国立法和司法中的体现和不足

我国的宪法中没有无罪推定的表述，我国1979年颁布的《刑事诉讼法》中也没有无罪推定，1996年修改《刑事诉讼法》时，吸收了一些无罪推定的思想，但并没有直接表达为“无罪推定”。该法第12条规定：“未经人民法院依法判决，对任何人都不得确定有罪。”无疑，该条吸收了无罪推定的精神，但并不是无罪推定的经典表达。其重要区别在于无罪推定是被告人的一项权利，主语是被告人，责任者是国家。2012年修改《刑事诉讼法》，第12条没有变化。该法没有主语，从字面上看主要是讲法院的审判权。尽管如此，我国《刑事诉讼法》在两次修改过程中在其他部分也还增加了不少有利于确定无罪推定的因素。

（一）我国《刑事诉讼法》修改与无罪推定

我国1979年《刑事诉讼法》与无罪推定相关的概念很少。1996年《刑事诉讼法》将1979年《刑事诉讼法》中对被告人的提法作了阶段性的划分。首次在法律上将犯罪嫌疑人与被告人加以区分。受刑事追诉者在起诉前处于“犯罪嫌疑人”的地位，在起诉后处于“被告人”的地位。尽管只是名称表述上的不同，但却去除了过去长期适用的“罪犯”、“人犯”等有罪推定色彩的称谓。这一划分，有利于贯彻无罪推定原则。

1996年《刑事诉讼法》在审查起诉和审判中确立了疑罪从无的原则，第162条（二）之规定：“证据不足，不能认定被告人有罪的，应当作出证据不足、指控的犯罪不能成立的无罪判决”。这一条规定已经部分体现了无罪推定的精神。

1996年《刑事诉讼法》取消了检察机关的免予起诉制度。原刑事诉讼法规定的免予起诉制度实质上是检察机关行使了对被追诉人定罪的权力，分割了法院的审判权。该制度的取消意味着法院真正拥有了法律上的统一定罪权，更接近于无罪推定的要求。

我国2012年修改的《刑事诉讼法》中有许多条款与不强迫自证其罪密切相关，如第49条规定："公诉案件中被告人有罪的举证责任由人民检察院承担，自诉案件中被告人有罪的举证责任由自诉人承担。"根据该条规定，刑事诉讼对有罪的举证责任有控诉方负责，被告人不承担证明自己有罪的责任。《刑事诉讼法》第50条进一步明确了不强迫自证其罪的原则并对以上规定进一步细化："审判人员、检察人员、侦查人员必须依照法定程序，收集能够证实犯罪嫌疑人、被告人有罪或者无罪、犯罪情节轻重的各种证据。严禁刑讯逼供和以威胁、引诱、欺骗以及其他非法方法收集证据，不得强迫任何人证实自己有罪。必须保证一切与案件有关或者了解案情的公民，有客观地充分地提供证据的条件，除特殊情况外，可以吸收他们协助调查。"

虽然，新《刑事诉讼法》中并没有明确规定无罪推定，增加了不强迫自证其罪规定也已经符合无罪推定的要求。但是，新《刑事诉讼法》第118条规定："侦查人员在讯问犯罪嫌疑人的时候，应当首先讯问犯罪嫌疑人是否有犯罪行为，让他陈述有罪的情节或者无罪的辩解，然后向他提出问题。犯罪嫌疑人对侦查人员的提问，应当如实回答。但是对与本案无关的问题，有拒绝回答的权利"。这一条保留了1996年《刑事诉讼法》的规定，虽然在这一条中新加了以下内容："侦查人员在讯问犯罪嫌疑人的时候，应当告知犯罪嫌疑人如实供述自己罪行可以从宽处理的法律规定"，但还不符合无罪推定的精神。综上，在我国立法中，无罪推定还没有完全确立。修改后的刑事诉讼法对无罪推定精神的吸收，为受到刑事追诉的人获得诉讼主体地位提供了现实的法律基础，是我国刑事司法民主化、科学化的重要标志，但是在无罪推定方面还有进一步完善的必要。

（二）我国刑事司法实践与无罪推定

由于立法中没有明确无罪推定，在司法实践中无罪推定更是难以实现。犯罪嫌疑人对侦查人员的讯问如实回答，实际上被用作对自己不利的证据，甚至证明有罪。这实际上是让犯罪嫌疑人或承担证明自己有罪或无罪的责任。如果严格按照无罪推定的原则，犯罪嫌疑人或被告人可以不回答侦查人员提出的任何问题，也就是说享有“沉默权”。但是，到目前为止，我国法律中还没有确立犯罪嫌疑人、被告人的沉默权。

即使法律中规定了沉默权，但没有保障沉默权行使的具体措施，也不能完全保障无罪推定的实行。因为沉默权是一种被动的权利，只是一种不回答的权利。如果不规定讯问的时间和次数，而是允许侦查人员无限制地讯问下去，直到被讯问人无法忍受而招供为止，则沉默权也无法落实；或者如果犯罪嫌疑人、被告人不回答问题，就将其长时间关押，直到其开口为止，沉默权也无法落实。我国刑事诉讼中审前羁押率很高，几乎所有的犯罪嫌疑人、被告人都被采取强制措施，其目的之一就是为了得到口供。因此，只有规定犯罪嫌疑人或被告人在自愿接受讯问时才可以讯问，方能落实沉默权；只有在关押不是为了获取口供的情况下，沉默权才能落实。但是这些做法目前在理念上还很难为中国司法界以及民众所理解和接受；在目前侦查任务比较重，侦查条件还比较落后的情况下实行也比较困难。

尽管我国在审查起诉和审判中确立了疑罪从无的原则，但在司法实践中并没有充分贯彻执行。笔者在司法实务部门的调查中发现，我国许多地方刑事审判的定罪率很高，不少地方连续数年来定罪率是100%。这么高的胜诉率可能会使人怀疑审判只是对侦查和起诉机关对被指控人有罪的确认。审判结果本来应当有两种可能性，宣判无罪也是正常现象。如果要求公诉胜诉达到50%以上或更高，将会给公诉机关过分的负担，而且过高的胜诉率也可能使人对审判的公正性产生怀疑。在我国的司法实践中，法院对于疑罪或认为不构成犯罪的处理通常并不直接作无罪判决，疑罪可能从轻或从减，或者与检察院商量请其撤诉，或者检察院主动撤诉。中国的刑事诉讼法对于起诉后的撤诉没有规定，撤诉是按照最高人民法院和最高人民检察院在司法解释的规定进行的。但是撤诉的法律效果没有规定。在司法实践中，撤诉并不意味着无罪，可能会重新起诉，也可能作不起诉处理。

另外，公诉机关对不预断审判结果的义务认识不足。“舆论审判”影响法院审判，一些机关团体甚至个别人的意见干扰法院审判的现象依然存在。新闻媒体，特别是电视、报纸、杂志、网络对一些重大或有影响的案件在法院判决之前大量进行具有导向性的报道，对公诉人员和审判人员处理案件产生了很大的压力和影响。

综上，我国刑事司法要达到国际社会所公认的无罪推定要求，在立法和司法实践方面还有很长的路要走。

二、我国实行无罪推定的困难

我国历史上从来没有实行过无罪推定。在中国封建社会的刑事司法方面，实体法和程序法不分，刑事诉讼侦查程序中所采取的各种措施，特别是逮捕、关押、拷问与实体刑法中的惩罚没有严格的区别。被官府抓捕的人从一开始就被当作有罪的人看待，社会中的人更是分不清刑事诉讼中的未决犯和已经被判有罪的人的区别。

这些观念，对中国现代的刑事司法仍然有影响。许多人，包括一些执法人员，还把犯罪嫌疑人、被告人等同于有罪的人，尤其是在某个引起民愤的案件发生之后，只要抓到犯罪嫌疑人，经过媒体的宣传，很多人就已经把嫌疑人与有罪的人等同起来了。从而导致无论是从舆论方面，还是在诉讼程序之中，许多嫌疑人、被告人已经被当作有罪的人对待。

当前我国刑事侦查部门条件很有限，任务却比历史上艰巨了许多。历史上我国人口比现在要少得多，相应的犯罪也比现在少；历史上犯罪手段简单，现在的犯罪更加复杂。我国一些地方的侦查和起诉部门的条件还很简陋，没有先进的物证检验所，没有现代化的仪器，缺乏专业技术人员，在这种情况下办案，对口供的依赖性难以马上改观。尤其是在基层第一线担负侦查和起诉工作的人员任务重、时间紧、责任大、经费少、设备差，在这种条件下，担负繁重的打击犯罪、维护治安的重要工作实属不易。为了尽快完成任务，在其他侦查方式有限的条件下，口供就显得特别重要，许多案件都是根据口供破案的，如果再实行无罪推定，将加大侦查和起诉部门工作的困难。

三、我国实行无罪推定的可行性

虽然我国在实行无罪推定方面存在不少困难，但是实行这个原则是具有可行性的。无罪推定在世界上很多国家已经确立，他们也曾经面临着观念的转变，在确立过程中也曾面临着侦查方面的物质困难，然而也正是在克服这些困难的过程中实现了刑事司法的现代化。因此，充分认识到我国在实行无罪推定方面的困难，研究解决这些困难的途径和实现无罪推定的步骤，不仅有利于人权保障，也有利于实现我国刑事司法的现代化。

（一）经济基础的发展是实行无罪推定的有利条件

我国改革开放多年来，经济基础有了较大的发展和变化。公有制经济发展成为公有制为主体、多种所有制经济共同发展的基本经济制度。多种所有制的形式不仅必须在有关财产的法律方面为其提供保护，而且对这些所有制下从事投资、管理、生产的人也要提供保护，即所谓的“保驾护航”。人们需要一个稳定的环境，需要更多的人权保护，才能更感安全地进行投资和生产。中国的经济发展很快。经济的发展，与世界各国经济的往来都需要法治的保障，这不仅要求经济方面的法律现代化，也要求人权保障符合国际准则，近年来，中国在人权保障方面不断进步，为实行无罪推定准备了基本的条件。中国目前的经济发展已经远远高于 18 世纪的英国和美国的水平。当时这些国家，能够逐步确立无罪推定的原则，应当说中国目前的经济基础可以达到实行无罪推定的条件。我国正在处于转型期，经济发展不平衡，虽然一些地方侦查和司法的条件很落后，但是新的科学技术的发展也引进了很多新的侦查方式，如电子监控、DNA 鉴定等等，这为指控犯罪创造了有利的条件。因此，没有必要在全国范围内仍然沿用古老的从被告人口中获取口供的方式。如果确立了无罪推定的原则，国家应当对经济不发达地区的侦查和司法加大投入以改善这些地区的条件，以便顺利地实行无罪推定及其衍生出来的一系列刑事诉讼规则。

（二）社会稳定是实行无罪推定的重要条件

改革开放以来，我国社会稳定，没有出现全国性的动荡。在动荡的年代，人们的生命、财产都得不到保障，更没有条件进行研究和改革。只有在稳定的条件下，人们才有可能生活在法律的规范之下，才能逐步研究法律和改善法律，进行司法改革。最近 30 多年是中国法治发展最快的年代，法律制定、法学教育和研究、律师业的发展都取得了前所未有的成就，这些都为最终采纳无罪推定创造了一个稳定的社会条件。

人们都希望生活在一个稳定的社会中，无罪推定保障了社会中每一个人的生活安定。在受到指控时，由指控方来承担证明有罪的责任，人们的生活才能不被无端地打扰，才可以免除随时准备证明自己清白的精神上的和物质上的压力。而个人生活的稳定又是整个社会稳定的基础，可以说实行无罪推定又是有利于社会稳定的一项举措。

（三）法治观念的增强有助于无罪推定的实行

改革开放以来，中国人的法治观念发展很快，自从党的“十五大”提出“依法治国，建立社会主义法治国家”的基本方针以来，人们对法治的热情空前高涨。无罪推定等法治的理念已经为学术界，立法和司法实务界广泛理解。党的十八大以“全面推进依法治国”作为专题，作出了若干重大问题的决定，明确规定：“加强人权司法保障。强化诉讼过程中当事人和其他诉讼参与人的知情权、陈述权、辩护辩论权、申请权、申诉权的制度保障。健全落实罪刑法定、疑罪从无、非法证据排除等法律原则的法律制度。完善对限制人身自由司法措施和侦查手段的司法监督，加强对刑讯逼供和非法取证的源头预防，健全冤假错案有效防范、及时纠正机制。”其中“罪刑法定、疑罪从无”正是无罪推定的表现。

四、采纳无罪推定对我国的影响

如果我国批准和加入联合国《民权公约》，采纳无罪推定的原则将给我国法律制度，尤其是刑事司法制度带来长远和积极的影响。

考虑到中国实行无罪推定的有利条件和困难，笔者认为中国实行无罪推定是必然的趋势，但在时间上可能还有一个过程，不能一步到位。该公约并没有要求成员国在实行公约所载权利方面一步到位，而是可以分步骤进行。《民权公约》第 2 条规定：“凡未经现行立法或其他措施予以规定者，本公约每一缔约国承担按照其宪法程序和本公约的规定采取必要步骤，以采纳为实施本公约所承认的权利所需的立法和其他措施。”因此，在中国实行无罪推定的原则，应当根据中国的国情逐步实现。

（一）无罪推定对我国立法的影响

《公约》将对我国的立法改革起到促进作用。宪法中保障人权的规定将进一步具体化和具有操作性，刑事诉讼法将进一步修改，并与国际公约接轨，相关法律法规将会进一步健全。如果确立无罪推定的原则，我国的相关立法就需要作一些调整或修改。

从法律上确定无罪推定的原则，做到有法可依。另外，还应当修改和删除法律中有罪推定的残留，一方面使法律本身成为一个统一和谐的整体，另一方面不给有罪推定留下空间。首先，无罪推定作为每个人，特别是刑事诉讼中的被告人的一项基本权利通常需要由宪法加以规定。涉及宪法的修改是全国人民代表大会的职权。我国的宪法中已经写入了国家保障人权的规定，这比写入无罪推定原则要笼统一些。如果要写入无罪推定原则可以通过增加修正案的方式进行，即把“国家保障人权”的原则进一步具体化，说明国家保障哪些权利，其中包括无罪推定的权利。

我国的刑事诉讼法中也应当规定无罪推定原则，并具体规定保障该原则得以实现的措施。按照无罪推定的要求，被告人不承担证明有罪或无罪的责任，2012 年修改的《刑事诉讼法》第 118 条关于“犯罪嫌疑人对侦查人员的提问，应当如实回答”的规定需要修改。“应当如实回答”成为被告人的义务，这可能成为强迫被告人作供述的法律根据。被告人如果不如实回答就是违反了法律的规定，面临着抗拒从严的危险。这实际上是在侦查阶段把侦查人员证明犯罪的责任强加到犯罪嫌疑人的头上，违背了刑事诉讼中由指控方证明犯罪的原理。笔者建议此条可以改为：“嫌疑人、被告人有沉默权，但可以自愿回答讯问，如果如实回答，可以作为量刑时的从轻情节；如果回答不属实，则应承担可以引起的不利后果。”这样规定可以鼓励犯罪嫌疑人、被告人回答讯问，同时又不带有强迫性，体现了坦白从宽的精神；同时要求不能作虚假回答，以维护法律的尊严，保证司法的公正性。至于虚假回答的不利后果，应当视情节处理，可以是批评教育，也可以是在审判量刑时作为从重情节。如果虚假回答造成严重后果，如在供述中诬陷好人，构成犯罪的，可以依照伪证罪或诬陷罪处理。

根据无罪推定的原理，侦查人员在讯问开始时不应当首先问犯罪嫌疑人是否犯罪和所犯何罪，而是要首先告知犯罪嫌疑人对他的指控，并且要告知他没有责任证明自己有罪，也就是说其可以保持沉默。在沉默权确立以后，还应当逐步确立“自愿接受讯问”的做法，即在被告人没有明确表示接受讯问时，不得对其进行强制讯问。然后再进一步确立不为取得口供而关押犯罪嫌疑人的机制。这样可以大大减少我国刑事司法中审前关押的数量，也符合《民权公约》第 9 条关于“等候审判的人受监禁不应作为一般规则”的规定。另外，刑事诉讼法以及相关司法解释中所有与无罪推定相冲突的条文也应逐一修改。

（二）无罪推定对我国司法的影响

实行无罪推定可能增加了侦查和起诉部门的困难，但也有利于改革侦查、起诉和审判方式。为此，应当加速我国侦查的现代化。利用各种现代方法证明犯罪，改变过去从被告人口中获取口供的做法。当代科学技术快速发展，犯罪嫌疑人往往能利用新的科技进行犯罪活动，如果侦查和起诉部门不作相应的改变是不能适应打击犯罪的需要的。侦查和起诉部门应当利用确立无罪推定的机会促进自身的发展和改革，以便更有效地打击犯罪。在进行现代化建设的大潮中不要忘记侦查和司法的现代化。只要各级领导高度重视刑事侦查工作，为刑事侦查工作提供必要的条件，而不只是在案发后命令限期破案，相信我国刑事侦查的条件会很快得到改观，刑讯逼供现象将会大大减少。

（三）无罪推定促进其他相关法律法规的完善

实行无罪推定之前要广泛地宣传无罪推定的理念，使社会各阶层人士，尤其是司法人员了解无罪推定的合理性和必要性，逐步适应无罪推定的做法。这就要求与司法有关的其他机构和部门在处理涉及刑事案件的事项时要遵循无罪推定的原则。这些部门在制定相关的法律、法规或规则等文件时应当配合无罪推定的实施。例如，在有关新闻和记者道德的法律规章制度当中，应当规定新闻界不能在审判前宣称被告人有罪，或通过大量未在法庭上证实的案情报道，暗示被告人有罪。这样可以减少司法部门执行无罪推定的困难。

中国一方面需要宣传无罪推定的原则，使司法机关和公众与媒体了解到在法院最终定罪之前不能把被告人当罪犯看待；另一方面，要对司法机关向新闻媒体透露案件情况进行适当的控制，在法院判决之前，侦查、起诉和审判部门不宜把案件的细节透露给媒体，以防媒体的渲染使得在法院定罪之前在公众心理上，甚至在司法人员的心理上已经预先对被告人定罪，从而产生对司法和审判部门的压力。只有这样才能减少司法部门和社会对实行不强迫自证其罪和沉默权的困难。

虽然中国的《刑事诉讼法》已经明确规定了不强迫自证其罪，但在司法实践中还没有得到切实贯彻执行。认真实行不强迫自证其罪和沉默权方面存在不少困难，但是实行这些规则是有必要性和可行性的。

考虑到中国采纳不强迫自证其罪和沉默权的有利条件和困难，笔者认为中国采纳不强迫自证其罪和沉默权是必然的趋势，但在时间上可能还有一个过程，不能一步到位。贯彻不强迫自证其罪需要具体的措施。中国不强迫自证其罪和沉默权可以分三步走。

第一步先禁止刑讯逼供，仅仅在刑事诉讼法中规定禁止刑讯逼供并不足以消除这种现象，还需要有具体的措施保障，如在讯问时让律师在场，对讯问进行不间断的录音、录像，以防止办案人员在没有制约的情况下违反法律的规定进行刑讯逼供。这样才能有效地防止刑讯逼供。

第二步赋予被告人沉默权，具体操作是被告人必须接受侦查、检察机关的讯问，但可以不回答问题，而且不回答问题不作为抗拒从严的因素，不因为沉默而惩罚被告人。

第三步是实行任意自白规则，具体操作是不主动要求被告人作供述，被告人作出陈述完全是出于自愿；如果被告人不愿意陈述或不接受讯问，不应当强迫其陈述。

在这三步实现之后，不仅确立了沉默权和不强迫自证其罪，还会带来一个巨大的利益，即大大减少审前的关押。目前中国刑事司法中审前关押是一种普遍现象，给国家和被告人都带来很多的负担，其实审前关押的主要目的之一就是为了得到口供，如果口供完全自愿化了，许多关押就没有必要，这将进一步完善中国刑事司法人权保障体系。

第六章　刑事错案赔偿制度

近些年来，随着刑事司法制度的改革和不断完善，刑事诉讼中的冤假错案越来越受到人们的重视和关注。2012 年《刑事诉讼法》的修改，使得“尊重和保障人权”条款正式在全国人大的立法高度得到确立，该条中的“人权”主要指的是犯罪嫌疑人、被告人在刑事诉讼过程中的人权保障，但其对社会上每一个不特定的人的权利都有保障意义。随着我国法治建设的发展，防止和纠正错案越来越受到社会各界的关注。法学界对错案发生原因也进行了深入探讨。[①] 在本章中，笔者将从我国目前《国家赔偿法》以及相关的规范性司法文件中关于刑事案件的赔偿规定出发，在结合域外以及国际刑事司法准则的基础上，对“错案”的定义展开界定，分析刑事案件赔偿的范围、免责原则以及赔偿程序等制度当中存在的问题以及相关的改进模式，希望能够对这些蒙受冤屈和苦难的人员给予慰藉，充分实现刑事诉讼法人权保障的价值目标。

第一节　我国刑事赔偿范围及其存在问题

刑事赔偿指行使侦查、检察、审判、监狱管理职权的机关及其工作人员，在行使职权时，违法侵犯公民、法人和其他组织合法权

① 许多学者对我国刑事错案的问题进行了深入的探讨，例如，张保生：《刑事错案及其纠错制度的证据分析》，载《中国法学》2013 年第 1 期；陈光中、于增尊：《严防冤案若干问题思考》，载《法学家》2014 年第 1 期；朱孝清：《冤假错案的原因和对策》，载《中国刑事法杂志》2014 年第 2 期。笔者也曾探讨过错案赔偿问题，见《法学研究》2004 年第 1 期，其内容观点包含在本章中。

利并造成损害，由国家进行赔偿的制度。作为国家赔偿制度的一个重要组成部分，刑事赔偿的出现只是近现代的事。在奴隶社会和封建社会，刑事司法的权力掌握在君主和各级官吏手中，国家及其官吏侵犯人民的利益是经常发生的，国家不承担赔偿责任，百姓也不敢要求国家赔偿。从19世纪下半叶到20世纪，一些国家陆续制定了刑事赔偿制度。直到1966年，《民权公约》规定了刑事赔偿的内容，标志着刑事赔偿制度作为一项国际准则在世界范围内得到确立。我国也于1994年制定了《中华人民共和国国家赔偿法》，这为我国依法施行刑事赔偿制度提供了条件，随后在此基础之上进行了多次修改。

一、国际刑事司法准则的刑事赔偿范围

与刑事案件赔偿相关的国际刑事准则主要是《民权公约》，该公约根据对犯罪嫌疑人、被告人造成侵害类型的不同，将赔偿范围分为两大类，第一类是错案赔偿，第二类是在刑事司法过程中国家机关非法侵犯个人的人身权利、财产权利的赔偿。

（一）《民权公约》关于错案赔偿的规定

《民权公约》第14条第6款规定："在一人按照最后决定已被判定犯刑事罪而其后根据新的或新发现的事实确实表明发生误审，在他的定罪被推翻或被赦免的情况下，因这种定罪而受刑罚的人应依法得到赔偿，除非经证明当时不知道的事实的未被及时揭露完全是或部分是由于他自己的缘故。"

从《民权公约》的以上规定可以看出，所谓刑事赔偿中的"错案"不是以一审或上诉法院是否改判无罪为标准，更不是以起诉机关是否撤案为标准，而是法院在对被告人最终定罪以后，根据新的事实，定罪被推翻或赦免；所谓赔偿指因定罪受到刑罚的人在定罪被推翻后才能得到赔偿。

根据《民权公约》规定，在刑事诉讼中宣判被告人无罪，不管是一审还是二审，不构成"误审"，也不构成"错案"，在这种

情况下，《民权公约》并没有要求国家承担赔偿的责任。国家机关及其工作人员在刑事司法的过程中以非法的方式侵犯了个人的权利并使该人蒙受损失，可以用其他方式补救，如排除非法证据、提起民事诉讼等。也就是说，如果侦查人员、检察人员或司法人员依照法律规定对一个人采取了审前关押措施，即使后来该人被判无罪，国家也没有赔偿的责任。

错案赔偿的条件是存在或发现了原审中没有涉及的事实，它应当是案情本身的事实，而不是案件判决以后国家法律或者政策的改变，使原审定罪没有必要而重新改变或平反。如果在审判中被告人故意隐瞒或歪曲事实，则可能不能得到赔偿。联合国人权事务委员会认为：根据《民权公约》的规定，如果赦免是对有罪的人的一种宽大政策，则并不发生赔偿问题；如果赦免的前提存在误判，而且被告人没有促成这种误判，才发生赔偿问题。①

刑事赔偿制度最大的弊病在于侦查、起诉和司法机关为了避免赔偿的发生，而最大可能地追求定罪率，只要将被告人定罪，就不需要赔偿。追求定罪率本来是一件好事，但是有可能为了避免赔偿的责任勉强将被告人定罪，这就与立法的初衷背道而驰。法院可能会考虑如果判无罪将给起诉部门和侦查部门带来赔偿的后果，从而很难做无罪判决。这样做的后果，不仅使被告人的实体权利得不到保障，诉讼权利也无法得到保障。

人权事务委员会处理过几起有关刑事司法中要求错案赔偿的申诉，从中可以看出委员会对这个问题的理解。在 Muhonen 诉芬兰案②中，申诉人因为拒绝在芬兰服兵役而被定罪。在一审中，他没有能够证明自己是依良心拒服兵役③。他第二次申请依良心拒服兵役成功了，但这时他已经服刑了 8 个月，总刑期为 11 个月。他被

---

① 第 89/1981 号来文，P. Muhonen 诉荷兰，见联合国文件《大会正式记录》，A/40/40，人权事务委员会报告第 164 页。

② MUHONEN v FINLAND (89/81).

③ 在芬兰和一些其他国家，如果依照良心拒服兵役可能免除处罚。

赦免和释放后要求国家对他进行赔偿，遭到拒绝，因此，向人权事务委员会申诉，称他根据《民权公约》第 14 条第 6 款应当享有的权利受到了侵犯。委员会作出了有利于成员国的意见。认为：《民权公约》第 14 条第 6 款规定的赔偿适用两种情况，即在一人按照最后决定已被判定犯刑事罪而其后根据新的或新发现的事实确实表明发生误审，他的定罪被推翻或被赦免的情况下，因这种定罪而受刑罚的人应依法得到赔偿。

在另一起有关荷兰的案件①中，人权事务委员会的处理进一步阐明了错案赔偿制度。在该案中申诉人在一审中被确定犯有数款罪行，包括诈骗。但是他除在审前被羁押两个月之外，定罪后并没有被羁押。后来，荷兰最高法院取消了原判决，将案件发回下级法院重审。在重审中他被定无罪，是有些证据被排除所致。在这之后，他要求对“错误定罪”赔偿，但遭到拒绝。因此，他向人权事务委员会申诉，称他的公约第 14 条第 6 款的权利受到侵犯。委员会认为他的理由不成立。委员会指出，对于根据第 6 款所要求的赔偿必须符合下列条件：

（a）对违法犯罪已经作出最后定罪；

（b）当事人因这种定罪的处罚而遭受损失；

（c）后来所决定的推翻原判决或赦免的根据是有新的证据或新发现的证据表明原审是错案。

人权事务委员会注意到，在该案中最终审判是宣布他无罪，他并没有因为一审对他的定罪而受到损失，因此，申诉人关于赔偿的要求不属于《民权公约》第 14 条第 6 款的范围。从以上案件中可以看出，所谓“错案”只能在最终判决之后才能认定，如果没有作出最终判决，不可以认为某件案件的处理为错案。因此，错案的概念应当与宣判无罪或在上诉审中推翻一审的定罪加以区别。更重要的是，在刑事诉讼中审前被羁押所造成的损失不构成《民权公

① W. J. H v THE NETHERLANDS（408/90）.

约》第14条第6款所规定的惩罚。

（二）《民权公约》关于对非法限制人身自由的补偿

《民权公约》将错案赔偿与刑事诉讼中非法限制人身自由的补偿分开，错案赔偿属于公正审判权利的内容，规定在《民权公约》第14条之下，非法侵犯人身自由权的规定，是在《民权公约》第9条自由权之下。《民权公约》第9条第5款规定：“任何遭受非法逮捕或拘禁的受害者，有得到补偿的权利。”

《民权公约》第9条第5款规定：任何遭受非法逮捕或拘禁的受害者，有得到补偿的权利。这一条不限于刑事诉讼，还包括一切形式的非法逮捕和拘禁。对于被逮捕和拘禁者，如果在这些情况下还对其提起了刑事指控，那么第9条第（2）项、第（3）项以及第14条的全部保护都应被授予被羁押人。但是，因非法逮捕和拘禁而得到赔偿的权利与《民权公约》第14条中误审得到赔偿的权利性质是一样的，但是许多国家并没有也不实行赔偿，这方面公约和人权事务委员会并没有强调必须赔偿，因为，即使是具有高度发达的法治秩序的国家，也经常不赔偿或不充分的赔偿，但是这些国家对这一款并没有提出保留。所以，有的学者认为，这一款是着眼于未来的法律救济。①

对于非法拘留或逮捕的赔偿问题之研究还必须先界定什么是非法拘留或逮捕。这种非法行为可以分为三种：

第一种是完全是个人行为，即一个没有任何授权的普通人对其他人实施非法拘禁，或者政府当局工作人员与其职务无关的行为。这种情况通常应当由刑法调整。非法拘禁行为造成被害人的损失应当通过民事程序解决。

第二种是政府机关的工作人员在自己的工作范围之内违反法律超过自己的职权对被害人实施非法拘禁。这种情况应当由该政府机

① 见 Nowak, Manfred, UN Covenant on Civil and Political Rights, CCPR Commentary, N. P. Engel Publisher, Kehl/Strasbourg/Arlington, 1993, p. 163.

关赔偿，行为人也应当同时承担刑事和民事责任。

第三种是政府机关及其工作人员在正常工作的范围对被害人实施非法逮捕和拘禁，政府机关和工作人员都应当承担责任。

《民权公约》中关于非法逮捕和拘禁的问题主要指第二种和第三种情况。《民权公约》本身没有进一步解释非法逮捕和拘禁的定义和构成。这方面可以参照联合国大会 1988 年 12 月 9 日通过的《保护所有遭受任何形式拘留或监禁的人的原则》（以下简称《原则》）。该《原则》首先对“逮捕”、“拘禁”等行为作出了定义：（a）“逮捕”是指因指控的罪行或根据当局的行动扣押某人的行为；（b）“被拘留人”是指除因定罪以外被剥夺人身自由的任何人；（c）“被监禁人”是指因定罪而被剥夺人身自由的任何人；（d）“拘留”是指上述被拘留人的状况。（e）“监禁”是指上述被监禁的人的状况；（f）“司法当局或者其他当局”指根据法律其地位及任期能够最有力地保证其称职，公正和独立的司法当局或者其他当局。该《原则》也没有说什么是“非法逮捕和拘禁”，但是，它通过制定一系列的规定说明了合法逮捕和拘禁的部分条件，可以得出这样的结论，即不符合法律规定的条件的逮捕和拘禁是非法的逮捕和拘禁。例如，原则 4 规定：“任何形式的拘留或监禁以及影响到在任何形式拘留或监禁下的人的人权的一切措施，均应由司法当局或其他当局以命令为之，或受其有效控制。”根据这条原则，任何不符合这条原则的拘留和逮捕都是非法拘留和逮捕。该《原则》还对逮捕和拘留的程序作出规定。如原则 10 规定：“任何人在被逮捕时应被告知将其逮捕的理由，并应立即被告知对他提出的任何指控。”由此可知，如果逮捕时不告知理由或指控即可构成非法逮捕。原则 11 规定：“任何人如未及时得到司法当局或其他当局审问的有效机会，不应予以拘留。被拘留人应有权为自己辩护或依法由律师协助辩护。”由此可知，如果逮捕以后当事人得不到被讯问的机会，或不能行使辩护权，则可能构成非法拘留。

对于非法逮捕和拘留的赔偿问题，原则 35 有明确规定：“政府官员因违反本原则所载权利的行为或不行为而造成的损害应按照国内法规定的关于赔偿责任的现行规则加以补偿。”之所以这样规定，是因为各国对于赔偿或补偿的差异比较大，在联合国难以达成统一的关于补偿的规定，从而留给国内法解决。

联合国对于被非法拘禁的人的赔偿问题很重视。在其他文件中可以找到比较具体的规定，如 1989 年 5 月 24 日，联合国经社理事会通过了《为罪行和滥用权力行为受害者取得公理的基本原则宣言》（以下简称《原则宣言》），同年 11 月 29 日联合国大会第 96 次全体会议也通过了这个宣言，其中第 8 条规定：“罪犯或应对其行为负责的第三方应视情况向受害者、他们的家属或受养人作出公平的赔偿，这种赔偿应包括归还财产、赔偿伤害或损失、偿还因受害情况产生的费用、提供服务和恢复权利。”具体到非法逮捕和拘禁的情况，这里的罪犯应当指滥用权力进行非法逮捕和拘禁的司法或警察或者应当对此负责的人；这里的受害者指遭遇非法逮捕和羁押的人。该《原则宣言》第 11 条还规定：“在政府官员或其他以官方或半官方身份行事的代理人违反了国家刑事法律时，受害者应从其官员或代理人造成伤害的国家取得赔偿，在致害行为或不行为发生时的政府已不复存在时，则继承该国的国家或政府应向受害者作出赔偿。”这就明确了政府对于其工作人员或代理人的非法行为具有赔偿的责任。该《原则宣言》第 12 条进一步规定：“当无法从罪犯或其他来源得到充分的补偿时，会员国应设法向下列人等提供金钱上的补偿：（1）遭受严重罪行造成的重大身体伤害或身心健康损害的受害者；（2）由于这种受害情况致使受害者死亡或身心残障，其家属、特别是受养人。”

考虑到国内的赔偿可能不能完全落实的情况，1990 年 5 月 24 日，联合国经社理事会又通过了第 1990/22 决议，其中第 6 条写道：“请（联合国）秘书长进一步设想在国内渠道可能不充分的情况下使受害者得到申诉和补偿的国际手段。”1990 年联合国第八届预防犯罪和罪犯待遇大会①通过了《对罪行和滥用权力行为受害者人权保护》的决议，其中第 4 条写道："建议各国政府考虑为罪行和滥用权力行为受害者提供公共社会支助服务，并应支持各种与文化相符的受害者援助、信息和赔偿方案。"

二、我国刑事赔偿范围及存在问题

我国 1954 年《宪法》第 97 条规定：由于国家机关和国家工作人员侵犯公民权利而遭受损失的人，有取得赔偿的权利。其后的历次宪法中也有类似的规定，但是，这一规定没有将国家机关列为侵权主体，也没有规定赔偿的承担者和申请赔偿的程序，缺乏可操作性。在"文革"结束以后，虽然国家曾对受到各种迫害的无辜的人进行过赔偿，但主要是以"落实政策"的名义进行的，并非是依法进行的刑事赔偿。直到 1994 年《国家赔偿法》颁布，才标志着我国确立了依法实行的刑事赔偿制度。随后，《国家赔偿法》又进行了多次修改，目前生效并实行的法律是 2012 年修正的《国家赔偿法》。

《国家赔偿法》将刑事赔偿的范围分为两类，第一类为国家机关及其工作人员非法侵犯人身权的赔偿，第二类为国家机关及其工作人员非法侵犯财产权的赔偿。第 17 条规定的是针对刑事诉讼活动侵犯公民人身权利的赔偿范围："行使侦查、检察、审判职权的机关以及看守所、监狱管理机关及其工作人员在行使职权时有下列侵犯人身权情形之一的，受害人有取得赔偿的权利：（一）违反刑事诉讼法的规定对公民采取拘留措施的，或者依照刑事诉讼法规定的条件和程序对公民采取拘留措施，但是拘留时间超过刑事诉讼法

① 联合国预防犯罪和罪犯待遇大会（United Nations Congress on Crime Prevention and the Treatment of Offenders）每五年举办一次，第八届大会在古巴首都哈瓦那召开。笔者参加了第八届大会以及在曼谷召开的大会筹备会议，参与了大会通过的一系列人权和刑事司法文书的制定、讨论和通过的各次会议；还参加了在埃及开罗召开的联合国第九届联合国预防犯罪和罪犯待遇大会和地区筹备会议。

规定的时限，其后决定撤销案件、不起诉或者判决宣告无罪终止追究刑事责任的；（二）对公民采取逮捕措施后，决定撤销案件、不起诉或者判决宣告无罪终止追究刑事责任的；（三）依照审判监督程序再审改判无罪，原判刑罚已经执行的；（四）刑讯逼供或者以殴打、虐待等行为或者唆使、放纵他人以殴打、虐待等行为造成公民身体伤害或者死亡的；（五）违法使用武器、警械造成公民身体伤害或者死亡的。”同时，第 18 条也对财产权的赔偿范围进行了界定：“行使侦查、检察、审判职权的机关以及看守所、监狱管理机关及其工作人员在行使职权时有下列侵犯财产权情形之一的，受害人有取得赔偿的权利：（一）违法对财产采取查封、扣押、冻结、追缴等措施的；（二）依照审判监督程序再审改判无罪，原判罚金、没收财产已经执行的。”

以上这些规定已经超过了《民权公约》规定的错案赔偿的范围，《国家赔偿法》中只有第 17 条第（三）项和第 18 条第（二）项属于刑事错案赔偿的范围。我国《国家赔偿法》把这些不同类型的侵犯人权的行为和错案赔偿放在一起，并以侵犯人身权利和侵犯财产权利这样的分类法，致使对我国刑事赔偿制度与《民公约》的规定进行比较研究有一定的困难，有些我国规定的赔偿《民权公约》没有规定，而《民权公约》有规定的与我国又有些不一致。以下，首先按照我国的分类法进行探讨。

（一）侵犯生命健康权的赔偿之问题

我国刑事赔偿中侵犯生命权、健康权之赔偿的根据是《国家赔偿法》第 17 条第（四）（五）两项，即刑讯逼供或者以殴打、虐待等行为或者唆使、放纵他人以殴打、虐待等行为造成公民身体伤害或者死亡的；违法使用武器、警械造成公民身体伤害或者死亡的。

这里把刑讯逼供与殴打并立为两类行为，其实这两类是有交叉的。刑讯逼供是指司法机关工作人员对犯罪嫌疑人、被告人使用肉刑或变相肉刑，给人的精神或者肉体造成剧烈痛苦的方法，包括殴打以逼取口供的行为；殴打可以是刑讯逼供的一种方式，其目的可能是逼供，也可能是出于歧视、愤怒等冲动。这两种行为都可以归结为酷刑。联合国《禁止酷刑公约》中有关酷刑的定义是：“为了向某人或第三者取得情报或供状，为了他或第三者所作或被怀疑所作的行为对他加以处罚，或为了恐吓或威胁他或第三者，或为了基于任何一种歧视的任何理由，蓄意使某人在肉体上或精神上遭受剧烈疼痛或痛苦的任何行为，而这种疼痛或痛苦又是在公职人员或以官方身份行使职权的其他人所造成或在其唆使、同意或默许下造成的。”这个定义包含了刑讯逼供也包含了殴打等行为。这种赔偿的特点是不以被害人是否有罪为必备条件，只要有上述违法行为并造成伤害或死亡的后果就应当予以赔偿。

我国刑事赔偿中对于非法侵害生命、健康权和自由权赔偿的问题是确认程序不明确。侵犯生命、健康权的典型行为是酷刑，但酷刑是一种很难证明的行为。由于酷刑往往在关押或讯问地点等特定的封闭场所进行，在刑讯时除了打人者与被打者，很少有第三者在场，无法加上证明；刑讯者通常有一套打人的技巧，可以不留下或很少留下证据；人身体细胞是不断更新的，某些酷刑在身体上留下的痕迹也可能很快消失。除非酷刑很严重，并经过媒体曝光，已经构成犯罪，经过起诉和审理，并且由法院作出了判决、裁定、决定的，才属于依法确认。根据2004年5月18日最高人民法院《关于审理人民法院国家赔偿确认案件若干问题的规定》第5条，对于实施了《国家赔偿法》第17条第（四）项、第（五）项规定的行为责任人员已被追究的，当事人才可以根据该判决、裁定、决定提出国家赔偿的申请，否则很难提起关于损害生命权和健康权的赔偿。另外，大部分的殴打及违法使用警械的情况并没有达到构成犯罪的程序，或者达到了这种程度，由于种种原因没有对侵权者进行起诉和审判，则更难确认侵权行为，从而更难得到赔偿。

（二）侵犯自由权之赔偿问题

侵犯自由权之赔偿应当是对非法侵犯个人自由，即错误逮捕或错误拘留之赔偿。自由权是一种最基本的人权，其渊源非常久远。1789年《法国人权和公民权宣言》第7条规定："除非在法律所规定的情况下并按照法律所指示的手续，不得控告、逮捕或拘留任何人。"1791年美国《人权法案》第5条规定："不经正当法律程序，不得被剥夺生命、自由或财产。"1948年《世界人权宣言》第8条规定："任何人不得加以任意逮捕、拘禁或放逐。"

我国《宪法》和《刑事诉讼法》等法律中也有保障自由权的规定。国家机关及其工作人员非法侵犯个人的自由权应当赔偿。我国的刑事赔偿中将侵犯自由权之赔偿与错案赔偿混淆在一起，没有单独设立对侵犯自由权的国家赔偿。根据中国的国家赔偿法，错误拘留或逮捕是指司法机关对没有犯罪事实或者没有事实证明有犯罪重大嫌疑的人拘留或逮捕。[①] 对于有没有犯罪事实这种情况必须经过法院的审理才能最终确定（也只是从法律意义上确定），而在拘留和逮捕时并未最终确定。根据我国《刑事诉讼法》第79条的规定，逮捕的条件是："有证据证明有犯罪事实，可能判处徒刑以上刑罚"，但这时的犯罪事实也可能在之后不被法院所认定。如果一定要以"是否有犯罪事实"作为是否赔偿的标准，则也应当以批准逮捕时侦查、检察和司法机关所掌握的"犯罪事实"为标准。只要批准逮捕的机关当时确实掌握"犯罪事实"，达到逮捕的条件，即使后来法院判无罪，也不能说明当时逮捕是错误的，也不能适用错案赔偿。同样的理由也适用于拘留的情况，根据《刑事诉讼法》第80条的规定，公安机关对现行犯和重大嫌疑分子可以先行拘留。这时并没有要求"有证据证明有犯罪事实"，只要公安机关严格按照该条款进行拘留，就应当是合法的拘留，而不能以后来审判中判决无罪证明拘留是错误的，也不能进行错案赔偿。

侵犯自由权的赔偿不应当以案件的判决结果为根据，而应当以是否构成非法拘禁为根据。赔偿是就损害而言的，非法的逮捕、拘

① 马怀德主编：《国家赔偿法学》，中国政法大学出版社2001年版，第188页。

留、扣押损害了当事人的实体权利，同时侵犯了当事人的诉讼人权，从诉讼人权保障的角度看，诉讼人权是有其独立的价值的，不以案件的实体问题的存在与否而增长或消失。不能以有罪判决弥补程序中的国家机关违法行为。如果当事人有罪，就可以对侵犯当事人的诉讼权利不给予赔偿，则当事人的诉讼权利得不到应有的保障。因此，是否赔偿不能仅以当事人是否存在犯罪事实为标准，对国家机关及其工作人员违反了诉讼程序，也应当有相应的补救措施。

（三）侵犯财产权的赔偿问题

侵犯财产权的赔偿根据是《国家赔偿法》第 18 条的规定："行使侦查、检察、审判职权的机关以及看守所、监狱管理机关及其工作人员在行使职权时有下列侵犯财产权情形之一的，受害人有取得赔偿的权利：（一）违法对财产采取查封、扣押、冻结、追缴等措施的；（二）依照审判监督程序再审改判无罪，原判罚金、没收财产已经执行的。"

我国刑事诉讼法中没有把对财产的查封、扣押、冻结、追缴等措施列入强制措施中，刑事诉讼法中对司法机关查封扣押个人财产的限制很少。在我国刑事司法中，查封财产指司法机关将与案件有关的不便提取的财物予以就地封存的一种措施。《刑事诉讼法》第 100 条规定：人民法院在必要的时候，可以查封或者扣押被告人的财产。可见查封只有法院才能行使。该条款是在附带民事诉讼章节之下，笔者理解，此处的"查封"相当于民事诉讼中的诉讼保全，超出了这个范围，应当就是非法的。

《刑事诉讼法》将搜查和扣押的权利授予侦查人员，该法第 134 条规定："为了收集犯罪证据、查获犯罪人，侦查人员可以对犯罪嫌疑人以及可能隐藏罪犯或者犯罪证据的人的身体、物品、住处和其他有关的地方进行搜查。"第 139 条规定："在侦查活动中发现的可用以证明犯罪嫌疑人有罪或无罪的各种物品和文件，应当扣押；与案件无关的物品、文件，不得查封、扣押。"某件物品是否与案件有关，不是由当事人判断而是由执行搜查的人判断。况且在搜查时很难判断某件物品是与案件有关还是无关，因此，实际上对扣押没有什么限制，侦查人员可以扣押一切他们认为可以扣押的物品。对于邮件，该法141条规定：“侦查人员认为需要扣押犯罪嫌疑人的邮件、电报的时候，经公安机关或者人民检察院批准，即可通知邮电机关将有关的邮件、电报检交扣押。”对于冻结汇款，第142条规定“人民检察院、公安机关根据侦查犯罪的需要，可以依照规定查询、冻结犯罪嫌疑人的存款、汇款……”这些规定实际上也没有什么限制。以上规定有共同的特点，第一，搜查、扣押、冻结不需要司法批准，即不由具有独立审判功能的机关，如法院的法官批准，而是由侦查机关批准；第二，搜查的范围没有限制，包括物品、住处和其他有关的地方；第三，搜查的理由很简单，只是“可能隐藏罪犯或者犯罪证据的人或地方”；第四，对扣押没有限制，可用于证明有罪或者无罪的各种物品和文件，都应当扣押。

在搜查和扣押中，法律对侦查人员的行为很少限制，但却对被搜查人有严格的限制，该法第135条规定：“任何单位和个人，有义务按照人民检察院和公安机关的要求，交出可以证明犯罪嫌疑人有罪或者无罪的物证、书证、视听资料等证据。”不仅要接受搜查和扣押，而且有义务主动交出证明有罪或无罪的证据。这些法律规定，几乎使侦查人员的各种搜查和扣押都成为合法的，因此，在中国，很少有关于司法人员非法侵犯财产权的赔偿问题，因为，中国法律对司法机关作用于个人财产的限制规定极宽松，使其行为都能纳为合法的范围，也就没有“非法”或“违法”之说。

联合国很重视保护私人财产权。《世界人权宣言》第17条规定：“（一）人人得有单独的财产所有权以及同他人合有的所有权。（二）任何人的财产不得任意剥夺。”当代许多国家的刑事司法中对个人财产的搜查、扣押有严格的限制，如美国《宪法第四修正案》规定：“人民保护其身体、住宅、文件与财产之权利，以对抗无理由之搜查和扣押，不得被侵犯。除有合理根据并宣誓保证，并详述搜查之地点、须扣押之人或物之外，不得颁发搜捕证。”美国对于搜查和扣押制定了很多具体规定，如果违反了这些规定，就认为是违反了宪法第四修正案对公民权利的保护。大陆法系国家也很重视对财产采取的强制措施，如《德国刑事诉讼法》第 98 条规定扣押只能由法官决定，第 105 条规定搜查只允许由法官决定，在延误就有危险的情况下，扣押和搜查也允许由检察院和其辅助官员决定。

只有严格规定了对财产采取侦查措施的条件才能产生是否非法侵犯财产的问题，如果没有这些条件，则不产生非法侵犯财产问题，从而也不产生国家赔偿问题。因此，为了使《国家赔偿法》中有关非法侵犯财产权的赔偿有可操作性，就必须严格设定搜查、扣押财产的条件，包括实际性条件，即是否有合理根据进行搜查和扣押，以及程序性条件，即由法官或行使司法权力的官员批准搜查和扣押的手续，否则，个人财产权将不能得到切实的保护，《国家赔偿法》中的有关条文也没有实际意义。

这方面，最高人民法院《关于审理人民法院国家赔偿确认案件若干问题的规定》第 11 条规定了确认侵犯财产权的违法情况，其中第（二）项规定：“查封、扣押、冻结、追缴与刑事案件无关的合法财产，并造成损害的”；第（五）项规定：“超过法律金额实施司法罚款的”；第（九）项规定：“对查封、扣押的财物故意不履行监管职责，发生灭失或者其他后果，给确认申请人造成损害的”等，规定得比较详细。但是，该条款只适用于人民法院在原审判、执行过程中的行为，不适用于刑事诉讼中侦查、起诉中的行为。另外，该条款明显适用于民事诉讼，对于刑事诉讼的意义不明显。

第二节　刑事赔偿免责事由及存在问题

从《国家赔偿法》的表述来看，即便在刑事追诉活动中存在上节所提到的“行使侦查、检察、审判职权的机关以及看守所、监狱管理机关及其工作人员在行使职权时”侵犯人身权或者财产权的情形，受害人也不一定能够得到国家赔偿，该法第19条设定了六种国家不承担赔偿责任的情形，分别是：“（一）因公民自己故意作虚伪供述，或者伪造其他有罪证据被羁押或者被判处刑罚的；（二）依照刑法第十七条、第十八条规定不负刑事责任的人被羁押的；（三）依照刑事诉讼法第十五条、第一百七十三条第二款、第二百七十三条第二款、第二百七十九条规定不追究刑事责任的人被羁押的；（四）行使侦查、检察、审判职权的机关以及看守所、监狱管理机关的工作人员与行使职权无关的个人行为；（五）因公民自伤、自残等故意行为致使损害发生的；（六）法律规定的其他情形。”这些情形除第六种属于兜底条款之外，其他五种情形均有值得细致分析之处，即便是这些看似清晰的条文表述，由于词义解释本身的模糊性，也难免存在可以探讨的空间。从类型上看，可以分为受害人过错型、刑事责任阻却型和职权行为无关型。

一、刑事赔偿免责事由之受害人过错

（一）关于受害人过错的立法规定

受害人过错，主要是指由于公民本人的蓄意（故意）行为导致其人身权利或者财产权利在刑事追诉过程中遭受了损失，但由于该损失是受害人本人主观意愿导致，因而国家可以不需要承担相应的赔偿责任。当然，国家作出此种规定主要是出于以下几方面的考虑：

其一，受害人故意做虚伪供述行为本身就存在道德上或者法律上的可非难性。例如，父亲或者母亲目睹了自己的孩子实施了故意

杀人的行为，由于没有第三人在场，父母“挺身而出”，代孩子受过；又如在交通肇事案件中，妻子谎称是自己驾车以替代自己醉驾的丈夫等，在这种情况下，这些故意做虚伪陈述的行为无论是无心或者有意，在一定程度上确实对刑事案件的侦破起到了阻碍作用，误导侦查人员的侦查方向，无意义地耗费了大量的司法资源，降低了诉讼效率，其本人还可能会因为构成包庇罪等其他刑事犯罪而受到刑事处分，因此，无论是出于何种理由的“顶包”或者“代人受过”，都会成为国家赔偿活动的免责事由。

其二，权利是可以放弃的，如果由于自身的原因选择放弃了某种权利，且此种选择是在权利人自愿、明知且明智的情况下作出的，那么其应当为自己的选择负责。从我国《宪法》中所明确列举的权利来看，公民的核心权利包括生命权、人身权、财产权、隐私权和通信自由权，等等。从法理学的角度上来看，权利就意味着本人可以向特定的对象发出请求，要求其以作为或者不作为的形式保障此种权利的实现。如果权利人对此保持缄默，或者采用“自损”的方式降低或者放弃某些权利的实现效果，这也是可以允许的。这是权利与义务的重大区别，义务是不能放弃的，无论该人是出于自愿、胁迫或者基于不履行可能招致的法律制裁，与此相反，权利之所以被称为权利，就在于包括生命权在内的核心权利是可以放弃的。当然，尽管如此，该理论当中也存在着一些值得探讨的地方。就放弃生命权而言，在各国的立法和司法实践当中规定得并不相同。比如，自杀行为，在我国并不认为是犯罪行为，而帮助他人自杀或者是“安乐死”的行为，则会构成故意杀人罪，而在一些国家和地区，法律当中则承认了“安乐死”的正当性，在符合相关条件和程序下进行的安乐死并非违法。之所以存在这些不同的规定，主要是各国的历史、社会、经济和文化的差异所致，但无论怎样，作为人最重要、最基本、最核心的生命权可以在本人自由意志下由本人放弃，这本身就是对权利放弃理论的最佳诠释。如果顺着这个逻辑，既然生命权可以放弃，那么属于其下位概念的人身权、自由权、健康权、财产权等权利自然也就可以放弃了。由于刑事诉讼活动本身就是国家公权力机关追诉违法犯罪活动的过程，为了保障准确、及时地查明事实，必然会存在对犯罪嫌疑人、被告人采取一定的强制性措施，可能包括对人身的强制、财产的强制和隐私的强制。在公民自己故意作虚伪供述，或者伪造其他有罪证据被羁押或者被判处刑罚的情况下，就可以被视为其自愿放弃了相应的人身权利和财产权利，这部分受损害的权利不应当由他人特别是国家公权力机关予以补偿。

（二）受害人过错免责存在的问题

上述理由确实具有一定的道理，但在司法实践当中会存在一定的难度，也需要结合不同的情况进行分析，仅是泛泛地认为受害人过错则完全免除国家赔偿的责任，剥夺其寻求救济的可能，也并非是最好的选择，反而容易引发缠讼、上访等不稳定因素。笔者将结合具体问题试析一二。

第一个问题是受害人故意作虚伪供述或者伪造有罪证据是应当“免除”还是“减少”国家赔偿责任。乍看之下，该问题可能并不容易引起人们的思考，但是从刑事诉讼的角度而言，就存在值得讨论的空间和余地了。刑事诉讼活动通常被界定为在公权力机关的主导下，由一系列诉讼参与人的参与下，查明案件事实，发现真相，准确打击犯罪，保障无罪之人免受刑事处罚的活动。从某种程度上来讲，不论犯罪嫌疑人、被告人（亦即被害人）作出何种供述或者伪造证据，公、检、法三家都有义务查明案件事实，而不应当仅以被追诉人的供述或者提供的证据作为定罪量刑的依据。特别是对于被告人供述这样证明力明显薄弱的证据，我国刑事诉讼法中早就明确规定，仅有被告人供述没有其他证据的，不得定罪量刑。进一步需要指出的是，近些年来我国理论界和实务界对检察官的“客观公正”义务进行了较多的论述和探讨，所谓的“客观公正”也就是说检察官不仅要收集犯罪嫌疑人有罪或者罪重的证据，还必须要积极取得犯罪嫌疑人无罪或者罪轻的证据，避免无罪的人受到刑罚处罚，无论该名无罪的人是否“自愿”遭受刑事追诉中的不利后果。国家作为刑事追诉的主体，自然具有甄别证言和证据，保障无辜的职责。如果认可了笔者的上述论断，那么在对刑事错案赔偿的认定上就应当有所体现，具体说来可以分为以下几种情况：如果行使侦查、检察、审判职权的机关以及看守所、监狱管理机关及其工作人员在行使职权时明知犯罪嫌疑人、被告人作出的是虚假供述为他人定罪，而出于故意或者放任对其人身或者财产采取相关的强制措施的，那么也应当承担相应的国家赔偿责任，考虑到受害人本人在权利受损过程中本身也存在一定的过错，因此应当减少国家赔偿金额；如果相关机关能够证明已经尽到勤勉义务以及合理注意义务，且根据具体刑事诉讼行为作出时的证据显示该种对受害人人身强制或者财产强制的行为（比如逮捕等羁押措施或者查封、扣押、冻结财产和有价证券等）并无不当，则应将损害后果视为完全由受害人导致，自然不得要求国家赔偿。

第二个问题是“因公民自伤、自残等故意行为致使损害发生的”情形是否能够必然免除国家赔偿责任。从理论上来分析，如果公民在刑事诉讼中身体健康权受到损害，这种损害可能是由于国家机关工作人员的刑讯逼供或者报复所导致，这当然属于国家赔偿的范围，在《国家赔偿法》第 17 条第（四）项中已经得到了明确规定，但这其中的损害也有可能是出于公民的自伤、自残等故意行为，目前我国将后者视为国家赔偿的免责情形，此种立法模式也存在着可以商榷之处。不考虑公民自伤、自残的原因而一律将其放至免责事由当中，实际上会限制国家赔偿的效果。通常情况下，犯罪嫌疑人、被告人自伤、自残被认为是逃避侦查、人身危险性或社会危险性高，甚至是诬告陷害公安司法人员的典型例证，比如刑事诉讼法和相关的司法解释明确规定了自伤自残的不得保外就医和取保候审，等等。但若仔细分析被追诉人自伤自残的深层次原因，就可以推得在司法实践当中确实也存在由于犯罪嫌疑人、被告人不堪忍受侦查人员、监狱人员或者看守所人员的侮辱、暴力或者是在这些人授意、默许下牢头恶霸的“凌虐”，而不得已采用自伤、自残的方式，更有甚者不堪忍受选择自杀。① 在此种情况下，犯罪嫌疑人、被告人的自伤、自残行为并非出于其本意而实属无奈之举，不应当成为刑事案件赔偿的免责事由。国家机关工作人员必须对此负有证明责任，需要提供证据展示此种自伤、自残行为并非是受到了来自公权力一方的不正当压迫。②

第三个问题是受害人过错中的证明责任问题。从我国国家赔偿法的表述来看，只有在受害人“故意”行为导致了危害后果的情况下，国家才免于承担刑事赔偿。根据诉讼证明最一般的原理，“谁主张谁举证”，尽管受害人在积极寻求国家赔偿的过程中看似是应当承当举证责任的一方，但考虑到其在刑事追诉中的弱势地位，特别是已经完全丧失人身自由的被羁押人或者被监禁人，要求这些人承担自伤、自残行为的非故意性实属强人所难，一方面他们缺乏收集证据的必要能力，另一方面可能也不知道如何进行证据的调取和保全，唯一能做的只是展示他们身上的伤痕，但是有些伤害并不能够通过外在的形式展现出来，有的伤痕可能会随着时间的推移而逐渐灭失，因此，对于受害人过程中证明责任的承担问题，笔

---

① 马士江、王凤荣：《监管与被监管只有一步》，载《检察日报》2014 年 7 月 3 日第 4 版。2013 年 7 月 28 日上午，邢台监狱一监区入监不久的赵建全，发现十六监区长着一棵核桃树。他想：先前听说核桃能治脚气，何不摘两个试试？便跑到树下伸手拽掉了两个核桃。他的举动，被十六监区值班的服刑人员逮了个正着。29 日晚上 9 时许，冯玉明带着两名服刑人员来到了一监区，直接将赵建全带到了十六监区 110 室进行惩罚。赵建全端坐在木凳上，不敢睡觉，直到天亮，不许吃饭，煎熬了 20 个小时。一直到 30 日下午 5 时许，赵建全困饿叠加，再也无法承受住这种折磨，明知家中经济困难，仍违心地许诺次日送给冯玉明 1000 元钱来了结此事。7 月 31 日，眼巴巴渴盼了一天的赵建全，没有等来家属送钱。晚上 10 点，冯玉明再次将赵建全拳打脚踢地带进十六监区“严管组”监舍。在 3 名“打手”的恐吓中，赵建全心生绝望，一头撞向监舍的玻璃窗，并将玻璃碎片塞进口中企图自杀，随后被送到了医院抢救。

② 刑事诉讼活动本身就伴随着强制性，这种强制性可能会对一些承受能力较弱的人带来一定的心理负担，在这种负担之下造成的自伤、自残，在公权力一方没有过错的情况下，不应当属于国家赔偿的范围。

者认为可参考我国刑事诉讼法中非法证据排除规则的相关设定，将自损行为的故意性之证明责任转给公权力机关承担，主要出于以下几方面的考量：首先，公权力机关在办理刑事诉讼案件当中必须要保证自身行为的合法性，特别是受害人在声称系受到来自侦查人员或者监狱管理人的刑讯逼供而不得已通过自伤、自残的方法来使得自己“暂时脱离”困境方法的情况下，相关涉案机关需要对公权力行为的正当性、合法性以及合程序性进行证明，法谚有云：“正义不仅要实现，而且要以一种看得见的方式来实现”，这种看得见的方式是刑事追诉活动正当性的基础；其次，公权力机关具有更强的举证能力，以检察机关为例，人民检察院作为法律监督机关，一方面能够对公权力机关违法行为进行监督，这种监督的方式具有多样性，可以通过查阅随案移送的案卷材料，了解是否存在疲劳讯问或者欺骗引诱等非法方法；可以通过调阅讯问同步录音录像，直观反映讯问过程有无刑讯逼供等违法行为；可以通过驻所检察官，知晓看守所中犯罪嫌疑人、被告人或者正在被执行刑罚罪犯的相关情况及诉求；可以通过检察引导侦查，以事前或者事中参与的方式介入公安机关的侦查活动等，这众多的监督方式无疑为证明证据的合法性提供了丰富的途径。

与证明责任相衔接的是证明标准问题，即受害人自损行为中的故意这个要素需要证明到何种程度才可以得到法律上的认定。从疑点利益归于被告的角度来分析，只有在确认自损行为出于妨碍诉讼的故意的情况下，方可成为本条所指称的免责事由，在无法达到“确认”这一程度的情况下，应当作出有利于被追诉人以及被执行人的推定，国家仍需要承担刑事赔偿责任。

二、刑事赔偿免责事由之刑事责任阻却

《国家赔偿法》对刑事责任阻却型免责的情形在实体法和程序法上作出了区分。从实体法角度而言是违法行为，但是由于行为人主体的特殊性构成了免责事由；从程序法角度而言则主要集中在刑

事诉讼追诉过程当中出现的各种中断追诉乃至不追究刑事责任的情况。

（一）不负刑事责任型

不负刑事责任型即《国家赔偿法》第19条第（二）项之规定，“依照刑法第十七条、第十八条规定不负刑事责任的人被羁押的”。《刑法》第17条规定的是由于年龄而导致的不负刑事责任，第18条规定的是由于精神问题而导致的不负刑事责任，但是两者在立法模式上却存在不同，前者采用的是肯定型的立法，后者采用的是否定性立法模式。从精确性的角度上进行分析，肯定型即法律明确规定哪种情形为不负刑事责任更有利于操作施行。

《刑法》第17条规定：“已满十六周岁的人犯罪，应当负刑事责任。已满十四周岁不满十六周岁的人，犯故意杀人、故意伤害致人重伤或者死亡、强奸、抢劫、贩卖毒品、放火、爆炸、投毒罪的，应当负刑事责任。已满十四周岁不满十八周岁的人犯罪，应当从轻或者减轻处罚。因不满十六周岁不予刑事处罚的，责令他的家长或者监护人加以管教；在必要的时候，也可以由政府收容教养。”第17条之一规定：“已满七十五周岁的人故意犯罪的，可以从轻或者减轻处罚；过失犯罪的，应当从轻或者减轻处罚。”此两条采用的是否定型立法模式，基于不同的刑事责任年龄和不同的犯罪行为，界定了应当负刑事责任的情形。以十四岁和十六岁为界，十四岁以下为完全不负刑事责任人，无论实施了何种刑法上规定的行为，都不承担刑事责任，十四岁至十六岁则只对八种特定的犯罪行为而非罪名承担刑事责任。否定型立法模式的弊端在于，如果犯罪嫌疑人仅实施了盗窃行为，但是由于携带了凶器或者使用暴力抗拒抓捕，就会转化成为抢劫罪。如果该人系年满十四不满十六周岁的未成年人，应当被认为是不负刑事责任还是属于应当承担刑事责任，在理论上存在进一步探讨的空间。

《刑法》第18条规定：“精神病人在不能辨认或者不能控制自己行为的时候造成危害结果，经法定程序鉴定确认的，不负刑事责任，但是应当责令他的家属或者监护人严加看管和医疗。”精神病人在实施给社会或者他人造成危害结果的行为时如果缺乏相应的辨认或者控制能力，其行为虽然具有违法性，但由于主体的精神缺陷，导致在刑法上进行判断时产生了阻却事由。这种肯定型的立法模式，能够更加直接地为国家赔偿免责情形进行判断，具有合理性。通常情况下，公安机关发现了违法犯罪活动行为及相关的犯罪嫌疑人，一方面会积极收集证据，另外一方面也会对犯罪嫌疑人采用剥夺人身自由的拘留或者逮捕等强制措施。《国家赔偿法》中将此种情形下的拘留、逮捕纳入刑事赔偿的范围，笔者反倒认为这不合理地扩大了刑事赔偿，不利于刑事追诉活动的展开。

错误逮捕而非拘留应当成为赔偿的对象，这主要是由于拘留和逮捕有各自不同的适用条件和程序。拘留适用现行犯和重大嫌疑人，《刑事诉讼法》第80条规定：“公安机关对于现行犯或者重大嫌疑分子，如果有下列情形之一的，可以先行拘留：（一）正在预备犯罪、实行犯罪或者在犯罪后即时被发觉的；（二）被害人或者在场亲眼看见的人指认他犯罪的；（三）在身边或者住处发现有犯罪证据的；（四）犯罪后企图自杀、逃跑或者在逃的；（五）有毁灭、伪造证据或者串供可能的；（六）不讲真实姓名、住址，身份不明的；（七）有流窜作案、多次作案、结伙作案重大嫌疑的。”特别是在有现行犯罪嫌疑人的情况下，公安机关出于防止犯罪嫌疑人继续实施危害国家安全、社会安全和他人人身或者财产安全的目的，自然能够对此人采取拘留这一强制措施。考虑到拘留适用情形的急迫性，在其为不负刑事责任的精神病人的情况下，侦查人员也很难在瞬间对其精神状态进行判断，其职务行为在权衡公共利益和个人利益的基础上，具有正当性。精神病鉴定本身就耗时长久，而且刑事诉讼法中也明确规定了精神病鉴定不计入侦查羁押期限。根据相关的规范性司法文件，精神病鉴定中心在一般受理后的15个工作日内完成鉴定工作，并出具完整、规范的鉴定报告，而公安机关一般案件的拘留期为3天，如果3天之内无法处理完毕可以延长

1~4天，再加上检察院审查批准逮捕的7天时间，最长也才14天。也就是说，即便拘留的第一天侦查人员发现犯罪嫌疑人可能属于依法不负刑事责任的精神病人，在鉴定作出来之前早就应当变更拘留这一强制措施或者释放被羁押的犯罪嫌疑人。因此，对不负刑事责任精神病人的拘留不应当纳入刑事赔偿的范围。①

与此相反，如果是对该人的逮捕则需要进行国家赔偿。逮捕作为最严厉的强制措施，公安机关并不能够直接作出逮捕决定，而必须经由国家司法机关即人民检察院进行审查批准。检察院在审查批捕时，需要考虑犯罪行为是否有证据进行证明，犯罪嫌疑人是否能够判处有期徒刑以上刑罚，并具有继续实施犯罪或者企图自杀或者在逃、毁灭伪造证据等可能。在这些条件当中，最重要的是“可能判处徒刑以上刑罚”，如果仅可能判处管制、拘役或者独立适用附加刑，则不可能适用逮捕措施，通过“举重以明轻”的方法，如果该人属于不受刑事责任的精神病人，自然就更加不符合逮捕的条件了。更何况《高检规则》当中已经明确要求对未成年人和尚未完全丧失辨认或者控制自己行为能力的精神病人在进行逮捕时，应该由检察人员进行讯问，这种司法审查模式和讯问要求，自然能够也必须要及时将完全丧失辨认或者控制能力的精神病人排除在逮捕范围之外，否则就应当承担相应的国家赔偿责任。

（二）不追究刑事责任型

不追究刑事责任型主要是指依照《刑事诉讼法》第15条、第173条第2款、第273条第2款、第279条规定中的相关情况，从类型上可以分为法定不追究刑事责任型和不起诉型。法定不起诉的情形，根据我国《刑事诉讼法》的规定，主要包括以下五种：“（一）情节显著轻微、危害不大，不认为是犯罪的；（二）犯罪已

① 值得指出的是，将拘留排除在国家赔偿范围之外仅适用于完全不负刑事责任的精神病人，对于基于年龄的未成年人并不适用。年龄的确定较精神病人鉴定更加容易，只要出具身份证据、户口本或者是医院的证明文件，即可以确定。因此，在拘留期间完全能够将该事项查明。

过追诉时效期限的；（三）经特赦令免除刑罚的；（四）依照刑法告诉才处理的犯罪，没有告诉或者撤回告诉的；（五）犯罪嫌疑人、被告人死亡的。”严格说来，第一种情形叫作“不认为犯罪”，而第（2）项至第（5）项是“不追究刑事责任”。

《刑事诉讼法》第15条规定的五种不追究刑事责任的情形当中，除上述内容“不认为是犯罪”以外，其他内容均是以有罪为前提，要么经过了专门的诉讼时效，要么是属于亲告罪没有当事人告诉或者撤销告诉，等等。从理论上来讲，其他类型的案件都是以被追诉人行为已经构成犯罪，但是出现了某种不追究刑事责任的情况，属于免责事由。

《刑事诉讼法》第173条第2款、第273条第2款、第279条规定的是酌定不起诉和附条件不起诉。国家赔偿法中将这两种不起诉也纳入刑事赔偿免责事由，这种规定是十分恰当的。酌定不起诉适用情形是犯罪情节轻微，依据刑法规定不要判处刑罚或者免除刑罚的；附条件不起诉则是未成年犯罪嫌疑人，涉嫌刑法分则第四章、第五章、第六章规定的犯罪，可能判处一年有期徒刑以下刑罚，符合起诉条件，确有悔罪表现，经检察长或者检委会的批准或者决定，可以作出附条件不起诉。酌定不起诉蕴含的前提条件是该犯罪嫌疑人是有罪的，但是可能不需要判处刑罚，出于起诉便宜主义和案件分流的要求，对其作出不起诉处理。这种不起诉并不意味着案件前期侦查活动中的羁押活动是错误的，被不起诉人自然无权要求提起国家赔偿。附条件不起诉较酌定不起诉而言更加具有免责的正当性，由于附条件不起诉的前提条件是“符合起诉条件”，仅是考虑到犯罪嫌疑人是未成年人而采用的转向处置，此种转向处置有利于避免刑事诉讼的消极作用，体现了对未成年人教育、感化、挽救的方针。同时，法律也明确规定，如果该被不起诉人或者他的法定代理人对附条件不起诉有异议，检察院应当直接作出起诉决定。因此，附条件不起诉作出之后，先前追诉程序中的羁押行为也应当被视为合法的国家行为，属于刑事案件赔偿免责事由。

三、刑事赔偿免责事由之职权行为无关

行使侦查、检察、审判职权的机关以及看守所、监狱管理机关的工作人员与行使职权无关的个人行为，对受害人造成损失的，属于刑事赔偿责任的免责事由。立法者作出此种规定的理由在于，国家赔偿应当是基于国家机关工作人员在行使公权力的过程中给被追诉人的人身或者财产造成了非法损害，如果违法行为人是以个人的身份而非职务行为，那么国家就无须对这种个人行为承担赔偿责任。

国家公权力机关工作人员在行使刑事追诉或者刑罚权之外，以个人名义对犯罪嫌疑人、被告人或者罪犯事实的打击报复或者其他行为，尽管是非职务行为，但从保障人权的角度来讲，这种职务行为无关型也应当由国家承担连带的赔偿责任，如果国家支付了相应的给付赔偿，那么可以向行为人另行追偿。之所以作出此种论断，主要出于以下两方面的考虑：其一，公权力机关工作人员在非职务行为过程中给受害人造成了损害，但考虑到其隶属于国家，其行为是围绕着刑事诉讼活动展开，这时就可以比照我国侵权法中的雇主责任，雇员如果对他人造成了损害，雇主应当承担相应的连带赔偿，雇主在赔偿之后可以向雇员及时追偿；其二，个人的赔偿能力与国家相比始终相对有限，在对受害人人身造成严重损害之后，公职人员并不能够及时、积极、足额地向其支付赔偿金额，而国家以国库资产为支撑，能够及时地保障其就医的权利及其他相应的赔偿。因此，不分情况一律认为只要致害行为与职权无关，国家则可以免责的观点有失偏颇，难以发挥国家赔偿的有益功效。

第三节　刑事赔偿制度存在的其他问题

在我国，错案赔偿是以司法机关依照程序做出的生效司法文书确认无罪为前提，已认定有罪的人羁押的不予赔偿。因此，法院裁

判无罪就可能发生错案赔偿问题。据统计，20 年来，全国法院共受理国家赔偿案件 13.4 万余件，审结 12.5 万余件。全国检察机关依法决定给予国家赔偿 1.3 万余件，在检察机关作为赔偿义务机关的案件中，92.2%的案件在检察环节得以解决。①

根据《最高人民法院　最高人民检察院关于办理人民法院、人民检察院共同赔偿案件若干问题的解释》②，如果一审法院判决有罪，二审法院改判无罪，则一审法院和批准逮捕的检察院为共同赔偿义务机关。即使案件没有起诉到法院，也可能发生错案赔偿问题，根据《人民检察院刑事赔偿工作暂行规定》第 6 条规定：有下列法律文书或证明材料的，应视为请求赔偿的被侵权事项已依法确认：人民检察院撤销拘留决定书、撤销逮捕决定书、撤销案件决定书、复查纠正决定书，或者公安机关撤销案件予以释放的证明书、人民法院宣告无罪已经发生法律效力的判决、裁定书等法律文书。③ 也就是说，审判、起诉和侦查机关在处理刑事案件中裁判无罪、撤销案件或强制措施，就可能使本单位或刑事程序的前一个单位面临刑事赔偿责任。这种做法扩大了错案范围，对刑事诉讼的正常进行，特别是公正和效率产生了严重的负面影响，主要表现为错案赔偿制度从一开始可能就扭曲了刑事案件的立案标准，导致整个刑事诉讼难以高效工作，妨碍了公正审理，不利于犯罪嫌疑人、被告人的权利保障。

一、错案赔偿制度与证明标准

（一）错案赔偿使得立案证明标准畸高

错案赔偿制度从一开始就可能扭曲了刑事案件的立案标准。立案是刑事诉讼的第一个阶段。根据《刑事诉讼法》第 110 条的规

---

① 周斌：《司法陪伴国家赔偿法走 20 年风雨历程　全国法院 20 年受理国家赔偿案 13.4 万件》，载《法治日报》2015 年 1 月 8 日第 5 版。

② 法发〔1997〕16 号子高检会〔1997〕1 号。

③ 高检发控字〔1998〕10 号。

定，我国刑事案件的立案标准为："人民法院、人民检察院或者公安机关对于报案、控告、举报和自首的材料，应当按照管辖范围，迅速进行审查，认为有犯罪事实需要追究刑事责任的时候，应当立案"。这个标准不同于起诉的标准和判决有罪的标准。但是，因为我国的错案赔偿制度，立案并采取强制措施之后（我国刑事诉讼公诉案件立案后通常都要对犯罪嫌疑人、被告人采取强制措施），如果以后不能起诉或在审判中被告人被判无罪，办案的机关和人员就可能面临错案赔偿的责任，致使侦查机关从一开始立案就过分谨慎，可能使本来可以立案的，怕立案错了，或害怕立案以后不能通过以后的各个关口而不敢立案，结果可能是放纵了某些犯罪人。为了防止撤销案件、拘留后不批捕或审判后作无罪判决，我国的一些侦查、起诉机关及其工作人员在案件一开始就力图办成铁案。笔者对我国一些检察和侦查机关进行调查时了解到，有些地方办理刑事案件的标准是："立得起、诉得出、判得下。"这种要求使侦查机构只得在立案之前进行长时间的初查，力图将一切证据都在初查阶段准备妥当。这既不符合刑事诉讼法的规定，也给侦查机关自身带来许多困难。因为立案前的初查阶段还不能采取强制措施，缺乏必要的侦查手段，侦查机关在这样的办案条件下艰难办案无疑束缚住了自己的手脚，对于打击犯罪十分不利。

新《刑事诉讼法》及相关的司法解释对"事实清楚，证据确实、充分"的证明标准进行了补充细化，引入了"排除合理怀疑"的概念。根据新《刑事诉讼法》第 53 条的规定，"证据确实、充分"应当符合以下条件：首先，定罪量刑的事实都有证据证明；其次，据以定案的证据均经法定程序查证属实；最后，综合全案证据，对所认定的事实已经排除合理怀疑。这不仅要求定罪和量刑的事实都要有查证属实的证据予以证明，还要使对犯罪事实（包括定罪事实和量刑事实）的认定达到排除合理怀疑的高度，是主观与客观的统一。

证明标准，是指法律规定的，证明责任主体运用证据对待证事实加以证明所要达到的要求或程度。[①] 从理论上讲，证明标准实际上暗含了两个关键性的要素：客观性要素和主观性要素。客观性要素可以被理解为是证据要素，即对证据材料的证据力和证明能力的判断，是否可以形成完整的证据链条，指证被追诉人实施了某一特定的犯罪行为；主观性要素是责任主体在对证据进行认识和再认识，从感性认识上升到理性认识所经历的认识过程和最终需要达到的程度。根据刑事诉讼阶段的不同，责任主体所需要达到的主观性要素就不相同，从而产生了不同的证明标准[②]。客观性因素和主观性因素两者是紧密联系的，通常来说证据材料掌握得越多，办案人员对案件的主观认识程度也就越深，这与“排除合理怀疑”的要求相契合。在案件办理初期，由于掌握的证据材料尚不充足，会存在众多“疑点”，尚未形成较为合理的主观性认识，随着诉讼活动的推进，刑事案件中存在的“怀疑”或者“疑点”将会逐渐减少，直到“排除合理怀疑”。

（二）不同诉讼阶段的证明标准应具有递进性

本次刑事诉讼法的修改，将“排除合理怀疑”这一英美法系的经典表述引入我国刑事诉讼“事实清楚，证据确实、充分”中，作为“事实清楚，证据确实、充分”的判断标准，有利于减少片面追求证据完备的法定证据主义传统，充分发挥办案人员在刑事诉讼中的司法能动性。“合理怀疑”更多地强调外在的尺度而非个人

① 陈光中主编：《证据法学》，法律出版社 2011 年版，第 352 页。

② 我国刑事诉讼法中对侦查终结、移送起诉和定罪量刑的证明标准均表述为“事实清楚，证据确实、充分”，这可能会引发证明标准“同一性”的问题。从诉讼认识论的角度来进行理解，在不同的诉讼阶段程序推进所要求的证明标准应当有所差别，属于层层递进的关系。将“排除合理怀疑”引入，丰富了我国证明标准的层次性，在不同的阶段“排除合理怀疑”的主体并不相同，分别是侦查人员、审查起诉人员和审判人员，由于这些主体在刑事诉讼活动中职能、接触相关证据材料等方面的不同，所达到“排除合理怀疑”证明标准的难易程度也就发生了变化，进而形成了证明标准的多层次性。更多内容请参见杨宇冠、郭旭：《论提起公诉时的证明标准》，载《人民检察》2013 年第 15 期。

化的尺度，更多地要求普遍的、公共性的感觉而非个别的、私人的体验，这就要求事实认定者在作出判断时要更多地考虑一个理性人会如何判断。这样一种要求虽是对事实认定者的束缚，但从另外一个方面更能使其凭借公共尺度作出判断，无疑为其提供了参考依据，进而减轻心理负担，[①] 只要排除了合理怀疑就应当认为达到了“事实清楚、证据确实、充分”的要求。

然而这种排除合理怀疑或者证明标准在各阶段应当是不一样的。在侦查过程中，侦查人员通过搜查、扣押、查封、冻结等手段获取的一系列书证、物证，或者通过讯问、询问等手段取得的犯罪嫌疑人供述、证人证言，这类证据如果具有合法性、客观性或者关联性的要素，当然能够成为侦查人员进行判断是否存在刑事案件，刑事案件是否为该人所为，是否应当移送审查起诉的依据。但是，这里面又存在着两个潜在的问题影响着“排除合理怀疑”的效果：第一，侦查人员本身具有追诉性，这种倾向导致他无法实现真正的不偏不倚，进而选择性地忽视了“怀疑”存在的可能；第二，侦查人员掌握的证据材料并不完善、完备，特别是我国存在着补充侦查制度，根据《刑事诉讼法》的规定，在审查起诉或者审判过程中，如果检察机关的工作人员认为证据尚不足以支持公诉，那么就可以进行补充侦查。该制度存在的价值就是在于弥补之前侦查活动中对证据材料收集的忽视和不足。因此，侦查阶段的排除合理怀疑，较审查起诉和审判而言，应当被认为是最低层次的证明标准。

人民检察院的审查起诉人员，与侦查人员不同，尽管从职能上来看也承担着对犯罪行为提起公诉、追究犯罪行为人法律责任的任务，但他同时又承担着客观公正和法律监督的义务。这种追诉和客观公正的双重身份，使得检察人员在审查起诉中不得不进行谨慎的判断。一方面，要判断是否存在犯罪行为，应否继续进行刑事追究还是作出不起诉决定终结刑事程序；另一方面，还要审查侦查活动

① 李训虎：《“排除合理怀疑”的中国叙事》，载《法学家》2012年第5期。

是否合法，是否存在非法取证的情形，是否遗漏了犯罪嫌疑人某些无罪或者罪轻的证据。在“双重身份”的影响下，检察人员在审查起诉时拥有比侦查人员更多的中立性，再加上并没有亲历案发现场，在对侦查机关移送来的卷宗材料进行审阅和采取讯问犯罪嫌疑人、询问证人等手段后，所形成的“排除合理怀疑”的内心确信，从客观上来讲确实应当高于侦查人员。

“排除合理怀疑”之所以重要，正如同在英美法系中该标准仅适用于定罪程序一样，我国刑事诉讼中也应当将审判中的“排除合理怀疑”设定为整个诉讼程序中的最高标准，这是“审判中心主义”的必然要求，也符合人类认识的基本规律。审判阶段和审查起诉阶段又有着如下不同：

第一，证据掌握情况不同。诉讼证明活动以占有、收集与案件有关的证据材料为前提，随着证据的积累通过逻辑分析逐渐形成相应的理性认识。在审查起诉阶段公诉部门所掌握的证据，大多是从侦查人员手中取得，证据材料的来源本身就具有一定的选择性，而且这些材料的证据力和证明能力都未经过质证，难免会存在证据可采性的问题，同时，公诉部门不能掌握全面的辩方证据①。审判人员形成“排除合理怀疑”的确信之证据材料无论是从数量上还是质量上都远远高于审查起诉人员，合议庭或者独任审判法官经过法庭调查和法庭辩论的程序设置，充分了解控辩双方的证据材料，并对相关的证据进行质证、认证之后，才能形成有罪或者无罪的判决。

第二，排除“合理怀疑”的主体及程序不同。在审查起诉阶段，提起公诉的决定主体是人民检察院，意味着检察机关“认为”犯罪嫌疑人实施了指控的犯罪行为已经能够“排除合理怀疑”。检

① 法律仅规定了辩方的有限证据告知义务，只要求辩方及时将“犯罪嫌疑人不在犯罪现场”、“未达到刑事责任年龄”和“属于依法不负刑事责任的精神病人”三类证据告知检察机关，对于辩方收集的其他罪轻或者无罪的证据并没有作出要求。

察机关作出的起诉或者不起诉决定，也就是检察机关对犯罪嫌疑人实施了特定的犯罪行为“排除”了合理怀疑或者仍旧“存有”合理怀疑时所作出的不同的程序处理。这种过程属于一个相对不公开的程序，由检察机关在公安机关移送审查起诉的案卷基础上，通过讯问犯罪嫌疑人、询问证人、被害人以及听取其他诉讼参与人的意见，单方面作出的带有行政性色彩的决定。审判阶段的“排除合理怀疑”有着与审查起诉阶段不同的特点。在刑事案件的审理过程中，公诉方要承担举证责任并说服审判人员达到“排除合理怀疑”的程度，较之侦查人员和检察机关的审查起诉人员，审判人员显然具有更强的中立性。同时，法庭审判是一个“控辩对抗”的过程，在审判人员的主持下，经过法庭调查和法庭辩论，最后审判人员是在综合各方观点、证据等的基础上形成的内心确信。因此，审判阶段中的“排除合理怀疑”从逻辑上来讲必然高于侦查阶段和审查起诉阶段所要求的“排除合理怀疑”，这种从低到高层层递进的证明标准符合诉讼规律和认识规律的客观要求。

因此，错误羁押或者错判的标准不应当是后续行为对前一行为的评价，而应当按照当时的证据材料来判断，看看拘留之时、逮捕之时或者先前有罪判决作出时是否符合法律规定的条件和程序。这是证明标准递进性的要求，也是出于对诉讼认识规律的尊重。

二、错案赔偿与诉讼效率

根据侦查和起诉机关所作的撤销拘留、撤销逮捕、撤销案件、不起诉决定书等法律文书而产生的赔偿束缚了检察机关和侦查机关的工作。刑事诉讼的过程是一个查明当事人有罪和无罪的过程。有罪判决需要由法院最终确定。但在诉讼过程中，侦查机关和检察机关认为该案达不到有罪的标准，应当可以随时撤销案件。但是，因为错案赔偿制度存在弊端，在立案之后，侦查和检察机关因为害怕赔偿，不敢撤案，导致大部分案件都必须走完刑事诉讼的整个过程，涌向法院。这一方面造成司法资源的巨大浪费，另一方面也造成办案效力下降。侦查、批准逮捕、羁押和起诉行为都发生在法院的审判之前，刑事诉讼的每一步都有不同的证明标准，在这个过程中，犯罪嫌疑人的嫌疑程度符合前一标准，而不符合后一个标准是很正常的事。在刑事诉讼过程中，应当将这部分犯罪嫌疑人随时分流，而不必都送交审判。在英、美等西方国家的刑事诉讼中，大约90%以上的犯罪嫌疑人并不到达审判阶段，而是由侦查和起诉机关通过撤销案件、不起诉等方式处理。这些属于刑事诉讼过程中撤销或分流的案件通常并不产生赔偿问题。在刑事诉讼过程中，当侦查人员和起诉人员根据案情认为有犯罪事实时，法院并没有判决，所以这时候并没有确定的“有无犯罪事实”这样的标准，侦查和起诉人员在没有这样的标准的情况下，只能根据自己对案情的把握以决定是否采取强制措施。在我国的刑事赔偿制度下，这时候采取强制措施就意味着有赔偿的危险。这实际上是要求侦查和起诉机关在刑事诉讼审前过程中就达到法院判决的标准，是不合理的。

在对于该问题的研究过程中，笔者也收集了某市人民检察院和人民法院的考核指标。通过比对可以发现，考核指标当中的“扣分项”与国家刑事案件赔偿的内容具有一定的重叠性。绩效考评（performance appraisal）原本是指经济领域中公司或企业根据员工的表现进行考评，是根据预设标准和目标对个体职员的工作表现及生产力进行系统的、周期性的评价。[①] 近些年来，绩效考评机制被引入公安司法机关，成为上级机关对下级机关进行考核的重要指标，同时也成为被考评单位公安司法人员奖惩的重要依据和量化指标。据笔者调研了解，地方公安司法机关均会出台一些细化规定，来量化本机关人员的工作情况，以提高在年终考评中所占的分数和排名，这种做法一方面在一定程度上能够形成对相关人员的激励作

① Manasa, K. & Reddy, N. (2009). Role of Training in Improving Performance. *The IUP Journal of Soft Skills*, 3, 72-80. Abu-Doleh, J. & Weir, D. (2007). Dimensions of performance appraisal systems in Jordanian private and public organizations. *International Journal of Human Resource Management*, 18(1), 75-84.

用，推动工作积极性和工作效果，但另一方面在司法实践当中也出现了异化的现象，公安司法人员在处理刑事案件过程中，由于受到考评量化评分的影响，对于案件的处理不再以事实和法律作为根本依据，而是考虑如何减少在考评过程中扣分的可能性，这同样也限制了对错案的及时纠正。

检察院与国家赔偿最直接挂钩的是错误逮捕和错误起诉，这在司法实践考评过程中被称为“捕后不起诉率”和“诉后无罪率”。在审查批捕环节可能出现问题，主要包括错捕和错放两种类型。从理论上来分析，当代刑事司法价值倾向于宁愿错放而不愿错抓，例如，错抓 1 人减 5 分，错放 1 人减 3 分，然而对错抓扣分的考核指标成为限制检察机关实施非法证据排除规则最重要的因素。

还有的评分标准中规定：“批准或决定逮捕后作撤案、绝对不诉、判无罪的 1 人减 5 分”，撤案、绝对不起诉和无罪判决被认为是错抓的判定标准，乃至“存疑不诉”以及由于证据不足、指控的罪名无法成立的无罪判决也会扣除相应的考评分值。笔者认为，错抓不应当以案件的处理结果作为评判导向，而应当关注对审查批准或者决定逮捕行为的评价，如果侦监部门工作人员根据当时的证据材料并谨慎作出了批捕决定，即便案件处理结果与最后的事实认定不符，也不能认为是错抓；如果工作人员出于故意或者重大过失作出了错误逮捕决定，才应当进行扣分处理。

由于考评机制最后考评的是检察院的整体情况，因此所有的指标之间都是有关系的。在当前的评分模式下，根据笔者的调研，对于公安机关而言，某一刑事案件犯罪嫌疑人一旦被批准逮捕，那么该案就已经进入了“保险箱”，非法证据如果没有能够在审查批捕中被“剔除”，在后续程序中就很难被排除了。例如，犯罪嫌疑人被逮捕之后，出于避免错抓扣分的可能，检察院侦查监督部门会和公诉部门进行积极沟通，尽量把案件诉出去。下文中也会谈到，诉后无罪也是考察公诉部门的重要指标之一，届时公诉部门也会和法院、主审法官进行私下沟通和交流，确保被告人能够被判有罪。这种以考核指标为导向的行为模式，在一定程度上绕过了国家法律所规定的正式诉讼程序，使得案件最后判决结果不是完全基于事实和法律的判断，而是受到了相关利益方的案外因素影响。司法中立性要求司法机关工作人员必须与案件没有利害关系，否则当事人就能够以其为理由要求回避，但在目前考核指标的作用下，公安司法人员的直接利益与案件的处理结果密切相关，无论人员如何更换，总会形成新的利益关系。

笔者认为，认为设置刑事案件发改率的做法是违背诉讼规律的，每年的刑事案件千差万别，为不同的刑事案件及其处理程序设定统一的考核基准，是没有意义和价值的。在以考核指标为导向的模式下，容易在司法实践中被异化，形成以下畸形局面：一方面，法院特别是基层人民法院为了降低案件的发改率，在一审判决作出前会通过一些法外途径向上级法院进行“汇报”，并寻求相关的批示，学界称之为“请示汇报制度”。如此，一审法院判决实际上反映的是二审法院的意志，不仅使被告人的上诉权形同虚设，还严重影响了法院的司法独立性；另一方面，法院在法庭调查中将会更加注重对案件实体事实的认定和把握，忽视诉讼中的程序性问题，极容易形成能够证明案件事实的证据即具有可采性的认识，将属于判断证据证明力问题的证据印证规则作为判断取证手段是否合法的重要方式和途径。

我国刑事诉讼法和相关的司法解释当中设定了发回重审和改判的条件，前者为事实不清、证据不足或者程序重大违法，后者通常为事实认定正确，但适用法律错误的案件。由于事实认定是法律适用的前提和基础，因此，我国刑事审判制度是以“准确认定案件事实”为核心的。这种认定标准还突出地体现在《国家赔偿法》对于错案的界定当中，与考核指标有关的还有，案件经过一审判处有罪，但在二审程序当中被改判为无罪，就与一审错判画上了等号。在该模式下，法院在庭审过程中会更加积极地去寻求支持认定案件事实的证据。

侦查、起诉和司法机关及其办案人员为了避免赔偿的发生，就必须最大限度地追求定罪率，如果立案之后不能将被告人定罪，单位和自己就要承担责任。追求定罪率本来是一件好事，但是一些侦查和司法人员有可能为了避免承担责任勉强将被告人定罪，这就与立法的初衷背道而驰了。我国的公、检、法机关同属于政法机关，同属政法委领导，错案赔偿制度给法院作判决带来了很大的压力，在审理刑事案件时，一审法院作了无罪判决后兄弟单位就要面临赔偿的后果；二审法院也很难改判无罪，因为这意味着下级法院和检察院都可能面临赔偿的后果。虽然国家赔偿的经费应由国家财政负担，但是侦查和司法机关进行赔偿也是非常难堪的事。据笔者调查，在确定错案之后，除国家赔偿之外，侦查、检察和审判机关内部还将对具体办案人员进行追究，严重影响个人和单位的考评。这种现象不利于审判人员依法独立审理案件，也影响侦查和检察机关适时地分流案件。

三、错案赔偿制度与被追诉人权利保障

错案赔偿制度的本意是为了保障公民的权利，但是，因为这种制度也可能导致被告人不利的后果，在被告人可能无罪或处于疑罪的情况下，从事侦查和公诉的人员将面临巨大的压力。侦查人员和检察人员在权衡利弊后为了保证将被告人定罪可能会采取非法的或不适当的手段取证，他们有可能同时给法院施加压力以图将被告人定罪。在为了避免赔偿责任的情况下，本来可以判无罪的被告人就可能被判有罪。这样做的后果反而不利于保护犯罪嫌疑人、被告人的合法权利，包括实体权利和诉讼权利。

另外，根据《国家赔偿法》第 1 条和第 2 条的规定，该法适用情形是指：国家机关和国家机关工作人员行使职权，有本法规定的侵犯公民、法人和其他组织合法权益的情形，造成损害的，受害人有依照本法取得国家赔偿的权利。具体到刑事赔偿的法律规定，即第 17 条和第 18 条，作为赔偿对象的个人受害者应当都是“公

民”。这种表述是不适当的。但这个问题并非《国家赔偿法》所独有，我国宪法和一些重要法律也存在对“公民”概念适用不当的问题。

公民指具有某一国国籍，并根据该国法律规定享有权利和承担义务的人。公民意识与臣民意识等相对，指一个国家的民众对社会和国家治理的参与意识。公民政治权利是指公民依法享有参与国家政治生活的权利。它包括以下内容：公民有选举权和被选举权；参与国家管理的权利；政治参与的基本条件是知情权。我国《宪法》规定：凡具有中华人民共和国国籍的人都是中华人民共和国的公民。中华人民共和国公民在法律面前一律平等。国家尊重和保障人权。任何公民享有宪法和法律规定的权利，同时必须履行宪法和法律规定的义务。

《国家赔偿法》以及其他法律中把法律保护对象局限于“公民”将产生下列问题：在刑事司法中，一部分人被剥夺了政治权利，也就是公民权，其合法的人身和财产权利也应当得到保护。在社会生活中，一部分人由于种种原因失去了身份，如流浪人员，因计划生育等原因没有户口的人员，他们不能行使公民权，他们的人身和财产也应当受到法律的保护；当今世界各国交往日益频繁，在华外国人数量很多，他们的合法人身权和财产权也应当得到保护。

然而，根据《国家赔偿法》，以上人员由于没有公民权或失去行使公民权的条件，从而得不到我国法律的保护，建议应当将范围进一步扩大至“社会上的每一个人”，并不一定具有“公民”身份的限制。

第四节　刑事赔偿制度的完善

国家赔偿制度在一定程度上能够减少刑事诉讼程序中冤假错案所带来的不利影响。在上文中笔者重点探讨了目前我国刑事赔偿制度的相关规定以及存在的突出问题，考虑到人类认识的局限性，错案在一国的刑事程序中难以避免，办案人员应当尽力地减少错案中的人为因素，尽可能地及时纠正并作出相应的补偿。

为确保刑事赔偿的制度化与规范化，最高人民法院分别于2013年、2014年印发加强刑事冤错案件国家赔偿工作的法律文件，并和最高人民检察院联合起草刑事赔偿的司法解释。2014年7月，最高人民法院出台司法解释明确精神损害抚慰金的支付标准。同时，为解决执法不规范问题，最高人民检察院开展“不予确认、不予立案、不予赔偿”三类案件专项检查活动，依法纠正了一批不予赔偿案件。对未执行赔偿决定突出问题，两次开展集中清理专项行动。

为了避免或减轻刑事赔偿制度对司法公正和效率的负面影响，为了切实保障人权，也为了尽量减轻国家赔偿的负担，参照联合国相关的国际刑事司法准则中的标准，我国的刑事错案赔偿制度可以从如下几个方面进行：科学界定刑事错案的概念，明确非法羁押的认定标准，完善对侦查行为特别是强制性侦查行为的司法控制和审查，确保刑事国家赔偿审理的公开性、公正性，等等。

一、厘清错案的概念

错案应当以法院最终定罪以后，而且当事人正在执行刑罚或者刑罚业已执行完毕后，通过再审发现案件审理结果确实存在错误的情况下，才可以被认为是错案，并被纳入错案赔偿的范围。

值得注意的是，此处的错案是一个相对广义的概念，正如在上部分当中所进行的论述，如果根据审判时的证据材料，法官已经尽到了合理的注意义务和勤勉义务，对被告人有罪这一判断已经达到了“事实清楚，证据确实、充分”的程度，并且综合全案证据，排除了其他的合理怀疑。在此种情况下，即使该案在上诉或再审中被改判也不能认为原审法官作出了错误的判决，尽管对该案的判断与客观真实不相符。这一观点可以用期待可能性理论来解释，在现有证据形成证据锁链并相互印证的情况下，无论是谁做法官，均会作出有罪判决，这就缺乏了必要的期待可能，毕竟刑事诉讼案件真相查明活动是由案外人事后进行的，对于犯罪行为和犯罪事实的认定只能通过证据来进行。因此，如果在审判监督程序当中出现了新的证据或者事实，对被告人的有罪定性造成了重大影响，这并不是刑法意义上的徇私枉法或者枉法裁判，而是人类认识因素的局限性所致。然而，这种法律上无错但是在客观上有错的案件，也应当纳入国家赔偿的“错案”范围，尽管作出有罪生效判决的法官在法律上并不具有可责难性。因为该判决在客观效果上对执行人的人身自由已经造成了实质性影响，应当由国家积极予以相应的赔偿。

与此相对应的是，对于在刑事案件当中是否存在错误逮捕或者错误羁押的认定，不以该人最终是否被法院终审判决认定有罪为标准，而是以进行逮捕或者错误羁押时是否符合法律设定的相关条件为标准。有论者可能会指出，笔者的此种分类方式会无限制地扩大国家对被追诉人人身自由的赔偿范围，使得公权力机关在开展刑事追诉时难免会“瞻前顾后”。但恰好相反，这种不以判决结果为错误羁押标准的方式，其实能够解除公安司法机关工作人员的后顾之忧，只要在作出逮捕或者拘留的判断过程中符合了刑事诉讼法及其相关司法解释的条件，即便在事后发现被追诉人没有实施犯罪活动，或者虽有违法行为但尚未达到犯罪或者需要受到刑事惩罚的程度，也不能认定为是错误羁押而承担所谓的国家赔偿责任。

二、完善对侦查行为的司法控制

国家赔偿的目的一方面是为了使得受害人能够得到相应的补偿，使得其将搜查、扣押等涉及财产权的侦查措施列入强制措施的范围，以进一步规定实施这些行为的条件，切实维护当事人的权利。另一方面是建立对强制措施的司法审查制度，由审判机关对逮捕、搜查扣押等侦查措施进行司法审查，以决定其是否合法，是否应当批准。这种审查应当是发生在采取这些措施之时，或采取强制措施后迅速进行。具有审判权的、中立的法官决定是否逮捕、关押或扣押财产可以对侦查部门逮捕、拘禁等限制个人自由行为和搜查、扣押个人财产的行为进行制约，以保障当事人的合法权利。只要侦查人员善意地执行法官关于逮捕、拘留、搜查、扣押的决定，侦查机关及其工作人员就可以避免非法行为。从这个意义上说，对强制措施的司法审查也是对侦查机关及其工作人员的保护。具体来说，主要包括以下几方面的内容：

（一）搜查扣押的审查主体

在持证搜查扣押的情况下，搜查、扣押证件应当由中立的第三方进行事前审查批准，而不能用内部审批的模式，这种观点已经成为理论界的共识。但究竟应当选取哪个机关作为审查主体，学界存在不同的探讨，有观点认为应将检察机关作为搜查扣押的审查机关①，也有学者认为可参考英美法系令状主义的做法，由法院签发搜查令、扣押令。②

从目前我国的刑事诉讼司法机制来看，笔者赞同由检察院作为搜查、扣押审查主体的建议。宪法和相关法律均规定检察院是我国的法律监督机关，能够对公权力特别是侦查人员在搜查扣押活动中的合法性进行监督。同时，检察院在审判阶段还需要对证据合法性进行证明，有动力对搜查扣押行为予以积极审查。此种模式也能够与目前逮捕制度的规定相适应。逮捕作为对犯罪嫌疑人人身自由临时性剥夺的强制措施，在执行逮捕之前，公安机关必须得到检察院的批准。出于对制度进行最小修改的考虑，可以将搜查、扣押行为的批准权也交给检察院，实现对此行为的事前审查和监督。考虑到检察院也有侦查的权力，对于自侦案件而言，可以考虑将搜查、扣押的批准权往上提一级，如果由于情况紧急而来不及报请上级检察

① 陈光中主编：《中华人民共和国刑事诉讼法再修改专家建议稿与论证》，中国法治出版社 2006 年版，第 432 页。

② 闵春雷：《完善我国刑事搜查制度的思考》，载《法商研究》2005 年第 4 期。

院进行审批的,[①] 可以在搜查扣押行为结束后进行补报，采用事后审查的方式。

当然，如果从长远的角度来分析，搜查扣押乃至批准逮捕的主体应当由具有中立性的法官来进行。尽管理论界和实务界（包括最高人民检察院在内）普遍认为，检察院肩负着客观公正的义务，能够在刑事诉讼中不偏不倚地处理和分析案件，并收集相关证据，但检察院始终是国家追诉机关，这种前提就决定了检察院的中立性要受到相当的影响。将搜查、扣押的审查主体设定为法院，也会产生另一个与之相关的问题，究竟是由对该案有管辖权的法院还是另设一个专门处理此种问题的法院（治安法院）进行？如果是由对案件有管辖权的法院来处理搜查、扣押、逮捕等相关的问题，在中立性上是得到了保障，但是，犯罪嫌疑人若是对上述决定存有质疑，却难以得到救济。在检察机关作为审批主体的情况下，如果当事人存在异议，还能够在审判阶段通过提出非法证据排除申请等形式来要求否定搜查、扣押行为的合法性；如果搜查、扣押乃至逮捕决定一开始就是由处理案件的法院甚至就是这名法官作出的，再要求在法庭上否定或者推翻这种决定是存在心理障碍的。十八届三中全会明确规定要推行依法治国，并设计建立跨区域的巡回法院，笔者认为可以此为契机，建立与治安法官相类似的建制。治安法官与审理法官相分离，主要负责对强制性侦查活动进行事前审查，并对无证搜查、扣押进行事后复核。

（二）搜查扣押的实施

搜查扣押活动涉及公权力与公民人身、隐私、财产、住宅等众多宪法性权利的“冲突”，侦查人员在开展搜查扣押活动时，应当在法律允许的限度内，以对上述权利造成最小侵犯的形式执行。这

---

① 根据目前检察机关上下级之间的地域设置，上级检察院与下级检察院通常位于不同的市县，这中间会有一个路途上的时间问题，因此可以根据案件情况作出不同处理。

是搜查扣押应当遵循的基本原则，具体来说，应当重点关注以下几方面的内容：

1. 搜查、扣押证的内容

目前我国搜查制度当中存在的重大问题之一在于搜查证制作得过于简单，搜查证仅是警察展开搜查活动的证明凭证，并不能同时起到限制不合理搜查的作用。在持证搜查的情况下，侦查人员应当先向有权机关提供相关证据以证明搜查活动的合法性，这种证明已经达到使得签发搜查证的主体认为在特定地点展开的搜查很有可能发现相关证据或者抓获犯罪嫌疑人。在搜查令中应当写明大致的搜查范围，以及搜查的对象，这些内容不仅是对侦查人员的授权，也能够成为公民对搜查活动进行抗辩的重要理由。例如，针对盗窃电脑行为的搜查就不能对从体积上明显小于赃物的首饰盒开盖检查，针对盗窃摩托车的罪名就不能随意在他人衣橱当中翻箱倒柜，等等。公权力的行使应当有一定的界限。此外，搜查证还应当规定相应的期限，如果侦查人员没有在规定的时间内开展搜查活动，搜查证就会自动失效，如果还需进行搜查活动，则需重新签发。

对扣押范围的限制应结合不同的启动方式来进行分析。对于需经审查方能启动的扣押，建议在扣押令中大致写明需扣押的物品范围，如扣押犯罪嫌疑人的邮件、电报时，则应限于可能与犯罪有关的邮件、电报，若无限扩张扣押范围则可能侵犯他人的隐私权。对于搜查性扣押，需要与前述搜查的范围相结合，可参考美国刑事诉讼法中的一目了然法则（plain view doctrine），在进行合法搜索时，落入警察目视范围之内的违禁物与证据，即使警察无扣押令亦可进行扣押。同时，在执行的过程中，尤其应注重保护善意第三人的合法利益。所扣押的物品应当与案件相关，与案件无关的物品则不得扣押。对于一些性质不清的物品，即使因为情况紧急而先行扣押的，在明确其性质后也应及时返还。

2. 时间问题

搜查扣押活动通常应当在白天进行，当然在法律上也可以设定若干例外规定，比如住宅人的同意，或者是为白天搜查活动的延续，或者搜查扣押行为发生在某些特定的场所，比如宾馆、酒吧等夜间营业的场所，以及其他有足够证据证明犯罪活动已经或者正在发生的场所。此种规定主要是考虑到公民夜间在住宅中的隐私权和安宁权，尽管宪法和法律当中并没有规定安宁权，但住宅本身即意味着不受到外界权力的影响和干涉，著名谚语“风可进、雨可进，国王不能进”讲的就是这个道理。夜间本为公民的休息和放松时间，应当将公权力可能造成的影响降至最低，这也符合基本的人道主义精神。

3. 无证搜查问题

我国刑事诉讼法中有无证搜查的专门规定，但适用的范围有限，仅能够在拘留逮捕过程中遇到紧急情况时进行。侦查活动可以分为强行性搜查和任意性搜查活动，笔者认为，搜查既可以基于法律的强制规定，也可以在被搜查人同意的基础上进行。这就涉及权利放弃的相关理论。我国宪法当中赋予公民的隐私权、住宅权等一系列的权利，如果公民明确表示放弃这些权利，那就不存在所谓的公权力侵犯问题，自然也就不存在事前或者事后的审批。权利与义务最大的区别在于，权利是可以放弃的，但义务则不然，否则就会招致相应的不利后果，当然，此种权利放弃不能对第三方的合法利益造成损害。因此，我国的无证搜查制度可以新设一类同意搜查，侦查人员如果认为某处住宅很有可能藏有犯罪嫌疑人或者相关犯罪证据，可以敲门询问被搜查人的意见，在同意进入的情况下展开搜查工作，从诉讼实践来考虑，同意搜查一方面可以减少批准机关的工作量，提高诉讼效率；另一方面可以缓和双方情绪，维护社会稳定。不过，为了保障搜查活动的自愿性，侦查人员必须向被搜查方实现说明，如果拒绝“进入”也不会造成任何不利后果，这种告知行为最少应当由两名工作人员在场，也可以用执法记录仪对告知和搜查行为进行记录。在搜查过程中，如果被搜查人改变主意，拒绝侦查人员继续搜查，那么此种基于同意的搜查活动就应当立即停止，此时侦查人员就能够及时向有关机关提出签发搜查证的申请，因为终止同意行为本身就能够让人产生一种合理的怀疑。

（三）搜查扣押的原则

在搜查扣押过程中，侦查人员应当遵循比例原则和必要性原则。比例原则原为行政法领域中的基本原则，是指“行政权追求公益应有凌越私益的优越性，但行政权力对人民的侵权必须符合目的性，并采行最小侵害之方法”[①]，比例原则逐渐发展成为公法领域的基本原则之一，在刑事诉讼特别是可能对公民权利造成严重损害的侦查活动中，尽管基于犯罪控制的需要，隐私权需要对公权力的使用进行必要的“让步”，但也应对这一权力本身进行制约。在适用技术侦查措施时，应遵循“必要性原则”，在使用其他方式无法查明案情的情况下方能适用技术侦查手段，以减少对公民隐私权的侵犯。

联合国刑事司法准则对此也作出了一些规定，《世界人权宣言》第12条规定：“任何人的私生活、家庭和通信不得任意干涉，他的荣誉和名誉不得加以攻击。人人有权享受法律保护，以免受这种干涉或攻击”，《民权公约》第17条也作出了相同的规定。在上文中笔者已经指出，随着科学技术的进步和发展，以技术侦查为代表的众多高科技手段为搜查、扣押活动提供了更加隐蔽的方式，技术侦察采用内部“严格的审批方式”，程序究竟如何运作，外界无从知晓，也自然不能提出抗辩。笔者认为，在认可技术侦查合法性的同时，也应当对该行为搜查扣押得到的相关证据进行严格的限制，在用作指控被告人有罪的证据时，应当先对技术侦查活动的必要性进行判断，如果系滥用高科技手段，无视公民隐私权等基本的宪法性权利，所得之证据就应当不具有可采性。

---

① 王名扬、冯俊波：《论比例原则》，载《时代法学》2005年第4期。

三、健全刑事错案赔偿的诉讼程序

刑事赔偿案件应当作为诉讼案件，进行公开、公正的审理，当事人应当享有诉讼案件审理的一系列权利，如出庭受审、询问和上诉等。按照诉讼回避的原则，人民法院不审理本院作为赔偿义务机关的案件，而由上级法院审理，或由上级法院指定其他法院审理，以保证审判机关在审理刑事赔偿案件中能够独立地和无偏倚地进行听审。

根据《国家赔偿法》第23条规定："赔偿义务机关应当自收到申请之日起两个月内，作出是否赔偿的决定。赔偿义务机关作出赔偿决定，应当充分听取赔偿请求人的意见，并可以与赔偿请求人就赔偿方式、赔偿项目和赔偿数额依照本法第四章的规定进行协商。"可见，国家赔偿程序的启动是由受害人和赔偿义务机关共同进行的。而赔偿义务机关则可以根据不同的情况，分为以下几种：

适用情形	赔偿机关
行使侦查、检察、审判职权的机关以及看守所、监狱管理机关及其工作人员在行使职权时侵犯公民、法人和其他组织的合法权益造成损害	该工作人员隶属的专门机关
对公民采取拘留措施	作出拘留决定的机关
对公民采取逮捕措施后决定撤销案件、不起诉或者判决宣告无罪	作出逮捕决定的机关
再审改判无罪的	原生效判决的人民法院
二审改判无罪，以及二审发回重审后作无罪处理的	一审判决法院

中国目前采用的是在赔偿义务机关协商不成的情况下，向上级机关申请复议或者向上一级法院赔偿委员会申请作出赔偿决定，在复议机关逾期不作出复议决定或者复议决定有异议的，受害人可以

选择向复议机关级别相同的人民法院赔偿委员会提出申请。根据目前法律程序的设置，由赔偿义务机关作为与受害人进行先行协商机关，这是一种十分没有效率的行为。对于一个含冤入狱并服刑的人而言，应当尽快地得到经济上的补偿，而赔偿义务机关一方面需要承担相应的行政责任，另一方面还要支付相关的民事赔偿，这首先在态度上就不能中立地处理赔偿问题。除此之外，即便能够通过协商对赔偿范围和金额达成所谓的一致意见，但这些赔偿机关天生的公权力属性使得这种谈判本身就不具备双方的对等性，特别是对于长期脱离社会、处于极端劣势的服刑犯人而言，刑事案件赔偿的效果也相对有效，不能使受害人得到足额赔偿。

赔偿程序应当有相应的证明责任。《国家赔偿法》第 26 条规定：“人民法院赔偿委员会处理赔偿请求，赔偿请求人和赔偿义务机关对自己提出的主张，应当提供证据。被羁押人在羁押期间死亡或者丧失行为能力的，赔偿义务机关的行为与被羁押人的死亡或者丧失行为能力是否存在因果关系，赔偿义务机关应当提供证据。”该条实际上确立的是“谁主张谁举证”原则并对于受害人死亡或者丧失行为能力的情况设定了举证责任倒置的例外规定。笔者认为，刑事诉讼中的国家赔偿申请并不宜采用“谁主张谁举证”的一般原则，而应当以举证责任倒置为基础，这主要出于以下两方面的考虑：其一，受害人的举证能力十分有限，在审理过程当中仅能够向法庭展示所受到的人身伤害，比如刑讯逼供留下的伤痕或者是刑事追诉过程中对于与本案无关财产的非法处理或者损害，等等。与此相对，公权力机关具有较强的举证能力，侦查讯问可以采用全程录音录像等证明合法性，倒置证明责任符合诉讼便利原则；其二，公权力机关应当严格按照法律的规定和程序处理刑事诉讼案件，其行为的合法性并非是不言自明的，如果受害人声称受到非法羁押或者残忍、不人道的待遇或者处罚，则需要由公权力机关承担合法性的证明责任。

另外，在现有的刑事错案赔偿制度下，赔偿的原因主要是刑事诉讼过程中对犯罪嫌疑人和被告人关押造成的。为了减少错案赔偿，在侦查和起诉阶段要尽量减少对当事人正常生活的干扰，在审前阶段要尽量不关押犯罪嫌疑人或被告人，因为关押不仅造成了当事人的损失，也消耗了国家的司法资源，在我国目前司法资源紧张的情况下，更应当减少审前的关押。审前关押不应当成为一般的规则和做法，审前不关押应当成为普遍的做法，这也是联合国人权公约的要求。[①] 我国之所以存在审前关押过多的情况，是因为没有任意自白规则，关押的一个主要原因是为了取得被告人口供。如果规定了任意自白规则，对于没有危险性的犯罪嫌疑人、被告人就可以不关押，从而可以大幅减少国家赔偿的案件。

---

① 参见杨宇冠、郭旭：《羁押必要性审查制度刍议》，载《青岛行政学院学报》2012年第5期。

第七章　非法证据排除规则的发展与完善

非法证据排除规则（the exclusionary rule）通常指执法人员及其授权的人员通过非法方法所收集的证据不得在刑事审判中采纳为对被告人不利的证据。[①] 非法证据排除规则的目的是通过排除以侵犯个人权利的方法收集的证据以保护个人的权利，特别是宪法所规定的人身自由权、财产权、隐私权等各种权利。它是刑事诉讼落实宪法规定的重要途径。从表面上看，它是刑事诉讼规则和证据规则，从更高的层次上看，它还是宪法性规则。非法证据排除规则与法治息息相关，它只有在法治国家才能得到真正实施；作为法治的组成部分，它的实施又促进了法治的发展和完善。

各国的法律制度不同，对该规则的理解、规定和实施情况也有所不同，非法证据范围和排除程序也有所不同，但有三个最基本的要素应当是一致的，即收集证据的主体是刑事司法中的执法人员或其授权的人员；取证行为侵犯了被指控人的合法权利；不得采纳为对被指控人不利的证据。

非法证据排除规则原产于美国，经过一百年的发展，为许多国家和国际组织所吸收，成为国际人权和刑事司法准则的重要组成部分。联合国大会于1984年12月通过的《禁止酷刑和其他残忍、不人道或有辱人格的待遇或处罚的公约》，其中第15条规定："每一

---

① 见《刑事司法百科全书》（Encyclopedia of Crime and Justice），Free Press，1983年版，第715页。原文是英文："An exclusionary rule is a rule that generally operates to exclude from admission at a criminal trial evidence obtained as a result of unlawful activity by law enforcement officers or their agents."

缔约国应确保在任何诉讼程序中不得援引任何业经确定系以酷刑取得的口供为证据，但这类口供可用作对被控施用酷刑者刑求逼供的证据。”① 但实际上，由于每个国家的法治状况、诉讼结构等具体情况不同，非法证据排除规则在各国的具体实践并没有统一的范式，而与具体实践司法状况相关联。

中国的非法证据排除规则之确立有一个较漫长的过程，近二十年来，法学界对非法证据排除规则的研究和探索日益深入，社会各界也对此规则日益重视。2010 年 5 月，中国最高人民法院、最高人民检察院、公安部、国家安全部和司法部联合发布了《关于办理死刑案件审查判断证据若干问题的规定》和《关于办理刑事案件排除非法证据若干问题的规定》（以下简称“两个证据规定”），并宣布在 2010 年 7 月 1 日生效。这标志着在司法实践层面确立了非法证据排除规则。从那时起到 2012 年《刑事诉讼法》修改，非法证据排除规则在我国的司法实践仍处于探索阶段，对于如何实施这“两个证据规定”，如何完善以及我国的司法实践需要什么样的非法证据排除规则等问题，都需要进一步的深入研究。

2012 年第十一届全国人大第五次会议审议修改了《中华人民共和国刑事诉讼法》，增加了非法证据排除规则的内容，这是我国第一次在全国人大的立法层面采纳了非法证据排除规则，这标志着我国正式确立了该规则。非法证据排除规则的确立是我国刑事司法现状的客观要求，也是我国司法改革的必然产物。修改后的《刑事诉讼法》于 2013 年 1 月 1 日生效，其中包括非法证据排除规则的条款。应当说，我国新《刑事诉讼法》规定的非法证据排除规则条款意义十分重大，但也存在一些问题，特别是非法证据的概念和范围不清楚，排除的程序不明确。然而就非法证据排除而言，有法可依总比没有法要好些，但这些法律是否能真正发挥作用，还要

① 联合国大会于 1984 年 12 月 10 日通过，于 1987 年 6 月 26 日生效。中国政府于 1988 年 10 月 4 日批准了该公约。

看实际情况。新刑事诉讼法生效至今已近两年，其中非法证据排除规则条款的实施情况并不乐观，出现了许多问题。本课题的研究重点就是深入探讨这些问题，并力求提出解决建议。

自该法生效以来，非法证据排除规则在中国的实施情况引起了法学界的广泛关注，甚至引起了中央最高层的关注。2013 年 11 月 12 日中国共产党十八届三中全会通过《中共中央关于全面深化改革若干重大问题的决定》，明确要求“严禁刑讯逼供、体罚虐待，严格实行非法证据排除规则”①。党中央的文件直接提出严格执行非法证据排除规则，可见其重要程度，同时也反映出这个规则在实践中还未得到严格实行。

第一节　非法证据排除规则的原理和规定

非法证据排除规则不仅是刑事司法中的一项规则，也是落实宪法中保障人权有关规定的重要措施。非法证据排除规则的前提是存在着合法取证的行为，即国家对个人自由、财产、隐私等权利的合法介入，包括逮捕、搜查、扣押等刑事司法行为，这也是国家政权对个人权利的限制。这种限制是维护社会稳定、打击犯罪的需要。不受限制的权利是危险的，没有刑事司法对社会秩序的维护作用，国家、社会和个人生存的环境都会受到侵害。因此，合理限制个人权利是对国家、社会、他人以及权利人都有益的事。但是，限制个人权利必须有限度，如果国家机关及其工作人员超越法律规定对个人权利加以干涉，特别是进行非法搜查、扣押、讯问，则个人的生命、自由、财产、隐私等基本权利得不到保障，国家、社会也不能长治久安，个人也无法正常地生活。

---

① 载《人民日报》2013 年 11 月 16 日第 2 版。

一、非法证据排除与人权司法保障

非法证据排除规则从表面上看是保障了个人权利，限制了国家权力，似乎对个人，尤其是对犯罪嫌疑人或被告人有利，对国家，特别是执法部门的工作不利。但从长远来看，非法证据排除规则所保护的是国家法律所认可的个人权利，保护社会上全体个人免遭非法取证行为的干扰，从而所有个人都得到保障，国家和社会得到安定，这对国家和个人都是有利的。

刑事司法保障人权可分为两个方面：一是保障犯罪嫌疑人、被告人的合法权利；二是保障社会中所有成员的合法权利。这两层意义又是互相联系的。对社会所有成员的尊重也包括对犯罪嫌疑人、被告人的尊重，因为他们也是社会的成员，“在未依法定罪之前，不能剥夺社会对他们的保护”；① 对犯罪嫌疑人、被告人合法权利的保障，也是对社会所有成员合法权利的保障，因为如果没有严格的法律程序，那么任何人的合法权利都可能被侵犯或剥夺。为了侦查犯罪和打击犯罪的需要，人们通过法律的形式确定在一定的条件下可以侵犯或剥夺个人的权利，在侦查过程中主要体现为对犯罪嫌疑人进行逮捕、搜查和扣押其物品，这就必然与个人的人身权、财产权和隐私权发生冲突。如果对这种剥夺不加以限制，使其处于无序状态，任何人的以上权利都可能遭遇侵犯，整个社会将是一个人人自危的社会。对犯罪嫌疑人或被告人进行逮捕、搜查、讯问等取证行为必须具有合法的手续和严格的程序，不仅保障犯罪嫌疑人、被告人的合法权利，而且保障社会中每个人的合法权利，使社会中的每一个人免遭非法的逮捕、搜查和扣押。

非法证据排除规则是以在刑事司法中不采纳非法取得的证据这种方式对政府机关及其工作人员非法侵犯个人权利的一种救济措

---

① ［意］贝卡利亚：《论犯罪与刑罚》，黄风译，中国大百科全书出版社 1993 年版，第 31 页。

施。它表面上是保护刑事司法中的被指控人，实际上保护了社会中每一个不特定的人的合法权利不受到来自政府方的非法侵犯。非法证据排除规则在美国确立时的原理就是针对警察非法搜查、扣押，其原理是：政府不能通过非法行为从中获益，所以非法取得的证据不能采用。美国宪法第四修正案要求搜查行为必须是合理的，警察必须具有搜查的合理根据，同时应取得注明具体搜查地点和目标的搜查证，在执行搜查时必须向被搜查者表明其正在搜查。非法证据排除规则的范围和适用后来扩大到其他违宪行为所收集的证据，包括了违反第五修正案、第六修正案和第十四修正案非法收集证据。美国《宪法第五修正案》规定："任何人不得于任何刑事案件中被强迫自证其罪。"在美国的刑事诉讼中，被告人的供述被认为"自证其罪"。当供述是以强迫被告人的方式获取时，第五修正案禁止这种供述在审判中被使用。众所周知的"米兰达规则"① 要求警察在讯问前告知受指控的人有获得律师帮助以及不自证其罪的权利，该规则就是根据宪法第五修正案作出的。在米兰达案件之后，美国的警察或其他人员在对被指控人进行讯问时如果没有进行上述警告，或者没有给予被告人上述权利，在法庭审判中该供述将被排除。米兰达警告被认为是一项预防违反第五修正案行为发生的措施，如果讯问人员没有作出这种警告，或者没有尊重米兰达规则所

---

① Miranda v. Arizona（1966）. 该案情况是：米兰达于 1963 年因涉嫌对一名女性居民实施抢劫、绑架和强奸而被凤凰城警察逮捕。他在警察局接受了两个小时的讯问并在一份自白书上签字，在其后进行的非常简短的审判中法庭根据米兰达的供词而判其有罪。后来美国联邦最高法院接受了米兰达的申请，对该案进行了审理。米兰达声称他的供述是伪造的和受到胁迫的，其在被讯问前未知晓其有不被强迫自证其罪的特权，而且警察也未进行告知，而且没有得到律师帮助。1966 年，美国联邦最高法院首席大法官沃伦在联邦最高法院作出裁决，确认米兰达在接受讯问以前有权知道自己的宪法第五修正案权利，警察有义务将它告知嫌疑人，告知权利之后，才能讯问，并将该案发回重审。随后，法院对米兰达的案子进行了重新开庭，重新选择了陪审员，重新递交了证据，而米兰达之前的"自白"将不作为证据使用。法庭根据其他证据仍然判决米兰达有有罪，并入狱 11 年。美国联邦最高法院通过米兰达案创建了"米兰达规则"。

赋予被告人的权利，则可以推定被告人的供述是被强迫作出的并且不具可采性。

美国宪法第六修正案赋予了被告人与证人对质的权利以及在刑事诉讼所有关键环节中获得律师帮助的权利。律师在场提供帮助对于被告人辩护的有效性至关重要，因此，律师的不在场（除了在自愿和知情的情况下放弃律师帮助权）很可能导致某些证据在审判中被排除。律师不仅可以在讯问时在场，在被告人参加辨认程序时，律师也应该接到事前通知并且在场，这样可以防止违法现象的发生，并且可以为在审判过程中询问有关证人做好准备。

美国宪法第十四修正案规定：“不经正当程序，不得剥夺任何人的生命、自由或财产。”这被称为“正当程序条款”。根据该条款，联邦和各州任何不符合正当程序的行为所取得的证据都可以根据该条排除。

非法证据排除规则首先起到了执行宪法中保障人权，特别是人身权、自由权、财产权、隐私权的作用，其次才起到了程序和证据法方面的意义。非法证据可能是真正的，也可能是虚假的。在非法搜查扣押中取得的非法证据真实性与合法搜查没有区别，只有在刑讯逼供这种非法取证方法下取得的证据虚假性才可能更大一些。非法证据排除规则并非针对该证据的证明力，而是否定了其证据资格。所以，不能因为证据可能是真实的而不舍得排除。

非法证据排除规则只是众多司法规则中的一条，它不是万能的，不能解决刑事诉讼中的所有证据问题。非法证据的取得一定侵犯了被指控人的合法权利，取证过程中没有侵犯被指控人权利的不应当纳入非法证据范围，据此，非法取得的证人证言、被害人陈述，形式上有瑕疵的证据都不宜当作非法证据排除，而应以其他方式处理。

非法证据排除指该证据不能用作对被指控人不利的证据，因此，应当阻断该证据对案件事实问题进行判断的人员的影响。

二、联合国公约中非法证据排除规则的根据

在近代，尤其是联合国成立以后，国际社会制定了许多人权保障的文件，其中最重要的内容是保障刑事司法中被指控人权利的保护。联合国许多公约和文件中都有关于非法证据排除的规定，兹举例如下：

（一）《禁止酷刑公约》

《禁止酷刑公约》还直接规定了非法证据排除，第 15 条明确规定："每一缔约国应确保在任何诉讼程序中不得援引任何确属酷刑逼供作出的陈述为证据，但这类陈述可引作对被控施用酷刑逼供者起诉的证据。"从国际法中公约必须信守原则来说，中国批准了《禁止酷刑公约》，意味着中国应当履行该公约所规定的非法证据排除。

《禁止酷刑公约》还明确规定了缔约国在这方面的责任，第 16 条规定："每一缔约国应保证防止公职人员或以官方身份行使职权的其他人在该国管辖的领土内施加、唆使、同意或默许未达到第 1 条所述酷刑程度的其他残忍、不人道或有辱人格的待遇或处罚的行为。特别是，第 10、11、12 和 13 条所规定的义务均应适用，唯酷刑一词应代之以其他形式的残忍、不人道或有辱人格的待遇或处罚等字。"

联合国《禁止酷刑公约》明确规定非法证据不能在诉讼中作为指控被告人或其他人的证据使用，但可以作为证明酷刑存在的证据。这为公约各成员国处理有关非法证据提供了国际法律根据。各成员国必须加以执行，否则就是违反了国家所承担的义务。根据该公约，中国政府有责任实施非法证据排除规则。但由于国际公约在中国刑事司法领域不能直接执行，而是需要转化成国内法实施，所以，中国政府有责任通过立法制定非法证据排除的相关条款。

（二）《联合国反腐败公约》

2003 年 10 月 31 日第 58 届联合国大会通过《联合国反腐败公

约》（*United Nations Convention against Corruption*）（以下简称《反腐败公约》）[①]。虽然《反腐败公约》并没有提及非法证据排除规则，也没有言明非法取得的证据不能用于反腐败的刑事案件。但是，非法证据排除规则仍然会在反腐败案件的国际合作中起到不容忽视的重大作用。《反腐败公约》序言段规定："承认在刑事诉讼程序和判决财产权的民事或者行政诉讼程序中遵守正当法律程序的基本原则。"因为非法证据排除规则属于正当法律程序的内容，它与联合国人权和刑事司法准则关系很紧密，而这些国际准则中关于收集证据和保护人权的规定同样适用于反腐败案件。反腐败案件的刑事司法工作中必然会涉及收集证据问题。在收集过程中就会涉及个人权利和国家权力的关系。《反腐败公约》的成员国应当遵循联合国制定的关于禁止酷刑和在刑事司法中保障人权的准则。联合国和各国有关非法证据排除规则的规定可能对反腐败案件中的取证甚至整个案件的进展产生极其重大的影响，主要体现在两个方面：

第一，在被请求国的取证行为中受到非法证据排除规则的制约。非法证据排除规则虽然是通过法院的审判活动排除非法证据，但是它对侦查和取证工作能产生很大影响。在美国这样非法证据排除规则比较严格的国家，侦查和取证行为必须考虑到将来法庭对证据的态度，所以，遵守非法证据排除规则已经成为侦查和取证部门的一种习惯。虽然反腐败的国际合作中，在被请求国所取得的证据将来可能并不是在被请求国法庭审判中使用，而是在请求国法庭审判中使用，但是由于被请求国的侦查取证部门必须遵守包括非法证据排除规则在内的有关侦查取证的规定，不太可能因为该证据将来不在本国使用而改变取证的方法，甚至采取非法的方式为外国取证。所以，在反腐败的国际合作中，请求国应当预先了解被请求国的非法证据排除规则对取证的影响，准备好被请求国取证时所需要

---

① 中国于2006年1月13日向联合国交存了批准书，根据《公约》第68条的规定，《公约》于2006年2月13日对中国生效。

的材料，避免提出被请求国不能进行的非法取证行为。

第二，在被请求国所取得的证据受到请求国和国际刑事司法准则中非法证据排除规则的制约。如果被请求国没有确立非法证据排除规则或非法证据排除规则不严格，在该国所取得的证据就可能违反了请求国确立的非法证据排除规则或者违反了国际刑事司法准则。这种证据也可能因为取证不合法而在请求国的审判中被排除。因为取证行为是发生在国外，法院也可能不排除违法取得的证据。

（三）《公民权利和政治权利国际公约》

《民权公约》中没有直接写明非法证据排除规则的表述，但有许多条款都与非法证据排除规则有紧密联系。

《民权公约》第2条规定："任何人当宪法或法律所赋予他的基本权利遭受侵害时，有权由合格的国家法庭对这种侵害行为作有效的补救。保证一切被侵犯了本公约所承认的权利或自由的人，能得到有效的补救，尽管此种侵犯是以官方资格行事的人所为；保证任何要求此种补救的人能由合格的司法、行政或立法当局或由国家法律制度规定的任何其他合格当局断定其在这方面的权利；并发展司法补救的可能性；保证合格当局在准予此等补救时，确能付诸实施。"《民权公约》第2条的主语是"一切人"，当然包括刑事诉讼中的犯罪嫌疑人和被告人；一切补救也包含非法证据排除这种补救方法。违法现象和侵犯个人权利的现象在任何国家都可能发生。侵犯了公民权利就应当采取措施加以补救，如果没有补救措施，法律制定则毫无意义。个人要求补救，就牵涉到确定侵权行为是否存在的问题，即对要求补救的审查，对于实际的侵犯和声称的侵犯都存在着一个审查问题。《民权公约》第2条第3款第（乙）项规定了审查补救的机关。

《民权公约》第7条规定："任何人不得加以酷刑，或施以残忍的、不人道的或侮辱性的待遇或刑罚。"该条的目的在于保护个人的尊严、身体和精神不受非法侵犯，不管这种侵犯是以政府工作人员身份或不以其工作范围内进行的，或以个人身份所进行的。根据联合国人权事务委员会的解释，该条的规定不得加以任何限制，即使国家处于紧急状态，也不得克减这条规定。根据该条规定，不得造成任何人身体上的痛苦和以任何行为造成精神上的折磨，如肉刑和长期的单独关押，非经本人同意不得进行医药或科学试验。委员会认为，仅把这些行为列为犯罪是不够的，还必须在立法、司法、行政等方面采取各种措施预防这种行为的发生，中国确立非法证据排除规则的最直接目的是禁止刑讯逼供，与该条精神是一致的。

《民权公约》第 9 条规定："一、人人有权享有人身自由和安全。任何人不得加以任意逮捕或拘禁。除非依照法律所确定的根据和程序，任何人不得被剥夺自由。二、任何被逮捕的人，在被逮捕时应被告知逮捕他的理由，并应被迅速告知对他提出的任何指控。三、任何因刑事指控被逮捕或拘禁的人，应被迅速带见审判官或其他经法律授权行使司法权力的官员，并有权在合理的时间内受审判或被释放。等候审判的人受监禁不应作为一般规则，但可规定释放时应保证在司法程序的任何其他阶段出席审判，并在必要时报到听候执行判决。四、任何因逮捕或拘禁被剥夺自由的人，有资格向法庭提起诉讼，以便法庭能不拖延地决定拘禁他是否合法以及如果拘禁不合法时命令予以释放。五、任何遭受非法逮捕或拘禁的受害者，有得到补偿的权利。"第 1 款中的"逮捕"（arrest）指抓捕人的行为，与中国刑事诉讼法中的逮捕不同，后者通常指对已经在押的人履行批准羁押的手续。第 2 款中迅速告知指控，可以由执行逮捕的警察告知，也可以由负责审查逮捕的法官告知，在许多国家，通常在逮捕后的 24 小时内对逮捕合法性以及是否拘押进行审查，因此"迅速"一词可以理解为在此时间内。告知对其指控还反映了无罪推定的思想，因为在实行有罪推定的国家通常不是当局告知对其指控，而是要求被逮捕人告知审讯人所犯何罪，为什么对他进行逮捕。第 3 款中最重要的是要求对逮捕合法性进行司法审查，还要求审前一般不关押。这就关系到审前关押的目的。关押不应当作为取证的手段，也不能将关押当作惩罚。而应当作为预防继续犯罪的手段，在不得已的情况下才关押。第 4 款是著名的“人身保护令”[①]（Writ of Habeas Corpus）。它至少牵涉两大问题，第一，谁有权力剥夺人的自由，按照《民权公约》的规定，无论是作为刑罚的剥夺自由还是作为诉讼手段的剥夺自由都应当由法院或行使司法权力的机构决定；第二，剥夺自由是否合法应当由司法审查。这充分反映了《民权公约》对自由权的重视。

《民权公约》第 14 条规定：任何人不被强迫作不利于他自己的证言或强迫承认有罪。不强迫其作不利自己的证言（not to be compelled to testify against himself）指不强迫被告人在审判时接受询问；承认有罪（to confess guilt）指坦白罪行。

以上这些条款都可以作为非法证据排除的根据，但是根据《民权公约》第 2 条，违法侵犯个人的权利应当有所补救，非法证据排除规则是补救的方式之一。以上条款涉及言词证据只是其中的一部分，关于自由权的条款虽然没有提及非法证据，但如果逮捕是不合法的，与逮捕同时进行的搜查所得到的证据则可能被认定为非法证据，另外逮捕之后被告人的供述也可能会被认为是非法证据而排除。

三、中国确立非法证据排除规则的法律根据

近十几年来，非法证据排除规则成为中国立法界、司法界和法

---

① 人身保护令（Writ of Habeas Corpus，或 habeas corpus ad subjiciendum），按照韦伯法律字典（1996 年版）的解释，Habeas Corpus 的拉丁语字面含义“你掌握着（被要求交出）人的身体”，是指法官基于被监禁或限制自由者认为该行为非法并向其请求而颁发的特别令状文书。人身保护令由古代英国提起某个事项的程序文书发展成为当今普通法系的一项正当法律程序制度，经过了一个复杂和独特的发展历史。1628 年英国人在《权利请愿书》和 1679 年《人身保护法》中进一步规定，被逮捕和拘禁者有权要求法院发出拘票，看守所所长和典狱官必须在接到拘票后 24 小时内将犯人移交法院并申报逮捕理由。法院在审核这些理由后应决定将被拘禁者释放、交保释放或继续羁押。违反这些规定的司法人员应课以罚金。

学理论界的一个热点。2012 年中国《刑事诉讼法》修改前法律中没有明确规定排除非法证据，也没有非法证据的排除程序。但是，我国法律体系中有与非法证据排除规则相关的条文，可以作为确立非法证据排除规则的法律根据。包括《中华人民共和国宪法》第 37 条第 3 款规定："禁止非法拘禁和以其他方法非法剥夺或者限制公民的人身自由，禁止非法搜查公民的身体。"第 39 条规定："中华人民共和国公民的住宅不受侵犯。禁止非法搜查或者非法侵入公民的住宅。"根据这些规定，违反宪法的方式所取得的证据应当是非法证据，不应当作为定案的根据使用。

1979 年《刑事诉讼法》明确规定了严禁非法取证，规定："审判人员、检察人员、侦查人员必须依照法定程序，收集能够证实犯罪嫌疑人、被告人有罪或者无罪、犯罪情节轻重的各种证据。严禁刑讯逼供和以威胁、引诱、欺骗以及其他非法的方法收集证据。"因此，从严格执法的角度上来说，违反《刑事诉讼法》这些规定所取得的证据也不应当在司法实践中使用。

但是，我国《宪法》和《刑事诉讼法》中有关保障人权和严禁非法取证的规定并没有完全得到落实。究其原因，我国司法部门没有把非法证据排除问题与违反宪法挂钩，而且我国法院裁判案件不以《宪法》为根据。《宪法》是国家的根本大法，理应得到优先执行，但长期以来，我国《宪法》处于虚无状态，个人的宪法权利被侵犯后不能引用《宪法》作为诉讼的依据。中国共产党十八届四中全会报告指出："坚持依法治国首先要坚持依宪治国，坚持依法执政首先要坚持依宪执政。健全宪法实施和监督制度。"非法证据排除规则是执法《宪法》的重要工具，所以，非法证据排除规则应当被作为保障《宪法》所规定个人权利的重要措施在司法实践中落实。

我国非法证据排除规则不仅有国内法的根据作为基础，而且有国际法的根据。在过去的五十年中，非法证据排除规则为许多国家所采纳，而且也为联合国人权和刑事司法方面的公约所采纳，成为国际准则。我国是一个负责任的大国，是联合国成员国，对于签署和批准的国际公约应当努力遵行。在过去的几十年中，联合国还制定了许多文件，有不少涉及非法证据排除规则，我国有关部门参与了这些决议的制定并作出贡献，对这些文件中涉及非法证据排除的部门也应积极执行。①

2012年《刑事诉讼法》修改将非法证据排除规则正式写进国家的法律之中，但是，中国的非法证据排除规则并没有就此停止发展，还需要继续研究其实施问题和今后的发展问题。我们通过对非法证据实施情况的考察发现，各地非法证据排除案件数量都较少，程序不清楚、证明标准不明确、结果难以认定，等等。这些问题其实都是表面的，其原因却是最基本的问题，如法治建设有待完善问题，配套措施有待缺乏问题等。

非法证据排除规则的发展表明它不是简单的技术规则，而是关系到个人权利与政府权力的关系，关涉整个刑事司法制度的价值取向，是通过刑事司法保障人权的重要手段。党的十八届三中全会报告提出的“严格实行非法证据排除规则”，不仅是刑事司法界的重要任务，也是保障和谐社会的重大举措，需要全社会共同努力实施和完善。

中国确立非法证据排除规则是建设和完善法治社会的需要，是落实宪法和法律中保障人权的规定的具体措施。非法证据排除规则之完善涉及该规则本身，特别是非法证据的范围和排除的程序问题，更重要的是，非法证据排除规则并非一个孤立的规则，它是中国刑事司法制度的一个组成部分，与其他制度互相联系、互相影响。完善非法证据排除规则需要同时完善其他诉讼规则，在这个完善过程中，可能有先后，也可以互相促进。在探讨中国非法证据排

① 这些文件包括：《执法人员行为守则》、《关于司法机关独立的基本原则》、《关于检察官作用的准则》、《关于律师作用的基本原则》等，参见：杨宇冠、杨晓春编：《联合国刑事司法准则》，中国人民公安大学出版社2003年版。笔者杨宇冠曾为中国政府代表团成员参加了多项文件的起草和通过的会议。

除规则完善中，必须对其发展、现状、存在问题有所了解，然后再探讨其今后发展的条件、步骤和目标。

在完善中国非法证据排除规则过程中，有两大类事情要做，第一是中国整个司法制度改革，特别是法院和检察院制度改革有关；第二是完善该规则的具体问题，以及完善与之相关的其他规则问题。

党的十八届四中全会提出“坚持走中国特色社会主义法治道路，建设中国特色社会主义法治体系”①。非法证据排除规则是中国特色社会主义法治体系的组成部分，是保障司法公正，特别是程序公正的重要举措。法治是非法证据排除规则的基础，司法改革是非法证据排除规则得以顺利实施的必要条件，非法证据排除规则的顺利实施离不开法治的大环境，否则不可能真正得到实施。党的十八届三中全会提出了一系列相互关联的司法改革新举措，其中包括“严格实行非法证据排除规则”，并指出“这些改革举措，对确保司法机关依法独立行使审判权和检察权、健全权责明晰的司法权力运行机制、提高司法透明度和公信力、更好保障人权都有重要意义”②。2012 年《刑事诉讼法》修改将非法证据排除规则正式写进国家的法律之中，但是，该规则的实行还存在许多问题，需要在实践中逐步完善。根据十八届三中全会关于“严格实行非法证据排除规则”的要求，法学界有必要认真考察、了解和研究非法证据排除规则实施的主要问题。2013 年以来，中国政法大学诉讼法学研究院组织专家学者对我国非法证据实施情况进行考察，发现各地非法证据排除案件数量都较少，程序不清楚、证明标准不明确、结

① 《中共中央关于全面推进依法治国若干重大问题的决定》，载《中国共产党第十八届中央委员会第四次全体会议文件汇编》，人民出版社 2014 年版，第 17 页。

② 习近平：《关于〈中共中央关于全面深化改革若干重大问题的决定〉的说明》，载《中国共产党第十八届中央委员会第三次全体会议文件汇编》，人民出版社 2013 年版，第 106 页。

果难以认定，等等[①]。这些问题其实都是表面的，其原因却是最基本的问题，即该规则之实施和完善必须与法治建设紧密联系，应当在法治建设的环境中发展和完善。

非法证据排除规则的发展表明它不是简单的技术规则，而是关系到我国法治建设、司法公正、司法改革等一系列重大问题，深入探讨其中的关系，研究公安侦查部门、检察机关和审判机关在非法证据排除规则中的使命和要求，理顺非法证据排除规则与刑事司法其他规则之间的关系，对于严格实行非法证据排除规则有重要意义，也是法学界的重要课题。

四、非法证据排除规则的操作程序

关于非法证据排除规则实施程序各国司法实践有所不同，在美国各州法院以及联邦法院适用的非法证据排除规则的程序也并不完全相同。美国联邦最高法院通过案例的方式作出了一些原则性指导，美国各州根据本州的具体情况实施，从而成为了适用不同程序的试验田，但联邦及各州的规则还是大同小异的。笔者通过对美国非法证据排除规则的多次考察，特别是 2009 年在美国各地考察活动中，旁听了多起非法证据排除的听证，并与美国学者、法官、检察官、律师、警察进行了多次会谈，了解了美国的非法证据排除规则的主要程序，大致如下：

（一）提出排除非法证据动议的时间

当被告人认为政府向法院提交的证据系非法获取时，他可以提出（通常需要由其律师帮助提出）排除证据动议。在联邦法院中，这种动议必须在审前提出，如果被告人在无特殊理由的情况下没有

① 考察报告请参见杨宇冠、郭旭：《非法证据排除规则实施考察报告》，载《证据科学》2014 年第 1 期；卞建林等《浙江检察机关新刑诉法实施调研报告》、樊崇义等《河北检察机关新刑诉法实施调研报告》、闵春雷等《东北三省检察机关新刑诉法实施调研报告》、吴宏耀等《刑事强制措施制度的立法发展与实施状况》、杨宇冠等《非法证据排除与庭前会议实践调研》，均载于《国家检察官学院学报》2014 年第 3 期。

在审前提出动议，在审判过程中就不得提出。这保证了审判程序的焦点集中在定罪问题上，还因为证据展示制度的存在，可以让诉讼双方充分了解何种证据可以在审判中使用以方便诉讼双方达成认罪协议①。

如果被告人不认罪，并提出排除非法证据的动议，则法庭应当在对事实的审判之前先行举行非法证据排除的听审。申请排除非法证据的动议通常由被告人的律师提出，并作充分准备。排除证据听审程序一般在审前进行，这是为了使被告人提早知道哪些有罪证据将在审判中出示，以便安排辩护策略，决定其是否要出庭作证以及是否接受辩诉交易。排除证据听审程序是由法官主持的，没有陪审团参加。在英美法系国家的正式刑事诉讼中，陪审团负责裁决被告人是否有罪。非法证据在庭审之前的听证中被排除后将不能在庭审中使用，因此，陪审团不能了解到该证据，所以在定罪之时不考虑该证据的存在，从而达到了“排除”的效果。

（二）提出排除非法证据的条件

美国法院要求被告人在提出排除证据的动议时，必须详细说明要求排除哪些证据以及排除这些证据的理由。这意味着被告人必须说明排除证据的事实依据，这些事实不仅应该是真实的，而且还应该可以支持排除证据的要求。上述证明材料可以使用宣誓陈述书的形式提交。在提出排除证据动议时提交的所有证明材料都必须是确实的而非经推测产生的，这样法官才能决定是否听取该项动议。

① 美国的“认罪协议”指刑事案件审判之前被告人认罪并与起诉方达成的协议。该协议通常经过辩诉交易达成，内容包括起诉方承诺指控相对较轻或者提出从轻的量刑建议，被告人承认一个较轻的犯罪或数个指控中的一个或几个的有罪答辩。这一制度于19 世纪 80 年代产生于美国，并在 1970 年美国联邦最高法院在布莱德诉美国一案中得到了正式确认。1974 年，美国修订的《联邦地区刑事诉讼规则》对辩诉交易的一般原则及其程序作出了明确的规定，并以成文的形式确认了辩诉交易的合法性。现在，美国80%～90%的刑事案件都是以辩诉交易形式结案。

（三）排除非法证据的证明责任

一般而言，由于被告人要求排除证据并且希望法官接受排除证据的动议，因而其有责任提出相关信息说明警察实施了违法行为。政府方承担证明没有非法取证行为的责任。以排除非法实物证据为例，警察是否是在获取了令状的情况下实施搜查与扣押直接影响证明责任的分配。如果警察在没有令状的情况下实施搜查，那么检察官有责任使用优势证据证明警察的行为符合有证搜查的例外情形，是合法的。如果政府辩称其行为是得到被告人同意的，那么政府有责任证明被告人确实同意搜查。持有令状进行搜查被推定为是合法的。治安法官签发令状的行为证明了警察具有搜查的合理依据。因此，当警察持有令状时，被告人就需要说明该令状是无效的或者搜查的范围超越了令状的规定，并且证明搜查行为违宪。如果被告人成功地说明了这些事项，检察官就需要证明搜查是合法的。如果控方认为其通过违宪行为获取的证据符合非法证据排除规则的例外情况，则应当证明政府的行为符合上述例外。

（四）非法证据排除的证明标准

非法证据排除的证明标准比较复杂。总体而言，对于非法证据的指控，控方只需要达到“优势证据”的证明标准就可以反驳被告提出的排除有关证据的请求。例如，在证明自白的自愿性、“米兰达”权利的放弃、被告自愿接受搜查以及提出“必然发现的例外”情形时。虽然这种证明标准符合宪法的要求，但是各州仍然可以规定更高的证明标准。

在被告人承担举证责任的案件中，例如，对警方有搜查证的搜查行为进行质疑和提出排除存在偏见的辨认结果时，通常只要达到“优势证据”的证明标准就可以证明确实存在相关违法取证的情况。

第二节　法治是非法证据排除规则的基础

非法证据排除规则并非是一个孤立的刑事诉讼规则，它首先是与我国法治建设、宪法实施、司法权威等因素紧密联系的。非法证据排除规则是保障个人权利，限制公权力，特别是侦查部门非法使用权力侵犯人权的规则。非法证据排除规则是我国法治建设的一个部分，它的运行和发展最主要取决于我国的法治建设状况。非法证据指国家侦查机关通过非法侵犯被追诉人权利的方法取得的证据，只有在国家机关包括检察机关切实遵守法律规定，审判机关真正公正权威的情况下才能实现，这正是法治的状态体现。所以，非法证据排除规则能否得到切实的执行，能否逐步完善，取决于我国法治的发展。该规则还与刑事诉讼的其他规则紧密相连，能否切实执行，也取决于刑事司法其他规则整体的发展完善，没有刑事诉讼中其他必要的规则，或这些规则不健全，也会影响非法证据排除规则的实施。

法治有很多要素，包括：有良法可依；法律必须反映社会大众的利益；法律必须具有可操作性和可执行性；司法应当依法、公正；司法应当具有权威性；等等。法治的这些要素都与非法证据排除规则有紧密关系。为了切实执行非法证据排除规则，首先要建设和完善我国法治，特别是以下几个方面的工作：

一、有良法为根据

良法就是良好法律，它是人民大众意志的体现，是规定和保护人民权利的法律，而不是少数人意志的体现，也不是保护少数人利益的法律。良好法律有四个主要的功能：其一是对人权的保护；其二是对人权的限制；其三是对国家授权；使其行使权力具有合法性；其四是限制国家权力，使其只能在法律规定的范围内行使职权。而这四种性质又是互相依附的，并且在非法证据排除规则中体现得最为明显。有良法可依，在刑事诉讼法范畴的体现是，必须有法律规定的诉讼规则，以防止诉讼的任意性，特别是防止国家机关利用诉讼行为非法侵犯公民的合法权利，据此，侦查机关的取证行为必须依法进行，检察机关应当根据法律防止非法证据出现在指控证据之中，审判机关应当排除非法证据，不得作为定案的根据。非法证据排除规则既是良法的一个重要内容，又是保障良法得以实施的重要举措，在保障个人的人身权、自由权、财产权方面发挥重要作用。在具有法律规则的前提下，人们的行为才有一定标准，而只有遵照规则进行，才能作出公正的裁判。良法是非法证据排除规则的根据，非法证据排除规则是保障良法得以执行的措施，其互动关系如下：

（一）法律必须具有可操作性

法律有可操作性意味着法律所规定的个人权利能够得到实现，个人权利受到侵犯应当得到补救。根据我国《宪法》、《刑事诉讼法》等法律，公民享有人身权、自由权、财产权、隐私权等重要权利，违反这些法律权利的行为就应当有所补救。在刑事诉讼中，侦查机关的非法取证行为侵犯了犯罪嫌疑人的合法权利。在非法证据排除规则确立之前，个人权利被侵犯不能得到有效的补救，法律规定的个人权利难以保障。被告人提出排除非法证据的权利，即是对国家工作人员违反我国宪法和法律中规定的个人权利取证的重要补救措施。所以非法证据排除规则起到了落实宪法和法律中保障人权的作用。根据法治的要求，法律的规定必须能够操作，非法证据排除规则能否切实执行，是检验我国有关宪法和法律是否有可操作性的重要标准。

（二）法律必须合理并反映社会大众的利益

在法治的社会，立法者必须经常地保持与社会大众的联系，法律必须是社会大众所需要的法律。在诉讼人权保障问题上，立法者应当倾听各个司法机关的意见，也应当倾听诉讼参与人的意见和专家学者的意见，从中找出最适合我国诉讼人权保障的方案，再以立法的形式固定下来，以免法律与现实脱节。只有做到这一点，法律才能得到各方面的认同，才能得以执行。改革开放以来，法律界逐步认识到了非法证据排除规则的重要作用。从表面上看，非法证据排除规则保护的是刑事诉讼中的被告人，甚至是犯罪者的法律，但它的意义并不是保护犯罪人，而是保护社会上的每一个人，因为如果没有完备的刑事诉讼法律法规，任何人的权利都可能受到侵害，都可能被以犯罪者的名义受到迫害，都可能处于危险之中；没有非法证据排除规则，任何人都有可能遭到刑讯逼供和其他非法取证行为的侵害。从这个角度而言，该规则不仅保护个案中被追诉人的合法权利，更重要的是预防非法行为对社会不特定人们的合法权利的侵害。非法证据排除规则在中国的确立经过了十几年的时间，它是社会大众保障自身权利的需要，在我国法律中最终得以确立也在法学界乃至各界的共同努力之下才得以实现。

（三）法律必须平衡权利和制约权力

非法证据排除规则是保护人民生命权、自由权、财产权、隐私权的法律，是关于政府在与个人关系中所应当遵循的和保护个人权利和制约政府工作人员滥用职权的基本准则的重要内容。这些规定标志着人类对解决自身矛盾，特别是国家与个人的关系走向了理性化的层次，是人类文明史和法治史上的重大进步。如果没有包括非法证据排除规则在内的刑事诉讼规则，人民的生命、自由、财产就不能得到保障和安全，社会也不能安定。权力之间应当存在着制约，绝对的权力是危险的。政府的诉讼行为也应当加以制约，这不仅有利于当事人的诉讼权利保障，也有利于国家稳定、政府职能合法履行和政府的形象。侦查机关在侦查过程中可能发生非法取证问题，甚至是刑讯逼供问题，这不仅严重侵犯了当事人的权利，也容易造成错案，不仅侵害了个人的合法权利，也滥用了政府的权力，给政府造成不良影响。所以，法律和司法活动应当对这些违法行为有所制约，只在法律上和口头上强调严格禁止是不够的，而应当有制约的机制，非法证据排除规则通过以审判为中心的机制对证据合法性的审查活动，制约侦查机关在审前非法取证的行为，最为明显地体现了法律平衡权利和制约权力的作用。

我国现行《刑事诉讼法》等法律法规中的非法证据排除规则的制定是我国走向法治之路的重要成果，不仅对于预防和治理刑讯逼供有积极意义，而且在保护人民的生命、自由、财产、隐私方面也应当发挥应有的功能。这就需要将非法证据的范围逐步扩大。这种扩大不是该规则本身的自我膨胀，而是国家法律对人民生命、自由、财产、隐私等权利的保障更加完善。我国目前这方面的法律还不健全，保护个人的生命、自由、财产、隐私的法律规定越少，非法证据也越少，因为没有法律就没有非法；保护人民权利的法律越多、越细，可能排除的非法证据也越多。非法证据的范围设定与它对侦查机关取证行为的制约作用成正比，与取证行为侵犯个人权利的概率成反比，非法证据范围越大，对侦查机关的限制也越大，个人权利遭受侵犯的概率越小。但是非法证据并非越多越好，它只是促进国家工作人员，特别是侦查人员遵纪守法。当他们遵纪守法成为习惯，非法取证现象也将越来越少，非法证据排除也会相应减少，直至刑措不用，这样就达到了法治的目的。

二、以法律至上为原则

法律至上意味着任何团体、个人、政府机构等都必须遵守法律，都没有凌驾于法律之上的权力，法律至上要求立法者、司法人员、执法人员以及一切个人都不能有超越法律的权力。

（一）非法证据排除规则是执行宪法中保障人权条款的手段

非法证据排除规则已经明确写入我国法律，理应得到执行。但是几年来，该规则并没有得到很好的实施。法律失去尊严，不能实施的原因很多，最主要的是没有认真执行法律。非法证据排除规则的执行与否是检验我国宪法和相关法律能否得到执行的标志，因为非法证据排除规则是执行宪法的工具。宪法是我国的最高法律，宪法中有许多保障个人权利，包括人身权、自由权、财产权的规定，其中第37条规定："中华人民共和国公民的人身自由不受侵犯。任何公民，非经人民检察院批准或者决定或者人民法院决定，并由公安机关执行，不受逮捕。禁止非法拘禁和以其他方法非法剥夺或者限制公民的人身自由，禁止非法搜查公民的身体。"第39条规定："中华人民共和国公民的住宅不受侵犯。禁止非法搜查或者非法侵入公民的住宅。"第40条规定："中华人民共和国公民的通信自由和通信秘密受法律的保护。除因国家安全或者追查刑事犯罪的需要，由公安机关或者检察机关依照法律规定的程序对通信进行检查外，任何组织或者个人不得以任何理由侵犯公民的通信自由和通信秘密。"

长期以来，我国宪法虽然处于"至上"的地位，但是并没有得到切实执行。刑事司法中侦查机关非法取证的行为首先违反了我国宪法保障人权的规定，其中刑讯逼供侵犯了宪法规定的人身权，非法搜查侵犯了宪法规定的自由权、财产权和隐私权。在非法证据排除规则确立之前，违反宪法规定侵犯个人宪法性权利的非法取证行为没有得到有效的治理，个人权利受到侵害不能得到有效的补救。

党的十八届四中全会指出："坚持依法治国首先要坚持依宪治国，坚持依法执政首先要坚持依宪执政。全国各族人民、一切国家机关和武装力量、各政党和各社会团体、各企业事业组织，都必须以宪法为根本的活动准则，并且负有维护宪法尊严、保证宪法实施的职责。一切违反宪法的行为都必须予以追究和纠正。"① 根据党的十八届四中全会的精神，宪法应当有切实的至上地位，应当首先得到切实有效执行。非法证据排除规则是使宪法得以执行的手段。现阶段我国还没有宪法法院，但宪法中保障人权的条款可以通过非法证据排除规则得到执行。这就需要明确非法取证首先是违反了宪

① 见《中共中央关于全面推进依法治国若干重大问题的决定》，载《中国共产党第十八届中央委员会第四次全体会议文件汇编》，人民出版社2014年版，第27页。

法保障人权的规定，要明确实施非法证据排除规则就是遵照宪法、执行了宪法中的保障人权条款。

（二）法律至上需要改革司法部门内部不合理的考核指标

非法证据排除规则的实施可能会影响刑事案件的定罪率，而定罪率是我国侦查、司法机关的重要考核指标之一。我国侦查、检察和审判部门内部都有许多对单位和民警考核的指标，包括胜诉率、定罪率、改判率，等等。这些指标虽然不是法律，但对单位和民警的利益有直接的影响，其地位甚至高过法律。在法律没有至上权威的情况下，司法机关首先考虑的是内部的考核指标。

非法证据排除规则在法律中确立之后，未能得到切实执行与有关部门的考核指标有很大的关系。在刑事诉讼中排除了非法证据，可能使被告人难以被定罪，从而影响定罪率，则有关单位和办案人员的考核指标会立即受到影响。所以排除非法证据困难的原因并不完全在于办案人员，他们受到考核指标的束缚，特别是如果真正排除了某非法证据，而此证据恰是定案的关键证据，办案人员也很难做主，需要层层请示。笔者在一些地方的司法实务部门考察中发现，在排除非法证据影响到这些指标时，办案人员首先考虑的是内部的办案指标，而不是法律。非法证据排除规则要得到切实的实行一定要树立“法律至上”的观念，而不能首先考虑各有关部门的考核指标。

非法证据排除规则并不是否定办案部门和司法机关的所有考核指标，而是促使其更加合理。侦查和司法各部门应当根据法律的精神主动修改不合理、不合法的指标，使各部门的考核更加合理化，应当以有利于刑事司法的顺利进行为原则设置各项考核指标。

三、以司法公正为目标

司法公正包含实体公正和程序公正两个方面，非法证据排除规则是保障程序公正的重要措施；司法公正要求法律面前人人平等，执法机关和审判机关不应当在司法活动中对任何人给予不合法的照顾[①]和歧视，非法证据排除规则是司法机关制约侦查机关侵犯个人权利非法取证的措施，任何人受到非法取证侵权时都应当得到补救。

（一）非法证据排除规则是程序公正和实体公正的要求

非法证据排除规则是维护司法公正，特别是程序公正的重要保障。程序公正也称为程序正义，它有两个方面的内容：一是程序本身的规定是正义的，这就要求制定程序法或规则时要听取各方面的意见，总的趋势是为当事人提供更多的诉讼权利保障；二是程序的执行是正义的，即在诉讼过程的所有听审中都要严格按照程序法的规定办案，使当事人得到公正的处理。我国长期以来存在重实体、轻程序的倾向，这不符合现代法治的原则。当事人的诉讼权利保障只有在严格遵守诉讼程序的过程中才能得到实现。侦查机关以非法的方法取证首先违反了程序正义，另外，由于非法取证，特别是刑讯逼供，可能形成冤假错案，所以非法取证也违反了实体正义。在存在非法证据可能的情况下，有关部门如果不加以处理，这也是违反司法公正的表现，所以是否切实执行非法证据排除规则应当是司法公正的衡量标准之一。

（二）非法证据排除规则应贯彻人人平等原则

非法证据排除规则是对个人的生命、自由、财产、隐私等一系列重要权利之补救措施，贯彻人人平等原则尤其重要。司法公正要求人人平等，在刑事诉讼中体现为：第一，人人在刑事诉讼中的权利平等，对任何人应当给予同等的待遇，不歧视任何人，不无理剥夺其诉讼权利；第二，对任何人适用刑事诉讼措施，如侦查、起诉、审判，一律平等，不因为性别、地位、出身、权力等因素而有所差别；第三，诉讼双方平等，即控诉人与被告人在法庭面前地位

① 对一切特殊群体如残疾人、儿童、妇女的特殊照顾不在此限，对其照顾是因为他（她）们处于劣势，需要特殊照顾，正是为了维持平等，才应当给予其一定的照顾。

应当平等，其权利和义务要相当。

非法证据排除规则体现了人人平等的原则，同时也是法律面前人人平等的保障。在非法证据排除过程中，不能因为被告人罪大恶极就不给予其排除非法证据的权利，不能因为将其定罪的需要而不排除非法证据。非法证据排除的目的并不是要放纵罪犯，但是，真正实施非法证据排除规则有可能使部分案件的被告人难以定罪。非法证据排除规则的实施不应当分大案、小案，也不能顾及是否对案件的定罪产生影响，这才是该规则的效果所在。如果有选择地实施，不仅违反了公正司法的原则，也违反了人人平等的法治原则。

四、以司法权威为保障

司法权威是司法公正的保障，司法公正是司法权威的目的。非法证据排除规则对于维护司法权威和促进司法公正都有积极作用。司法权威体现为：1）司法过程应当具有必要的威仪，任何人不得干扰司法活动，不得扰乱法庭秩序，更不得藐视法庭。2）司法判决执行的权威性，即按照法律程序作出的判决必须得到严格执行，任何人不得抗拒和干扰司法判决执行。这两方面都与非法证据排除规则有密切关系。

（一）非法证据排除规则只能在司法权威环境下运行

根据非法证据排除规则的原理，非法证据通常应在法院审理阶段排除。我国法律规定侦查阶段和起诉阶段排除非法证据，这当然是非常必要的，但侦查和起诉期间排除非法证据并非传统意义上排除规则的方式，而实际上是侦查机关和检察机关在办案中对证据选择性使用的问题。

审判机关排除非法证据可能与起诉和侦查部门产生矛盾，这就需要审判具有相应的司法权威才能实现。长期以来，我国司法权威不彰，法院面对起诉部门提交的侦查机关非法取得的证据难以排除。在我国法律确立非法证据排除规则之后，审判机关排除非法证据的难度仍然很大，以致在庭审阶段适用非法证据排除规则以及最终排除非法证据的案例少之又少。其中重要原因是我国审判机关缺乏司法权威，审判人员，甚至法院不敢放手排除非法证据，担心影响与其他部门的关系。党的十八届四中全会的决定指出："推进以审判为中心的诉讼制度改革，确保侦查、审查起诉的案件事实证据经得起法律的检验。全面贯彻证据裁判规则，严格依法收集、固定、保存、审查、运用证据，完善证人、鉴定人出庭制度，保证庭审在查明事实、认定证据、保护诉权、公正裁判中发挥决定性作用。"① 法律对侦查、审查起诉的案件事实证据的检验包含两个方面，第一是检验证据的合法性，第二是检验证据的真实性。非法证据排除规则是检验侦查、起诉证据合法性的重要方法。贯彻党的"推进以审判为中心的诉讼制度改革"需要确立审判权威，只有在司法具有足够权威的情况下，审判人员才能排除影响、独立办案，切实排除非法证据。

（二）非法证据排除规则是增强司法权威的措施

司法权威并非凭空获得的，也不取决于口号，而需要通过在司法实施的具体措施中来实现。审判部门通过排除非法证据可以制约侦查部门的非法取证行为，防止侦查和起诉部门使用非法证据，保障被告人的合法权利，起到以审判为中心、引领刑事司法其他部门遵守法律的作用，从而可以极大地增加司法权威。

司法权威是法治的要求，当前我国正处在建设法治国家的进程之中，人民法院应当充分利用非法证据排除这个契机，严格执行该规则。审判权威之体现在于以下两个方面，一是针对侦查机关和起诉机关严格排除相关非法证据，二是在审判的过程中切实保障被告人的合法权利。如果审判机关不能保护个人的合法权利，必然引起诉讼当事人的不满情绪，不利于司法权威的确立；通过非法证据排除规则，审判机关同时做到保障被告人的合法权利，才能够使人民

---

① 见《中共中央关于全面推进依法治国若干重大问题的决定》，载《中国共产党第十八届中央委员会第四次全体会议文件汇编》，人民出版社 2014 年版，第 45 页。

群众真正感到司法的权威性。

第三节　高素质法治队伍是实施非法证据排除规则的保障

党的十八届四中全会提出，“全面推进依法治国，必须大力提高法治工作队伍思想政治素质、业务工作能力、职业道德水准”①，建设高素质法治专门队伍是实施非法证据排除规则的前提。非法证据排除规则涉及侦查、起诉和审判部门的刑事司法活动。在刑事司法活动中，特别是在非法证据排除的案件中，侦查、起诉和审判部门应当有一支高素质的法治专门队伍，才能在实施非法证据排除规则过程中严格执行法律规定。高素质的法治专门队伍与侦查、起诉和审判部门是密不可分的关系，专门队伍素质高，该部门的素质整体也相应提高；另外，侦查和司法部门又为培养和发挥高素质的法治队伍提供了生存的条件。

非法证据排除规则实施既需要高素质的专业法治队伍，也需要高素质的侦查、检察和审判部门。在该规则实施中，审判机关应当公正司法，侦查和起诉部门应当从中国法治建设、司法改革的大局出发，积极配合非法证据排除规则的实施和完善，而不应当仅考虑局部利益，对该规则加以抵制。任何部门都有自己的部门利益，这无可厚非，考虑部门利益也是正当的，但应在考虑刑事司法各参与人利益的基础上，互相协商，顾全大局，达到平衡，才能逐步完善中国的非法证据排除规则。

一、侦查部门与非法证据排除规则

侦查部门担负着侦查犯罪、收集证据的重要任务。如果没有侦

① 见《中共中央关于全面推进依法治国若干重大问题的决定》，载《中国共产党第十八届中央委员会第四次全体会议文件汇编》，人民出版社 2014 年版，第 53 页。

查部门的努力工作，必将导致犯罪横行，社会秩序大乱，人民的生命、财产等所有的权利都得不到保障。尽管侦查应当依法进行，但不能任意为之，否则也会侵犯人权，造成人人自危的局面，社会也不得安宁。

（一）非法证据排除规则与打击犯罪的关系

非法证据排除规则从表面上看限制了侦查部门及其人员的取证行为，排除非法证据之后可能会对打击犯罪产生影响。从侦查和起诉部门来看，可能很难接受这样的事实，即有罪的证据被排除，侦查起诉部门确信的犯罪人不能定罪，否则就被认为侦查起诉部门办了错案，办案人员可能要负一定的责任。所以侦查起诉机关都追求定罪率。其实，刑事诉讼的结果应当有两种可能性，即被告人有罪或无罪，不管法院作何种判决都是正常的，侦查起诉部门只要尽到自己的职责即可，尽管被告人最终未能定罪，侦查和起诉部门也不应当负担被告人未定罪的责任。定罪与否是法院的事，已经超出了侦查和起诉部门的控制范围，所以不能让侦查和起诉部门对审判结果负责任。

非法证据排除规则放纵罪犯。这个误解的错误之处在以偏概全。在一些案件中非法证据被排除之后果可能放纵罪犯，但到目前为止，笔者没有发现任何资料和信息证明我国的非法证据排除放纵了罪犯。另外，必须明确：非法证据排除不一定放纵罪犯，因为排除非法证据不等于被告人被判无罪，只是该证据不能被采纳而已，审判部门在排除非法证据之后，应当根据全案其他证据的情况对被告人作出有罪或无罪判决。在刑事审判活动中通常应有一系列的证据，当某一个证据因为非法被排除后，侦查和起诉部门可以用其他证据来弥补，这对侦查和起诉部门尽可能合法收集各种证据也能起到促进作用。

（二）侦查机关实施非法证据排除规则途径

中国切实执行非法证据排除规则和在今后完善该规则都离不开侦查部门的配合和贡献，实行非法证据排除规则对侦查机关和侦查人员有如下要求：

1. 充分了解非法取证的危害性，规范侦查和取证行为；

2. 正确对待排除非法证据的结果，积极配合有关各方排除非法证据；

3. 认真总结各种非法证据排除的典型案例，使每一件排除的案件成为今后其他地方的侦查机关和人员之参考，化“坏事”为好事。

为此目的，建议由侦查主管机关对全国侦查机关和人员进行指导，要求严格执行法律中有关非法证据排除的规定，严格执行有关侦查的各项法律法规，规范取证时的要求，改进侦查方式，更新侦查设施，使非法证据排除规则能够起到对侦查机关有益的作用。

二、检察机关与非法证据排除规则

我国的检察机关在建立具有中国特色的非法证据排除规则中具有重要的作用。与国外同行相比，我国的检察机关不仅承担着公诉的任务，还具有批捕、职务犯罪案件侦查和法律监督的职能。这不仅是我国检察机关的特点，也是我国非法证据排除规则与外国相关规则的不同之处。

（一）检察机关在非法证据排除规则中的作用

目前在侦查和审查起诉阶段，还没有完备的排除非法证据的程序，特别是没有类似法庭开庭的听审程序。在司法实践中，被告人和一些辩护律师不愿意在检察院审查批捕和审查起诉阶段提出非法证据排除的问题，主要是担心检察院作为控诉方，不具备中立的地位和没有公开听证程序，如果提了非法证据问题，检察院可以对该证据加以弥补，则失去了辩护的理由，同时也担心没有公开听证，辩护律师的工作得不到彰显。

解决这个问题的途径有多种，如检察机关排除非法证据，特别是审查批捕中排除非法证据除依法不公开的案件之外采用公开听证方式，侦查部门和被告方出席听证，可以各自陈述意见。如果犯罪嫌疑人提出排除非法证据的申请，有关部门应当讯问犯罪嫌疑人并听取侦查人员的意见，按照相关法律和司法解释的规定进行调查核实。如果不能排除非法取证的可能，该证据不得作为批捕和起诉的根据；如果排除了非法取证的可能，有关证据不予排除，则应当通知犯罪嫌疑人及其辩护人。他们如果不服侦查和检察机关的处理结果，则可以在法院受理案件后重新向法院提出非法证据排除的申请。

非法证据排除规则的主要功能是规范侦查取证行为，我国检察机关承担着自侦任务，我国检察机关自侦案件中也应当适用非法证据排除规则规范自身的侦查活动。在刑事诉讼庭审之前的各个阶段，包括我国检察机关侦查监督、批捕和审查起诉阶段如果能够预先排除非法证据，可以减少法院审判中出现非法证据的情况，从而可以减少法庭审判期间排除非法证据的困难。

根据中国非法证据排除规则之规定，当被告方质疑取证手段的合法性时，法庭可以要求公诉方向法庭说明情况，必要时提出证据证明取证行为合法。公诉人如果不能提供证据证明取证的合法性，或者不能达到排除非法取证的可能性，根据《刑事诉讼法》第58条的精神，法庭应作有利于被告方的解释，对有关证据应当予以排除。所以，公诉方在法庭证据对证据合法性的调查程序中，应当充分举证，以便合法证据能被法庭采信；当现有证据不能证明证据收集的合法性时，公诉方也应及时调整起诉策略，利用其他证据配合法庭审理。

《人民检察院组织法》第5条第3项规定，人民检察院应当对公安机关的侦查活动进行监督。检察机关承担监督侦查行为是否依法进行、羁押过程中是否有违法现象的职能包含了防止非法取证和排除非法证据的任务。从这个意义上而言，检察机关的法律监督职能对于保障非法证据排除规则的顺利实施能够发挥十分重要的作用。《人民检察院组织法》第5条第5项规定，人民检察院对于刑事案件判决、裁定的执行和监狱、看守所、劳动改造机关的活动是否合法，实行监督。我国侦查讯问的取证活动在看守所进行，对此，检察机关应有权监督侦查机关在看守所的讯问行为，防止非法取证。检察院驻看守所检察室可以在防止非法取证或固定非法取证的证据方面发挥重要的作用。根据《人民检察院看守所检察办法》第3条第6项规定，驻所检察部门应当受理在押人员及其法定代理人、近亲属的控告、举报和申诉。其中，可能包括对侦查人员非法取证的举报。在此种情况下，检察人员应当及时展开调查，了解非法取证行为是否存在，如果存在违法行为，应当及时纠正。这将有利于在源头上防止非法取证，在非法取证已经发生的情况下，驻所检察室应当协助调查了解相关情况，以保证在看守所中获取证据的合法性。

（二）实施非法证据排除规则对检察人员的要求

切实执行非法证据排除规则要求检察机关的相关办案人员了解每个证据的取证过程，在审查批捕和审查起诉的过程中严格履行法律监督的职责，不得将非法证据作为批捕和起诉的证据使用。在案件起诉到法院后，如果被告人提出非法证据排除的要求，检察人员如果确信证据是合法取得的，应当据理力争，通过各种方法证明该证据的合法性，或证明该证据属于非法证据排除规则的例外情况；如果该证据确系非法取得而且被认定为非法证据并被排除，检察人员应当服从法院的最终裁定，不能以案件的输赢为是否成功的标准，也不宜追求所谓的“定罪率”，而是应当以尊重法律判决、实现司法公正为最高目标。

为此建议检察机关主管部门应要求全国检察机关和检察人员严格履行法律监督的职责，防止非法证据的产生，也防止非法证据流入检察机关被用作批捕和起诉的证据；还要求检察机关的每个办案人员要了解非法证据排除规则的内容、该规则的各项例外情况以及操作程序，以便在被告方提出非法证据问题时能够配合法院处理。

三、审判机关与非法证据排除规则

我国审判权由各级人民法院行使。法院在非法证据排除规则方面起到了极为关键的作用。根据非法证据排除规则的原理，如果法院审理中排除了非法证据，不仅在这个具体案件中维护了被告人的权利和程序公正，而且可以防止起诉部门和侦查部门将来以非法方式收集有罪证据，从而在个案和长远意义上都能起到遏制非法取证和保障人权的效果。所以，非法证据排除规则之确立首先要在法庭审理中确立。这就需要审判机关，特别是审判法庭有相应的权力。

（一）非法证据排除规则完善与听审程序

我国非法证据排除出现的种种问题与法院没有相关听审程序有密切关系。法院应当设置非法证据排除规则的听审程序，并对审判人员进行培训以了解非法证据排除规则的内容，例外情况以尽可能正确地裁定证据是否非法和是否排除。最高法院自身还可以通过在上诉和申诉的案件中找出典型案例，作出有关非法证据排除规则的裁定，阐明我国最高法院对各种情况下非法证据排除问题的意见，作为各级法院以及公安、检察部门在非法证据排除规则方面的依据。

我国的非法证据排除没有固定的程序，在司法实践中是与案件的事实审理混合在一起的。2012 年《刑事诉讼法》第 182 条增加了庭前会议的条款。目前我国庭前会议的功能是“了解情况，听取意见”。据此，非法证据排除可以通过庭前会议处理。在庭前会议中，被告方可以提出排除非法证据的意见或申请。虽然目前庭前会议没有作出判决或裁定的权力，但可以通过“庭前会议纪要”或各参与方签订“备忘录、协议书”等方式就非法证据排除事项作出处理，在双方同意的基础上对有关证据是否排除达成一致意见。如果参加庭前会议的控辩双方不能达成一致意见，非法证据排除如果不能在庭前解决，也应当在法庭审理开始之初，审理案件事实问题之前先行听审。

被告方在知悉控诉方的证据存在非法证据的可能性时，应当及时提出排除的申请。被告方如果在审理案件事实问题之前不提出排除非法证据的申请，原则上不应当在法庭审理阶段提出。如果被告方在法庭对事实审理期间突然提出排除非法证据的申请，应当有正当理由，法庭根据情况可以决定是否同意其申请。如果法庭同意被告方的申请，则应中断案件事实的审理，专门就非法证据排除问题进行听审。根据以审判为中心诉讼制度改革的精神，刑事案件中事实问题和程序问题的判断都应当以庭审为中心，所以对非法证据排除的听审应当由法庭当庭处理。如果案情重大、情况复杂，当庭难以处理的，法庭也可以休庭，进行调查研究以后再行处理，但处理结果应在法庭上宣布或在判决书中有所说明。

（二）非法证据排除规则完善对审判人员的要求

非法证据排除规则的专业性很强，涉及问题较为广泛。在非法证据排除的审理中，审判人员首先应当了解什么是非法证据，熟悉非法证据排除的原理。在受理当事人要求排除非法证据的申请之后，审理法官要主持听证活动。在听证过程及结束后，应当对有关证据是否非法取得作出判断，并说明理由。为了使非法证据排除规则得以实行，审判人员还应当秉公而断，不能为照顾侦查部门和起诉部门的情绪而不排除非法证据。

第四节　司法改革是非法证据排除规则完善的动力

近十几年来，我国司法改革已经取得了丰硕成果，在确立中国非法证据排除规则方面发挥了重要作用。非法证据排除规则的发展和完善是司法改革的重要组成部分，司法改革为非法证据排除规则的顺利实施提供了条件和动力。

一、非法证据排除规则的发展路径

中国的非法证据排除规则建立经过了漫长的过程，2012年修改的《刑事诉讼法》中有关非法证据排除的规定仍然有不少问题，需要进一步完善。

（一）非法证据排除规则应当逐步完善

中国的非法证据排除规则发展应当根据中国的实际需要逐步进行，否则便是欲速则不达。在立法和司法实践中，有关部门首先应当排除非法言词证据，解决刑讯逼供问题。在以上任务完成之后，应当及时将工作重点转移到排除一切通过强迫自证其罪的非法言词证据。在这个任务基本完成之后，工作重点要及时转移到排除非法的实物证据。在非法证据排除规则能够正常运转的情况下，应当以该规则促进司法改革。非法证据排除规则发展完善的每个阶段应以我国立法和修改法律或加入国际公约为契机。一个阶段与另一阶段的发展是循序渐进的，以保持法治建设的连续性，同时不致在司法实践中造成太大的困难。每一个阶段都与各阶段中国法治发展的情况保持一致，每一个阶段又都从一个侧面反映了中国法治建设的进程。以2012年中国《刑事诉讼法》修改为标志，非法证据排除规则第一阶段的任务已经完成，现在应当进入发展和完善阶段。

（二）非法证据排除规则发展应与法治建设相适应

非法证据排除规则的完善是一个过程，其终极目标是没有非法证据发生，从而也没有该规则存在的必要。但是要达到这个目标，就需要与法治建设相适应。中国的法治建设也是一个不断发展和完善的过程，非法证据排除规则的完善是法治完善的一个重要组成部分。所以，非法证据排除规则不能脱离法治环境而单独存在，也不能脱离法治发展而单独发展。但是，完善该规则也不能等中国的法治健全之后才着手进行，而应当是同步进行，二者是相互促进的关系。

中国非法证据排除规则的理想阶段的时间跨度为从我国非法证

据排除规则确立到切实实施后的一个不确定的延续过程。也就是说在我国的非法证据排除规则基本确立后的一个完善过程。这个阶段的主要任务是利用非法证据排除规则促进和完善我国的刑事诉讼和证据法律法规，这个阶段非法证据排除规则的完善完全取决于我国法治发展程度。在前两个阶段的任务实现之后，中国的法治和保护人权的状况应当有大幅度的改善。

二、非法证据排除规则实施具体问题解决方法

中国非法证据排除规则确立的直接推动因素是解决刑讯逼供问题。目前这个问题已经初见成效，但并没有得到彻底解决。解决此问题还需要进一步完善非法证据排除规则的实施细则。在现有的《刑事诉讼法》规定的框架下，实施细则应由最高人民法院、最高人民检察院、公安部等部门联合制定，主要解决的是非法言词证据排除，以及把实物证据纳入非法证据排除规则。但非法言词证据仍然是我国目前非法证据排除规则中的最主要矛盾。有关部门制定非法证据排除规则的实施细则应包含以下问题：

（一）刑讯逼供的调查和认定问题

在中国，刑讯逼供已经在立法和司法方面被严禁，侦查人员对刑讯逼供的危害有比较清醒的认识。虽然在司法实践中不时有刑讯逼供现象发生，但毕竟都是个案，而不是大规模明目张胆进行的。通过制定实施细则切实落实现有的非法证据排除的法律法规可以治理刑讯逼供问题。其中，需要重点注意的是刑讯逼供的调查和认定。

如果刑讯逼供程度不严重或者刑讯逼供的证据不足，没有达到刑事立案的程度，则可能不需要有明确的认定，特别是证据不足则难以认定刑讯逼供的存在。在非法证据排除规则中，并非必须认定刑讯逼供存在，只要不能否定刑讯逼供的存在，则相关证据就必须排除，这两种情况的证明难易程度区别很大。根据 2012 年《刑事诉讼法》第 56 条第 2 款规定：“当事人及其辩护人、诉讼代理人

有权申请人民法院对以非法方法收集的证据依法予以排除。申请排除以非法方法收集的证据的，应当提供相关线索或者材料。”这些线索和材料应当达到“有合理怀疑存在刑讯逼供”的程度，这不仅符合“谁主张谁举证”的证据法原理，也有利于法庭对相关证据进行处理。因为二者的证明标准不一样，非法证据排除的证明标准较低，即不能证明证据是合法取得即可以排除；而证明刑讯逼供存在并由此追究侦查人员责任的标准应当达到排除合理怀疑的程度。明确这一点对于减少非法证据排除规则的阻力也许有所帮助，而且可以防止侦查人员因非法证据排除而承受不公正的处理。

（二）其他非法方法收集的言词证据的调查和认定

除刑讯逼供之外，强迫被指控人取得口供的方式还有很多，包括威逼引诱、冻、饿、晒、烤、疲劳等。解决这些问题需要最高法院等部门明确这些行为的认定方式或标准。

取证方法是否构成刑讯逼供或者冻、饿、晒、烤、疲劳，应当根据取证时的不同情况加以分析。为了便于司法人员把握刑讯逼供的认定和以“冻、饿、晒、烤、疲劳”等非法方式获得口供，建议有关部门参照联合国《禁止酷刑公约》等文件中对酷刑的认定方式制定有关司法解释。《禁止酷刑公约》第 1 条规定酷刑是“蓄意使人在肉体或精神上遭受剧烈疼痛或痛苦的任何行为，而这种疼痛或痛苦是由公职人员或以官方身份行使职权的其他人所造成或在其唆使、同意或默许下造成的”。《民权公约》第 7 条规定：“任何人均不得加以酷刑或施以残忍、不人道的或侮辱性的待遇或刑罚。”联合国人权事务委员会指出：“对于《公约》第 7 条所涉的各种概念。委员会认为不必逐一列出违禁行为，亦不必明确区分不同种类的待遇或处罚；这些区域视实际待遇的性质、目的和严厉程度而定。”[①] 据此，侦查人员蓄意使被讯问人在肉体或精神上遭受剧烈疼痛或痛苦的行为所取得的证据即可以认定为非法证据而加以排除。

（三）重复自白的合法性

同一个犯罪嫌疑、被告人可能有多次重复口供，如果时间在前的供述被认定为非法证据而被排除，后来在合法情况下取得的所有的重复性供述就可能是“毒树之果”[②]。我国《刑事诉讼法》没有规定是否排除毒树之果，这个问题需要在司法实践中加以探索或明确。是否受影响可由审判人员考虑各个案件的具体情况而定，如在不同刑事诉讼阶段、不同讯问人的情况下可以认为被告人后来作的口供没有受到前一次口供的影响，如果是在同一单位、同样的讯问人讯问之下作的口供就可以认为受到前一次的影响。

有关部门应当明确在非法取证行为仍然存在影响下再次取得的口供排除与否的各种情况，但同时要规定毒树之果的若干例外，以便侦查、起诉和审判人员掌握。

（四）实行任意自白规则

要完善非法言词证据的排除，最直截了当的办法是采用被告人口供的自愿性规则，即“任意自白规则”。根据我国《刑事诉讼法》中“不强迫自证其罪”条款，我国刑事诉讼中应当具有任意自白规则。从这个规则逻辑上可以推理出两项定理，即第一，如果被讯问人明确表示不愿意陈述，讯问应当马上停止，因为既然陈述是自愿的，在被讯问人不自愿的情况下，再讯问是没有意义的，否则就是故意以拖延讯问的方式强迫被讯问人陈述；第二，在第一次讯问之后，如果被讯问人不愿意接受讯问，则不能再对其进行讯

① 参见联合国人权事务委员会第20号一般性意见（1992年第44届会议通过）第4段，中文版见杨宇冠主编：《联合国人权公约机构与经典要义》，中国人民公安大学出版社2005年版，第207页。

② 关于“毒树之果”的详细论述请参见杨宇冠：《非法证据排除规则研究》，中国人民公安大学出版社2002年版，第64~74页。

问，因为讯问的目的是为了得到陈述，在被讯问人已经明确表示不愿意陈述的情况下，则不应当再次对其进行讯问，除非被讯问人主动表示愿意接受讯问，否则就是以多次讯问的方式强迫被讯问人陈述。

（五）非法实物证据解决之路

在初步解决非法言词证据的同时，现阶段就应当开始重视对非法实物证据排除的问题。在刑事司法中，实物证据起到了极其重要的作用。目前，我国的法律对搜查和扣押的限制很少，没有产生大量非法物证问题。随着中国法治建设的进一步完善，侦查水平的进一步提高，保护人权观点的进一步加强，我国《宪法》中关于保障人身权利、财产权利、隐私权利等重要权利的规定可以通过非法证据排除规则，特别是对逮捕、搜查和扣押的限制而得到有效的执行。

非法实物证据的取得与拘留、逮捕、搜查、扣押有密切关系。我国法律已经规定了这些侦查措施的条件。但是，在我国，拘留、逮捕、搜查和扣押还没有与非法证据排除规则挂钩。根据联合国人权和刑事司法准则，参照世界大多数国家的做法，非法侵犯个人隐私、逮捕，搜查、扣押所得到的证据是非法证据，应当排除。由于目前的刑诉法规定中限制很少，《刑事诉讼法》第 139 条规定："在侦查活动中发现的可用以证明犯罪嫌疑人有罪或者无罪的各种财物、文件，应当查封、扣押；与案件无关的财物、文件，不得查封、扣押。"以上规定表明：我国刑事诉讼中的扣押并没有事先批准的法律程序，也没有明确指定扣押某个特定物件的规定，而是在侦查中"发现"有关物品就可以扣押，这给了执行搜查和扣押的人员极大的权力。在缺乏必要法律限制的情况下，侦查人员可能扣押的物品很广泛，从而几乎不产生非法搜查、扣押的问题，相应地也不产生非法的实物证据。根据我国《宪法》第 39 条规定："中华人民共和国公民的住宅不受侵犯。禁止非法搜查或者非法侵入公民的住宅。"搜查、扣押都应当有很严格的规定和批准手续。如果我国宪法能够得到真正实施，成为法院审理案件的依据，对于非法证据排除规则的切实执行将有决定性的意义。

三、非法证据排除规则与刑事司法其他规则的衔接

刑事司法改革是司法改革的重要组成部分，包括一系列制度的改革，非法证据排除规则只是其中的一项。这些制度互相关联、互相促进。完善非法证据排除规则需要同时完善其他诉讼规则，包括：

（一）证据展示制度

证据展示（discovery）又称证据交换，在国外的刑事诉讼中指诉讼双方在法院开庭审理案件事实之前把本方所掌握的证据告知对方，以便法庭审理的顺利进行。根据这个制度，诉讼双方在审前应当对案件的庭审有充分准备，未经展示的证据不得在庭审中使用，以防止影响庭审的正常进行。在我国目前的刑事诉讼有关法律中还没有证据展示制度，诉讼双方在法庭审理期间不了解对方将使用哪些证据。在这种情况下，被告提出的非法证据排除申请可能没有具体指向某一个证据，通常只能笼统地提出存在刑讯逼供问题。根据非法证据排除规则的原理，即使存在刑讯逼供，如果控诉方并没有使用逼供所得的证据，则被告方也无法申请排除，因为该证据并没有在庭审中使用，因此不存在排除的问题。所以在非法证据排除规则的实施中，首先应当有证据展示制度，被告方应当对某具体的指控证据提出排除的申请。如果起诉方没有使用非法证据，被告方也不需要提出排除的申请。

（二）同步录音录像制度

侦查人员在讯问犯罪嫌疑人或被告人时进行全程录音或者录像可以防止刑讯逼供和其他不合法行为。新《刑事诉讼法》第121条规定：“侦查人员在讯问犯罪嫌疑人的时候，可以对讯问过程进行录音或者录像；对于可能判处无期徒刑、死刑的案件或者其他重大犯罪案件，应当对讯问过程进行录音或者录像。录音或者录像应

当全程进行，保持完整性。”我们通过对司法实践的考察发现，有些地方的侦查人员对讯问时录音录像制度有抵触情绪，甚至以种种借口规避录音、录像，如声称设备停电、设备损坏。考察还发现一些地方的侦查人员采取“打时不录，录时不打”等方法使讯问时录音录像失去了应有的作用。

讯问时录音录像制度与非法证据排除规则有紧密的关系，有关部门应当调查讯问时录音录像制度出现的各种问题，有针对性地加以解决。笔者建议有关部门可以考虑在抓捕犯罪嫌疑人和被告人之后对该人在押期间的所有活动进行全程的录音录像，这样可以彻底解决侦查人员规避讯问时的录音录像问题，有效防止非法取证行为，而且记录犯罪嫌疑人、被告人吃饭喝水等活动的情况，也可以有效防止利用饥饿、疲劳等非法方法获取口供。这种录音录像制度不仅有利于被指控人的权利保障，也可以为侦查机关证明取证的合法性提供强有力的依据。如果因为停电、设备损坏等情况，除案情涉及紧急情况之外，应当停止讯问，否则所获得的证据不得采用。

（三）听证制度

听证是指司法机关对诉讼中的程序问题开庭审理的方式，在国外运用得比较多，是刑事诉讼程序的重要组成部分。我国刑事诉讼法中目前还没有完备的听证制度。长期以来，我国刑事诉讼的案件事实问题和程序问题的审理不分，笼统称为“法庭审判”。根据非法证据排除规则的原理，非法证据的审理属于程序问题，对程序问题的听证应当与对案件事实的审判分开进行。非法证据的听证应当在对案件事实审理之前进行才能起到“排除”非法证据的作用。

建议我国司法机关通过司法解释等途径明确规定非法证据排除的程序，实行非法证据排除听证制度，包括审查起诉阶段和审判阶段都需要有完备的听证制度解决非法证据问题。由于我国司法机关对听证制度不熟悉，建议有关部门可以先在部分地区的司法机关进行试点，取得经验后再推广使用。

（四）辩护制度

非法证据排除通常由被告方提出，由控诉方反证。但是，在我国的刑事诉讼中许多犯罪嫌疑人和被告人还没有辩护律师的帮助。笔者在对一些地方近年来的刑事司法考察中发现，被告人有辩护律师帮助的只占全部刑事案件的30%左右。这种情况不仅导致被告方与控诉方在力量上的不平等，而且由于被告人通常不懂法律，而公诉人都是法律专业人士，这又形成了在法律知识方面的不平等。这种现象严重影响了非法证据排除规则的顺利实施。根据法律，被告人申请排除非法证据应当提供有关线索和材料，在没有辩护律师帮助的情况下，被告人很难完成这种任务。在非法证据排除的听证中，控辩双方对某一证据是否合法需要有大量的专业知识才能形成有效的辩论。考察发现被告人在没有辩护律师的情况下通常一口咬定在侦查中被刑讯逼供，但不能提出其他符合法律要求的线索，从而难以达到排除有关证据的效果，审判人员面临这种情况也很难判断证据的合法性。

为了保证非法证据排除规则的顺利实施，刑事诉讼中，特别是涉及非法证据排除的案件中，每个犯罪嫌疑人和被告人，都应当有权得到律师的帮助，如果他不能支付律师费用，则应当通过法律援助解决。为此，国家应当建立多层次、多方式的法律援助体系，使各种诉讼参与人在需要时都能得到律师的帮助，如由国家出资建立法律援助体系，帮助符合条件的被告人维护诉讼权利；建立行业法律援助，即由律师组织自愿提供法律援助，以弥补国家法律援助资金的不足；还可以在各级法院中建立值班律师制度或固定联络的律师制度，为当事人的诉讼权利保障提供咨询并保证取证行为的合法性。笔者建议，在侦查阶段讯问犯罪嫌疑人时应当有律师在场。一方面律师在场可以维护犯罪嫌疑人的合法权利，提供法律咨询；另一方面也可以对侦查人员取证的合法性进行监督。

（五）国际刑事司法准则有关制度的衔接

国际刑事司法准则指由联合国、区域性国际组织以及与刑事司法和人权有关的国际组织制定的有关刑事立法和司法活动的文件及规定，以及国际条约中有关刑事司法的内容。它对我国刑事司法改革完善具有借鉴促进作用，特别是中国已经加入或签署了联合国制定的一些与非法证据排除规则有关的重要公约，包括《禁止酷刑公约》、《公民权利和政治权利国际公约》，中国政府还参与制定了有关的联合国文件，包括《北京规则》、《执法人员行为守则》、《关于律师作用的基本原则》等。[①] 这些规定对于完善我国的非法证据排除规则具有重要的参考价值。

非法证据排除规则的目的是保障人权。刑事司法国际准则不仅保障了犯罪嫌疑人和被告人的人权，更重要的是保障了社会上每一个人的人权。刑事司法国际准则中有许多内容是关于逮捕、羁押、审判活动中犯罪嫌疑人、被告人的权利，规范了各国政府的刑事司法行为，特别是《公民权利和政治权利国际公约》，其第 7 条、第 9 条、第 14 条的规定[②]与非法证据排除规则的原理是一致的。中国的非法证据排除规则需要逐步发展，可以逐步采纳刑事司法国际准则。这不仅有利于该规则的完善，也有利于中国在法治方面与世界接轨。

---

① 参见杨宇冠、杨晓春编：《联合国刑事司法准则》，中国人民公安大学出版社 2003 年版，第 3~7 页。

② 《公民权利和政治权利国际公约》有关条款见联合国：《人权国际文件汇编》，联合国出版物 1988 年纽约版，第 22~44 页。